Schöningh

Perspektiven wechseln

Lernsequenzen *für den konfessionell-kooperativen* Religionsunterricht

Herausgegeben von:
Jan Woppowa

Erarbeitet von:
Klementine Berg, Jeannette Eickmann,
Verena Jessing, Michaela Maas,
Jutta Paeßens, Christina Püschel,
Dorothea Reininger, Heide Rosenow,
Matthias Soika, Sabrina Steinmeier,
Julia Tepe, Rainer Timmer,
Melanie Westhues, Jan Woppowa

Bildnachweis

S. 18 o., 25, 119, 131: Thomas Plaßmann; S. 18 l. u., 18 r. u., 26, 119, 131: Jessing; S. 22: © Magdalena Kucova – Fotolia.com; S. 30: Reinhild Kassing/Kassel/Verlagsarchiv Schöningh; S. 32 v. l. n. r.: © Deutsche Bibelgesellschaft, Stuttgart, Der Weg, Medio Verlag; S. 33: Rainer Holweger; S. 36 o., 41, 42, 43, 45 (2), 46 (2): Illustrationen: Jörg Mühle. Aus: An der Arche um Acht von Ulrich Hub © S. Fischer Verlag GmbH, Frankfurt am Main, 2014. Erstmals erschienen 2007 im Sauerländer Verlag; S. 36 u., 37 (2), 38: Püschel; S. 49 u.: Gethsemanekirche Würzburg/Foto: Grunert-Held; S. 49 o.: WHVer, Uwe Karwath, Wilhelmshaven via wikimedia commons; S. 56: Soika/Verlagsarchiv Schöningh; S. 58: picture alliance/Bildarchiv Monheim; S. 60 l.: www.luther2017.de; S. 60 r.: ullstein bild – United Archives/KPA; S. 64: Foto: Ulrike Havermeyer; S. 69, 83: © Peter Willi – ARTOTHEK/Max Ernst, Die Jungfrau züchtigt den Jesusknaben © VG Bild-Kunst, Bonn 2014; S. 79: Monika Funke Stern; S. 84: Karl Caspar, Pietà, 1911 © Köster/VG Bild-Kunst, Bonn 2014 (Kölster, Karl Theodor/Köster, Felicitas: Karl Caspar. Das druckgraphische Werk. Gesamtverzeichnis (Veröffentlichung des Museums Langenargen), Simaringen 1985, S. 16 o. Abb. WVZ Köster Nr. 4 l.); S. 85 l.: Marc Fromm, Zwei Heilige – Frau © VG Bild-Kunst, Bonn 2014; S. 85 r. : Marc Fromm, Zwei Heilige – Mann © VG Bild-Kunst, Bonn 2014; S. 86: Jörg Peter; S. 95: Foto: Agentur Lothar Rühl; S. 98, 102: Handelsblatt; S. 104 (3): © Statista 2014; S. 105, 114: © chrismon; S. 117: THE EUROPEAN MAGAZINE Publishing GmbH, Berlin; S. 118: Evangelische Frauen in Deutschland e. V. (EFiD) und Männerarbeit der evangelischen Kirche in Deutschland (MAEKD); weitere: Verlagsarchiv Schöningh

Sollte trotz aller Bemühungen um korrekte Urheberangaben ein Irrtum unterlaufen sein, bitten wir darum, sich mit dem Verlag in Verbindung zu setzen, damit wir eventuell notwendige Korrekturen vornehmen können.

www.schoeningh-schulbuch.de
Schöningh Verlag, Jühenplatz 1–3, 33098 Paderborn

Druck A 5 4 3 2 / Jahr 2019 18 17 16
Alle Drucke der Serie A sind im Unterricht parallel verwendbar.
Die letzte Zahl bezeichnet das Jahr dieses Druckes.

Umschlaggestaltung: Nora Krull, Bielefeld
Umschlagbild: Paul Klee, Wandbild aus dem Tempel der Sehnsucht (1922), bpk/The Metropolitan Museum of Art
Druck und Bindung: westermann druck GmbH, Braunschweig

ISBN 978-3-14-053540-3

Inhaltsverzeichnis

Jan Woppowa

Grundlegung einer Didaktik der konfessionellen Kooperation im schulischen Religionsunterricht

Die folgende Grundlegung greift in drei Schritten wesentliche Fragen rund um den konfessionell-kooperativen Religionsunterricht auf: **(1)** Zunächst geht es um eine kurze Bestandsaufnahme der derzeitigen Situation des schulischen Religionsunterrichts sowie um gegenwärtig formulierte Desiderate an seine Weiterentwicklung, fokussiert auf die Frage nach einem Unterricht in konfessionsübergreifenden Lerngruppen bzw. nach Formen und Wegen der konfessionellen Kooperation. Es steht dabei also eine erste Frage im Raum: *Wohin führt der Weg des schulischen Religionsunterrichts?* **(2)** Auch wenn vieles schon lange diskutiert wird und manches selbstverständlich scheint, ist eine bildungstheoretische Besinnung auf Argumente für die konfessionell-kooperative Gestaltung religiöser Lernprozesse in der Schule weiterhin angezeigt. Es geht hierbei um die Frage: *Warum und wozu sollte eine konfessionelle Kooperation im schulischen Religionsunterricht intensiviert werden?* **(3)** Schließlich sind, bezogen auf die konkrete Unterrichtspraxis, Leitlinien zu entwickeln, die eine Orientierung darüber geben können, auf welchen didaktischen Grundlagen konfessionell-kooperativer Religionsunterricht zu stehen hat und wie entsprechende Lernprozesse didaktisch-methodisch zu gestalten sind. Die für eine konkrete Unterrichtspraxis relevante Frage heißt schließlich: *Wie und auf welcher didaktisch-methodischen Grundlage sollte Religionsunterricht in konfessionell gemischten Lerngruppen geplant und durchgeführt werden?*

Die folgenden Ausführungen basieren zum einen auf fundamentalen religionsdidaktischen Einsichten und resultieren zum anderen aus einem längeren Theorie-Praxis-Austausch in einer Arbeitsgruppe aus Religionslehrkräften bzw. Aus- und Fortbildungsbeauftragten beider Konfessionen. Sie verstehen sich damit zugleich als Beitrag zur Weiterentwicklung des schulischen Religionsunterrichts sowie zur Professionalisierung von Religionslehrkräften.[1]

1. Bestandsaufnahme – Desiderate – Perspektiven

Der schulische Religionsunterricht sieht sich immer wieder grundsätzlichen Anfragen gegenüber, die gegenwärtig und auch zukünftig insbesondere das Konfessionalitätsprinzip kritisch und konstruktiv in den Blick nehmen.[2] Motiviert werden diese Anfragen vielfältig: durch grundsätzliche religionspädagogische bzw. bildungstheoretische Überlegungen zu den Chancen religiösen Lernens in einer religiös pluralisierten Gesellschaft, durch den demografischen Wandel mit einem flächendeckend zu beobachtenden Rückgang von getauften Schülerinnen und Schülern, in den Anfragen durch das Konzept eines ‚Religionsunterrichts für alle', durch politische und gesellschaftliche Infragestellungen des Schulfachs Religion etc. Eine um die traditionelle ‚konfessionelle Trias' kreisende Sicht auf den schulischen Religionsunterricht gerät dabei zunehmend unter Legitimationsdruck.

1.1 Ein Modell und seine Desiderate

In der schulischen Alltagspraxis zeigt sich diese Anfrage einerseits bereits in der (wohl noch weiter wachsenden) „Grauzone"[3] eines vielerorts *de facto* ‚unter der Hand' durchgeführten Religionsunterrichts im Klassenverband bzw. einer „Deregulierung"[4] des schulischen Religionsunterrichts durch den verfassungswidrigen Ausfall seiner Erteilung schlechthin. Andererseits verändert sich die religionsunterrichtliche Praxis aber auch durch die *de jure* gegebene Möglichkeit der Einrichtung eines konfessionell-kooperativen Religionsunterrichts mit schulgesetzlicher Genehmigung im Einvernehmen mit den Kirchen – dies in der Fläche bislang allerdings nur in Niedersachsen (seit 1998) und Baden-Württemberg (seit 2005). In Niedersachsen hat sich die Praxis des konfessionell-kooperativen Unterrichtens zwar schon lange

[1] Darüber hinaus eröffnet sich hiermit das Feld einer religionsdidaktischen Handlungs- bzw. Aktionsforschung in Kooperation mit Religionslehrkräften beider Konfessionen, dessen Bearbeitung zukünftig noch intensiver in den Blick zu nehmen ist (vgl. einführend zu diesem Feld didaktischer Praxisforschung Altrichter/Feindt 2008 bzw. Altrichter/Posch 2007).

[2] Vgl. Englert 2014; Schröder 2014; Rupp/Hermann 2013; Englert 2013; Mette 2012; Schmid 2010 sowie den von A. Verhülsdonk und T. Knauth diskutierten Streitpunkt „Religionsunterricht – konfessionell oder multireligiös?", in: Englert/Schwab/Schweitzer/Ziebertz 2012, 15–52. Eine deutliche ökumenische Positionierung liegt außerdem mit der gemeinsamen Presseerklärung des Deutschen Katecheten-Vereins (dkv) und der Arbeitsgemeinschaft Evangelischer Erzieher in Deutschland (aeed), „Wir müssen zusammenarbeiten, sonst geht es nicht mehr weiter", vom 06.04.2014 vor (vgl. www.katecheten-verein.de).

[3] Hütte/Mette 2003, 3.

[4] Dressler 2013, 108.

bewährt, die faktische Durchführung ist hier allerdings nicht selten eher durch eine schulorganisatorische bzw. schulpädagogische Pragmatik gekennzeichnet und weniger religionspädagogisch und religionsdidaktisch motiviert.

Der konfessionell-kooperative Religionsunterricht ist sowohl hinsichtlich seiner juristischen und kirchlichen Rahmenbedingungen als auch unter verschiedenen empirisch-religionspädagogischen Fragestellungen bereits vielfach ausführlich untersucht und dargestellt worden.[5] Einen komprimierten Überblick zum gegenwärtigen Stand des konfessionell-kooperativen Religionsunterrichts hat kürzlich Friedrich Schweitzer gegeben, in dem er vor dem Hintergrund der faktischen Verbreitung dieser Organisationsform insbesondere in Baden-Württemberg und Niedersachsen zu dem realistischen Schluss kommt: „Damit stellt der konfessionell-kooperative Religionsunterricht ein auch in quantitativer Hinsicht beachtliches Modell dar, das den Status eines Schul- oder Unterrichtsversuchs längst hinter sich gelassen hat.“[6] Dieser Beobachtung steht allerdings eine andere diametral gegenüber, in der spezifische didaktische Grundlegungen, fachdidaktische Fortbildungsangebote sowie unterrichtspraktische Realisierungen als deutliche Desiderate benannt werden.[7] Auch im Kontakt zu den unterrichtenden Lehrkräften im Rahmen von Fortbildungen und Unterrichtsbesichtigungen zeigt sich mitunter, dass eine didaktisch-methodische Durchdringung und unterrichtspraktische Profilierung bzw. Begleitung dieser Form des Religionsunterrichts noch weitgehend ausstehen.

Angesichts dieser Problemanzeige verstehen sich die vorliegende Grundlegung sowie die hier versammelten Lernsequenzen als ein ausdrücklich religionsdidaktischer Beitrag zur Profilierung religiöser Lernprozesse im konfessionell-kooperativen Religionsunterricht bzw. im Religionsunterricht mit gemischtkonfessionellen Lerngruppen. Letztere geben mittlerweile in nicht wenigen Regionen insbesondere Nord- und Ostdeutschlands das ‚Normalbild‘ schulischen Religionsunterrichts ab. Die folgenden fachdidaktischen und unterrichtspraktischen Ausführungen verfolgen die Absicht, auch und gerade für diese Lerngruppen, in denen verschiedene Rahmenbedingungen eine echte personelle Kooperation nicht erlauben (weil bspw. zu wenig oder gar keine Lehrkräfte einer Konfession vorhanden sind), dennoch ein religiöses Lernen im konfessionell-kooperativen Sinn zu ermöglichen.

1.2 Zwischen Plausibilitätsproblem und Relevanzvorschuss

Der schulische Religionsunterricht hat in der öffentlichen Wahrnehmung zum einen ein *Plausibilitätsproblem* hinsichtlich seiner konfessionsgebundenen Organisationsform.[8] Zum anderen tritt er im Rahmen der öffentlichen Bildung insofern mit einem *Relevanzvorschuss* auf, als er auf der Grundlage eines *konfessorischen*, das heißt auf die persönliche Standpunktfähigkeit ausgerichteten Lernens echte Sinnstiftung und Lebensorientierung zu garantieren verspricht. Gerade hierin kann Religionsunterricht innerhalb des schulischen Fächerkanons dem ihm genuin zukommenden Weltzugang einer „konstitutiven Rationalität“ (J. Baumert) gerecht werden. Um der lernenden Subjekte willen, aber auch aus Gründen einer öffentlichkeitswirksamen Plausibilität ist ein ausdrücklich *konfessionelles* Lernen daher immer mit einem *konfessorischen* Lernen zu verschränken. Beide Perspektiven gehören zu einem religiösen Lernen in nicht konfessionsvergessen angelegten Lernarrangements.

Solche Neujustierungen sind nicht zuletzt im Blick auf die unterrichtenden Lehrkräfte vorzunehmen. Die Religionslehrerstudien der letzten Jahre belegen sowohl eine prinzipielle Bereitschaft zur konfessionellen Kooperation als auch eine „hohe Meinungshomogenität zwischen evangelischen und katholischen Lehrkräften“ bzgl. der Zielvorstellungen religiöser Bildung in der öffentlichen Schule, sodass sich „eher schulformspezifische als konfessionelle Differenzierungen“[9] beobachten lassen. Insgesamt aber kann insofern von einem Wandel im Selbstverständnis der Religionslehrerschaft ausgegangen werden, als sich auch bei ihnen bzw. in ihrer religiösen Biografie zunehmende Entfremdungssignale hinsichtlich kirchlicher resp. konfessioneller Bindungen zeigen. So begegnet man etwa einer Übernahme der Rolle als ‚Glaubenszeugin‘ bzw. ‚Glaubenszeuge‘ mit zunehmender Zurückhaltung zugunsten einer erhöhten pädagogischen Orientierung an den Schülerinnen und Schülern.[10] Dieser Befund hängt eng mit einem weiteren zusammen, wonach es nicht zuletzt aufgrund einer heterogenen und längst nicht mehr konfessionshomogenen Schülerschaft zu einer „deutlichen Versachkundlichung des Religionsunterrichts“[11] gekommen sei. Das heißt, hier tritt im Zusammenhang mit religiösen Zeugnissen eine ‚Beobachterperspektive‘ in den Vordergrund, die Gefahr läuft, eine in der Konfessionalitäts-

[5] Vgl. zuletzt Hoppe 2008 (mit spezifischem Blick auf Baden-Württemberg), Bayer-Wied 2011 (mit spezifischer Grundschulperspektive) sowie die einschlägigen Studien von Schweitzer/Biesinger 2002 (Primarstufe), Schweitzer/Biesinger u. a. 2006 (Sekundarstufe), Kuld u. a. 2009 und hinsichtlich der Religionslehrkräfte in Niedersachsen bzw. Baden-Württemberg die einschlägigen Studien von A. Feige, B. Dressler und W. Tzscheetzsch.

[6] Schweitzer 2013, 28.

[7] Vgl. bspw. Schweitzer 2013, 32 f.; Schweitzer 2009, 205 ff.; Kuld u. a. 2009, 180; Rupp 2006; Hütte/Mette 2003, 231. Mehr als deutlich wird dieses Desiderat auch in der Tatsache, dass die aktuellste breit angelegte Darstellung religionsdidaktischer Ansätze keinen expliziten Beitrag zum konfessionell-kooperativen Religionsunterricht bietet (vgl. Grümme u. a. 2012).

[8] Vgl. bspw. die Beobachtungen bei Englert 2014.

[9] Tzscheetzsch 2006, 18.

[10] Vgl. die Beobachtungen bei Englert 2014 bzw. Englert/Hennecke/Kämmerling 2014; grundlegend zum Wandel des Rollenbildes von Religionslehrkräften vgl. Burrichter 2012.

[11] Englert 2014, 371.

diskussion relevante ‚Teilnehmerperspektive' mehr und mehr zu verdrängen. Diese Befunde sowie die Frage, ob der religiöse Bildungswert eines bekenntnisbezogenen Religionsunterrichts wirklich von der Existenz oder Nichtexistenz konfessionell homogener Lerngruppen notwendig abhänge, lassen es umso dringlicher erscheinen, den schulischen Religionsunterricht im Sinne konfessionell-kooperativen Lernens didaktisch-methodisch weiter zu qualifizieren.

Auch wenn empirisch tragfähige Einschätzungen über den Mehrwert des konfessionellen Modells noch ausstehen, so behält doch mindestens bis zum Erweis des Gegenteils die Überzeugung ihre Relevanz, dass religiöse Lern- und Bildungsprozesse, die laut dem Würzburger Synodenbeschluss „zu verantwortlichem Denken und Verhalten im Hinblick auf Religion und Glaube befähigen" wollen, am besten aus der Innenperspektive einer konfessionellen Tradition zu gestalten sind. Dass hierfür sowie zur Bearbeitung der religionsdidaktischen Kernfrage „Wo wird am meisten geleistet für die Entwicklung religiöser Kompetenz?"[12] ungeachtet noch anderer möglicher und ökumenisch verantworteter Organisationsformen mindestens das Modell des konfessionell-kooperativen Religionsunterrichts ein besonderes Potenzial bietet, ist religionspädagogisch belegt und scheint auch auf kirchenamtlicher Seite nicht mehr fraglich.[13]

Der konfessionell-kooperative Religionsunterricht befindet sich damit gegenwärtig in seinen vielfältigen Realisierungsformen immer noch *in statu nascendi* und leistet damit zugleich einen wichtigen Beitrag zur Weiterentwicklung und Zukunftsfähigkeit des schulischen Religionsunterrichts insgesamt: „Insofern verbindet sich mit der konfessionellen Kooperation auch die Hoffnung, den Religionsunterricht neu plausibel zu machen und ihn zu stärken."[14] Zwei im Folgenden kurz skizzierte Perspektiven zum Verständnis von Ökumene sowie zum Begriff des konfessorischen Lernens können zu einer religionsdidaktischen Spurensuche im hier vorliegenden Interesse richtungsweisende Impulse liefern.

1.3 Ökumene des dritten Weges

Die Oldenburger Ökumenikerin Ulrike Link-Wieczorek plädiert dafür, weniger von ‚konfessioneller Identität' als vielmehr von „christlicher Identität in konfessioneller Verbundenheit"[15] zu sprechen. Das bewahre davor, „das Christliche einerseits als etwas Abstrakt-Freischwebendes zu betrachten und andererseits als eine in sich abgeschlossene konfessionelle Stammesgesellschaft"[16]. Mit dieser Sprachregelung kann zunächst hervorgehoben werden: 1. Es gibt eine christliche Identität in Unterscheidung etwa zu einer muslimischen oder humanistischen oder atheistischen. Das verbindet mindestens katholische und evangelische Christen im Kontext eines religiösen und weltanschaulichen Pluralismus unserer Tage. 2. Christliche Identität, das heißt der Wille und der Versuch, christlich glauben und leben zu wollen, hat aus sich heraus notwendig die interkonfessionelle Öffnung zur Folge. Mehr noch: Christliche Identität kann erst gesucht und gefunden werden im Gespräch zwischen den Konfessionen und in konfessioneller Verbundenheit. Beide Folgerungen haben eine hohe Relevanz für schulische Bildungsprozesse. Darüber hinaus fordert Link-Wieczorek eine „Ökumene des dritten Weges in der Schule"[17]. Diese beabsichtige weder die Klärung theologischer Differenzen („Dialogökumene") noch ein solidarisches Zusammenstehen in gesellschaftlichen Fragen („Gerechtigkeitsökumene"). Vielmehr gehe es ihr um die Bildung einer gemeinsamen religiösen Suchgemeinschaft: „Diese Ökumene des dritten Weges lebt aus der eigentlichen Stärke und dem Erfahrungsschatz ökumenischer Begegnungsarbeit, in dem man noch *vor* jedem Dialog weiß, dass die Christusgemeinschaft eine Gemeinschaft ist, in der Menschen – und zwar nicht nur akademische Spezialisten – miteinander auf der Suche nach der Wahrheit sind und somit eine Suchgemeinschaft bilden. Mit diesem Ansatz wäre es möglich, die Suchbewegungen in einem längst entkonfessionalisierten Milieu ernst nehmen zu können, in dem sich Menschen innerhalb wie außerhalb der Kirchengemeinden befinden." Indem eine solche „interkonfessionelle theologische Suchgemeinschaft" sowohl gemeinsam über Fragen des Lebens nachdenke als auch die Schätze der verschiedenen christlichen Traditionen neu entdecken könne, bilde sich schließlich eine „Form der Konvivenz, die die implizite Einheit christlichen Bekennens und damit christliche Identität erahnen lässt". Hier spiele es keine primäre Rolle mehr, ob die Beteiligten nun konfessionell sozialisiert sind oder nicht, denn es gelte bei allen eine grundlegende Sensibilität für die vergessenen Reichtümer der möglicherweise eigenen Tradition wie für die unbekannten Reichtümer der fremden Tradition aufzubauen.

Auf den schulischen Religionsunterricht bezogen scheint dieser Ansatz ebenso realistisch wie gewinnbringend zu sein, denn er nimmt die zumeist akonfessionellen religiösen

[12] Englert 2013, 27.

[13] Vgl. die hierfür einschlägigen kirchlichen Verlautbarungen „Identität und Verständigung" (EKD 1992), „Die bildende Kraft des Religionsunterrichts" (DBK 1996) sowie die gemeinsame Erklärung von EKD und DBK „Zur Kooperation von Evangelischem und Katholischem Religionsunterricht" (1998). Beachte dagegen den von Englert erhobenen problematischen Befund einer gegenwärtig zunehmenden Konfessionalisierung innerhalb der wissenschaftlichen Fachdidaktik einschließlich eines wenig hinterfragten Festhaltens am Modell des konfessionellen Religionsunterrichts (vgl. Grümme u. a. 2012, 255 f.).

[14] Schweitzer 2006, 5.

[15] Link-Wieczorek 2012, 54.

[16] Ebd.

[17] Im Folgenden: Link-Wieczorek 2012, 58.

Suchbewegungen seiner Subjekte auf und besinnt sich sowohl auf die elementaren Grundlagen christlicher Identität als auch auf deren konfessionelle Ausprägungen. Dass ein solcher Suchprozess nicht nur die Schülerinnen und Schüler, sondern auch die Religionslehrkräfte selbst herausfordert, sie „möglichst mehr fragend als referierend"[17] sehen möchte und aus ihnen „lernende Lehrer" (F. Rosenzweig) werden lässt, macht den besonderen Reiz dieses ‚dritten Weges' aus.[18]

1.4 Learning from religion – konfessorisches Lernen

Norbert Mette hat bereits 1997 darauf hingewiesen, dass das Konfessionalitätsprinzip für große Teile der Öffentlichkeit nicht mehr nachvollziehbar sei, und folglich ein Verständnis von schulischem Religionsunterricht vorgestellt, das einerseits das überkommene Konfessionalitätsprinzip weiter denkt und sich andererseits aber konsequent gegen eine religionskundliche Prägung richtet.[19] Im Kern geht es dabei weniger um das gewohnte konfessionelle Prinzip, sondern vielmehr um ein „positionell-konfessorisches Moment"[20] im Religionsunterricht. Mettes zentrales Anliegen besteht darin, „davon auszugehen, dass aufseiten der Schülerschaft eine wie auch immer geartete Religiosität vorhanden ist, die es [...] ans Licht zu heben und kommunikabel zu machen gilt. Dazu ist eine Begegnung und Auseinandersetzung mit Dokumenten, Zeugnissen und Zeugen expliziter Religion unverzichtbar. Nur ist zu beachten und ernst zu nehmen, dass diese in der Regel den Heranwachsenden weitgehend und fast in gleicher Weise fremd sind. Was sie sich davon aneignen, bleibt ihre Sache. Sich in dieser Unterschiedlichkeit so kennenzulernen, dass man auf der Basis gegenseitiger Anerkennung sich miteinander zu verständigen fähig wird, bildet somit das zentrale Lernziel dieses Faches – auch für die es erteilenden Lehrer und Lehrerinnen"[21].

Eine Diskussion um die Zukunft des schulischen Religionsunterrichts erschöpft sich für Mette gerade nicht zwischen den beiden Alternativen „learning in religion" (Teilnehmerperspektive des konfessionellen RU, konfessionelle Trias) einerseits und „learning about religion" (Religionskunde) andererseits. Auch hier gerät ein ‚dritter Weg' insofern in den Blick, als es vielmehr um neue Möglichkeiten eines „learning from religion"[22] in einem Religionsunterricht konfessioneller Ausrichtung gehen müsse, in dem Schülerinnen und Schüler von einer bestimmten Tradition ausgehend und unter Einbeziehung anderer Traditionen die religiöse Dimension der Wirklichkeit so erschließen können, dass sie davon für ihre persönliche Orientierungssuche profitieren können. Insbesondere diese Zielperspektive ist es, die ein *konfessorisches* Lernen fördern kann und unverzichtbar erscheinen lässt. Davon wird im weiteren Verlauf dieser Grundlegung noch eingehender die Rede sein.[23] Mette plädiert letztlich vehement für die Öffnung des Fachs in Richtung eines konfessionell-kooperativen und schließlich eines religiös-kooperativen Religionsunterrichts.[24]

In diesem Zusammenhang kann auch das Modell der konfessionellen „Gastfreundschaft"[25] im Religionsunterricht eine wichtige zukunftsfähige Perspektive aufzeigen. Es ist allerdings weniger als didaktisch-methodische Weiterentwicklung gedacht als vielmehr im Sinne einer religionspädagogischen Orientierung und organisatorischen Grundeinstellung zu verstehen, in die sämtliche Formen und Gestaltungen eines konfessionell-kooperativen Religionsunterrichts eingebettet werden können.[26]

2. Legitimationsfiguren aus der Sicht religiöser Bildung

Das Werben für eine konfessionell-kooperative Gestaltung und Durchführung des schulischen Religionsunterrichts kann aus unterschiedlichen Perspektiven erfolgen, ebenso sind seine Begründungsmöglichkeiten vielfältig. An dieser Stelle soll teilweise auf einige bekannte Argumente für religiöse Bildung in der öffentlichen Schule zurückgegriffen werden, die hier allerdings auf den konfessionell-kooperativen Religionsunterricht fokussiert werden.[27]

1. Das soziopolitische Argument: Der demografische Faktor mit seinem Rückgang von getauften Schülerinnen und Schülern bzw. dem Anstieg konfessionsloser wiegt stark und setzt in bestimmten Regionen Deutschlands den getrennt konfessionellen Religionsunterricht enorm unter Druck. Eine gesellschaftlich insbesondere in städtischen Kontexten vorherrschende religiös-weltanschauliche Pluralität bzw. Abkehr von den etablierten Kirchen bereitet hierfür einen entsprechen-

[17] Link-Wieczorek 2012, 58.
[18] Als mögliche Beispiele für eine solche Suchgemeinschaft können die Lernsequenzen von Eickmann, Paeßens sowie Steinmeier u. a. in diesem Band gelesen werden.
[19] Vgl. Mette 2007, 214.
[20] Ebd., 220.
[21] Ebd.
[22] Mette 2012, 357; vgl. auch Mette 2007, 220 f.
[23] Vgl. weiter unten Abschnitt 3.3.
[24] Vgl. Mette 2012, 357.
[25] Vgl. Schmid/Verburg 2010.
[26] Vgl. Schmid 2010, 41 (Anm. 28).
[27] Vgl. bspw. die konvergenztheoretische Begründung im Würzburger Synodenbeschluss (1974), die Legitimationsmuster bei Englert 2007 oder die Begründungen bei Schröder 2012, 532 ff.; direkten Bezug auf das konfessionell-kooperative Modell nehmen Nipkow 1998, 302–358 sowie Kuld u. a. 2009, 228 ff. und Schweitzer u. a. 2006, 202 ff.

den Boden. Dass sich die Christen in der westeuropäischen Gesellschaft zunehmend als „kognitive Minderheit“ (P. L. Berger) begreifen müssen, hat enorme Auswirkungen auf die Stellung des schulischen Religionsunterrichts in Deutschland. Auch seitens der schulpolitischen Entscheidungsträger ist zumindest in den nord- und ostdeutschen Bundesländern nicht mehr von einem ungebrochenen Rückhalt hinsichtlich der Einrichtung eines konfessionellen Religionsunterrichts auszugehen. Angesichts dieser in Politik und Gesellschaft schwindenden Plausibilität ist der schulische Religionsunterricht gut beraten, neue Formen zu finden, die von einer Außenperspektive aus betrachtet primär sein christliches Profil stark machen und sekundär aus der Innenperspektive konfessionsspezifische Konkretisierungen vornehmen.

2. Das kulturgeschichtliche Argument: Die vielfältigen Ausdrucksformen des Christentums treten in konfessionsspezifischen Prägungen in Erscheinung, das heißt, das Kennenlernen und Verstehen des christlichen Glaubens ist immer durch eine bestimmte konfessionelle Gestalt geprägt und beeinflusst: „Weil es kein ‚natürliches Christentum‘ gibt, kann man auch im Bereich des Lernens nicht auf gewachsene Konfessionalität so einfach verzichten.“[28] Das spricht zunächst einmal gegen religionskundliche Formate für die Bekenntnisgebundenheit religiösen Lernens überhaupt, wäre aber auch für einen ausdrücklich konfessionell-kooperativen Unterricht in Anschlag zu bringen. Denn gelebtes Christentum zeichnet sich insbesondere im deutschen Sprachraum bzw. in den Ländern der Reformation durch vielfältige ökumenische Bemühungen und Erfolge auf allen Ebenen (Amtskirchen, Ortsgemeinden, Basisgruppen etc.), aber auch durch aktuelle Kontroversen und anhaltende Diskurse aus.[29] Die Ausbildung einer konfessionellen Identität wird daher nur in der ständigen Auseinandersetzung mit den anderen Konfessionen erfolgen, was zugleich für ein gleichzeitiges Lernen am Eigenen (‚konfessionelle Beheimatung‘) und Fremden (‚konfessionelle Begegnung‘) spricht.[30] Dass dabei sogar spezifische ‚konfessionelle Schätze‘[31] gehoben werden können, spricht ebenfalls für diese Form des Religionsunterrichts.

3. Das schulpädagogische Argument: Von schulpädagogischer Seite aus betrachtet trifft der konfessionell-kooperative Religionsunterricht zu einem großen Teil auf solche Erwartungen, die an das schulische Lernen insbesondere in den Eingangsklassen der Primar- und Sekundarstufe gerichtet werden. Die Neukonstituierung von Klassengemeinschaften sowie Prozesse des sozialen Lernens können mitunter empfindlich gestört werden durch die konfessionelle Trennung von Lerngruppen. Umso mehr gilt dieses Argument, wo es auch aus pädagogischer Sicht nicht mehr sinnvoll genannt werden kann, konfessionell getrennt zu unterrichten, etwa wenn die Zahl der infrage kommenden Schülerinnen und Schüler einer Konfession so gering ist, dass nur über mehrere Jahrgänge hinweg Lerngruppen eingerichtet werden können. Darüber hinaus kann der konfessionell-kooperative Religionsunterricht für bestimmte schulpastorale Projekte unterstützend wirken, da die Angebote der Schulpastoral in der Regel konfessionsverbindend bzw. sogar religionsübergreifend gestaltet werden. Das verweist auf einen weiteren pädagogisch relevanten Aspekt: Der vor dem Hintergrund von Pluralität und Heterogenität schulpädagogisch und unterrichtlich zunehmend an Bedeutung gewinnende Dialog zwischen unterschiedlichen Milieus kann in einem kooperativ angelegten Religionsunterricht wohl gezielter und wirkungsvoller ermöglicht werden als in konfessionell getrennten Lerngruppen. Erhöhte Relevanz gewinnt dieser Aspekt angesichts der Tatsache, dass mittlerweile auch aus der Sicht jugendlicher Selbstauskünfte die sozialen Lebenswelten von Jugendlichen stärker separieren als konfessionelle Grenzen.[32]

4. Das religionspädagogische Argument: Ein unbestrittenes Ziel des schulischen Religionsunterrichts ist es, Schülerinnen und Schüler zur Ausbildung eines persönlichen verantworteten Standpunkts im Hinblick auf Religion und Glauben zu befähigen. Dieser Lernweg beinhaltet sowohl den vertiefenden Umgang mit Vertrautem und Gewohntem als auch die mitunter konfrontative Begegnung mit dem anderen und Fremden im Sinne alteritätstheoretischer Ansätze. Nur mit einem didaktisch-methodisch stetig zu initiierenden Perspektivenwechsel von Selbst- und Fremdbegegnung, von intrakonfessionellen resp. intrareligiösen und interkonfessionellen resp. interreligiösen Lernwegen wird sich eine pluralitätsfähige religiöse Identität ausbilden können. Was zunächst als *konfessorisches* Lernen Raum bekommt, kann dann möglicherweise als *konfessionelles* Lernen konkrete Gestalt annehmen.[33] Der konfessionell-kooperative (oder mit Blick auf die gesamte Fächergruppe zeitweise sogar religiöskooperative) Religionsunterricht böte für diese religionspädagogische Zielperspektive und daraus folgende Aufgaben wahrscheinlich die am besten vorbereitete Lernumgebung, lernorganisatorisch wie teilnehmerbezogen. Stellvertretend für viele Stimmen sei hier das mehrfach geäußerte Plädoyer Schweitzers für den konfessionell-kooperativen Religionsunterricht als Antwort auf die Herausforderungen der Pluralität

[28] Schwab 2002, 119. Vgl. dazu die unterschiedlich geprägten Zugänge zur Bibel in der Lernsequenz von Jessing in diesem Band.

[29] Vgl. dazu die Beiträge von Maas und Paeßens in diesem Band.

[30] Vgl. Link-Wieczorek 2012, 54 ff. sowie insbesondere Schweitzer 2013 und Kuld u. a. 2009, 119 f. 219 ff. zu den empirisch gewonnenen Erkenntnissen über die positive Wirkung konfessionell-kooperativer Lernarrangements auf ausdrücklich konfessionelle Lernprozesse.

[31] Vgl. die Reflexionen von Steinmeier/Tepe in diesem Band.

[32] Vgl. im Kontext aktueller Jugendmilieustudien Theis 2014, 219 f.

[33] Vgl. dazu die weiter unten vorgenommene differenzierte Lernzielbestimmung.

erwähnt: „Während bei gemeinsamem Unterricht in der ‚Grauzone' häufig auf jede konfessionelle Profilierung verzichtet wird, wohl weil davon Konflikte befürchtet werden, soll der konfessionell-kooperative Religionsunterricht in einen reflektierten, von Toleranz und Anerkennung bestimmten Umgang mit der Pluralität einführen. Das ist zugleich der Ausgangspunkt für bildungstheoretische Begründungen eines kooperativen dialogischen Unterrichts."[34]

5. Das theologische Argument: Der schulische Religionsunterricht wird neuerdings wieder verstärkt als *locus theologicus* in den Blick genommen. Der mit der programmatischen Formel „Religionsunterricht als Ort der Theologie"[35] angezielte Perspektivenwechsel versteht den Religionsunterricht zum einen als *Bewährungskontext* von Theologie und zum anderen als *Entstehungskontext* von Theologie. Mit Blick auf den ökumenischen Dialog auf kirchenamtlicher Ebene sowie auf Fragen der ökumenischen Theologie auf wissenschaftlicher Ebene wäre ein konfessionell-kooperativer Religionsunterricht erstes Bewährungsfeld hier gewonnener Erkenntnisse und erzielter Erfolge. Seine regional erfolgte Institutionalisierung mag ein erster Beleg dafür sein. Aber könnte der Religionsunterricht nicht auch in diesen Fragen zu einem Entstehungskontext ökumenisch-theologischer Fragen werden? Könnte er nicht exemplarisch und experimentell vorzumachen versuchen, was es heißt, eine „Ökumene des dritten Weges" (U. Link-Wieczorek) zu erproben und durchzubuchstabieren, damit sie auch theologisch eingeholt werden kann? Könnte der konfessionell-kooperative Religionsunterricht nicht so etwas wie einen ‚quasisakramentalen Vorgriff' auf die Einheit der Christen darstellen? In diese Richtung wäre auch theologisch weiterzudenken, wenn man vom Religionsunterricht erwartet, dass er „in Sachen Ökumene ‚avantgardistische Schrittmacherdienste' leisten müsse"[36]. Auch aus Sicht der noch relativ jungen Disziplin einer komparativen Theologie, die in religionsvergleichender Weise das theologische Gespräch mit den nicht christlichen Religionen in den Blick nimmt, wird für eine Öffnung des konfessionellen hin zum konfessionell-kooperativen Religionsunterricht plädiert, bietet er doch besondere Möglichkeiten der Bewährung und Entstehung eines Lernens in dialogischer Offenheit gegenüber anderen religiösen Überzeugungen. Die Zielperspektive reicht hierbei noch über die interkonfessionelle hinaus auf eine interreligiöse Kooperation.[37]

6. Das funktionale Argument:[38] Religion ist als Bildungsgegenstand auch um ihrer nicht religiösen Zwecke willen wertvoll, insbesondere hinsichtlich ihrer ethischen Relevanz. Wenn Religionsunterricht hier also von den Wirkungen religiöser Überzeugungen her legitimiert wird, muss man sich darüber bewusst sein, dass eine Übergewichtung dieses Arguments den Plausibilitätsverlust ausdrücklich religiöser Bildung noch weiter verstärken kann. Denn ethische Urteilsbildung, die Vermittlung von Werten und sozialen Kompetenzen werden als Aufgabe von Schule und Unterricht wohl kaum angezweifelt, religiöse Bildung schon eher. Dennoch ist dieses Argument auch für den konfessionellen Religionsunterricht (und nicht nur für die sogenannten ‚Ersatzfächer' wie Werte und Normen oder Ethik) in Anschlag zu bringen, weil es auch um Wertebildung und Normenbegründungen aus einer spezifisch theologischen Ethik heraus gehen muss. Mehr noch gilt dies für den konfessionell-kooperativen Unterricht, denn gerade hier kann nach außen hin sichtbar werden, dass es elementare christlich-moralische Grundsätze gibt, die universale Geltung beanspruchen können, dass bestimmte ethische Fragestellungen auch um der Sache willen wertvolle interkonfessionelle Kontroversen[39] auslösen und dass sich nicht zuletzt die gelernten Inhalte am besten auch in entsprechenden dialogischen bzw. kooperativen Lernarrangements bewähren können.

7. Das ideologiekritische Argument: Wenn religiöse Bildung immer auch „Einübung in den für die großen Religionen fundamentalen Weltabstand"[40] ist, dann kann der schulische Religionsunterricht dieses ihm zukommende geistige Widerstandspotenzial aus einem christlichen Traditionszusammenhang umso besser zum Ausdruck und zur Wirkung kommen lassen, je geschlossener er nach außen hin auftritt. Die grundlegenden Vorstellungen vom Menschen und von gelingenden Beziehungen zwischen Mensch, Gott und Welt stellen elementare Inhalte der christlichen Tradition dar und bilden damit eine wesentliche Basis für einen Religionsunterricht beider Konfessionen.[41] Eine Ideologiekritik gegenüber quasireligiösen Letztbegründungsansprüchen und Bedrohungen des Humanums aus den Quellen der jüdisch-christlichen Tradition als einer „produktiven Antitradition"[42] erhielte eine noch größere Plausibilität, wenn sie konfessionsübergreifend zur Sprache käme. In dieser christlich positionierten Linie könnte zudem die kritische Anfrage

[34] Schweitzer 2013, 29. Vgl. auch mit spezifischem Grundschulbezug Simojoki/Ritter 2014 sowie das umfassende Plädoyer bei Meyer-Blanck/Fürst 2003, 54 „Differenzen mit einem positiven Vorurteil wahrzunehmen".

[35] Vgl. dazu den gleichnamigen Band sowie die dortige Einführung: Mette/Sellmann 2012, 11f.

[36] So Kardinal Karl Lehmann, zit. nach: Orth, S., Bildung: Der Religionsunterricht angesichts der Schulentwicklung, in: HK 55 (2001) 225ff., hier: 226.

[37] Vgl. v. Stosch 2012.

[38] In enger Anlehnung an Englert 2007, 295ff.

[39] Vgl. hierzu beispielsweise die Lernsequenzen von Paeßens und Maas.

[40] Englert 2007, 297.

[41] Das belegt nicht zuletzt auch der interkonfessionelle Vergleich vieler Kerncurricula bzw. Lehrpläne, die eine relativ hohe inhaltliche Schnittmenge ausweisen können.

[42] Peukert 1987, 34.

nach der Relevanz religiöser Bildung in der Schule eine gewichtige Gegenstimme erhalten, im gemeinsamen Konzert mit den anderen religiösen Stimmen innerhalb einer Fächergruppe.

Die Symbolisierung dieser Begründungsfiguren in einem *Heptagramm* kann veranschaulichen, dass die einzelnen Argumente in einem untrennbaren und ausbalancierten Zusammenhang verankert sind, die insgesamt eine Legitimationsstruktur ergeben. Auch wenn je nach Perspektive oder Begründungskontext einzelne Argumente ein stärkeres Gewicht erhalten mögen, entfaltet eine Legitimation des konfessionell-kooperativen Religionsunterrichts ihre eigentliche Stärke doch erst in der Gesamtheit und ausgewogenen Verwendung aller Argumente.

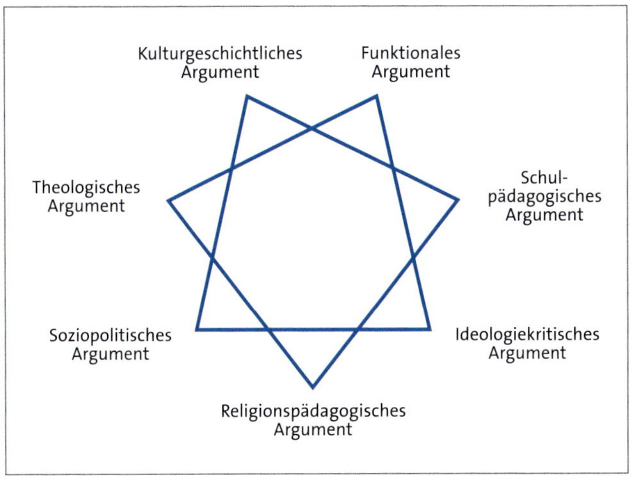

3. Didaktisch-methodische Leitlinien für konfessionell-kooperative Lehr-Lern-Prozesse

Im Folgenden werden sieben Leitlinien benannt, die aus den Erkenntnissen des zugrunde liegenden Theorie-Praxis-Transfers resultieren und die in eine konkrete didaktisch-methodische Gestaltung von Religionsunterricht in konfessionell-kooperativen Lernformen bzw. in konfessionsübergreifenden Lerngruppen münden. Sie benennen jeweils didaktische Grundlegungen und werfen anschließend Fragen zur Reflexion auf, die zu einer didaktisch-methodisch reflektierten Planung und Durchführung von Religionsunterricht beitragen wollen. Die unterrichtenden Lehrerinnen und Lehrer können sich damit in den weiteren Rahmen einer *Didaktik des fragenden Reflektierens* bzw. *des reflektierenden Fragens* stellen, denn nicht zuletzt sind die zu gestaltenden religiösen Lehrprozesse zugleich Lernprozesse für die Lehrenden selbst.

3.1 Sich über den eigenen Standpunkt bewusst werden

„Konfessionelle Kooperation hat einen menschlichen Faktor."[43] Maßgeblich bestimmt wird dieser Faktor durch die in der Schule beteiligten und unmittelbar unterrichtenden Lehrkräfte, die konkrete inhaltliche Gestaltung konfessionsübergreifender Aspekte bzw. spezifischer konfessioneller Perspektiven im Unterrichtsgeschehen obliegt ihrer Letztverantwortung. Daher muss der erste Schritt einer didaktischen Reflexion der Blick nach innen sein: auf den eigenen Standpunkt bzgl. konfessionell-kooperativer Szenarien, auf persönliche Vorstellungen ihrer Umsetzbarkeit, auf eigene Vorbehalte, auf die persönliche Verhältnisbestimmung zwischen ‚gelebter Religion' und ‚gelehrter Religion' etc.[44] Darüber hinaus ist in diesem Zusammenhang insofern auch die eigene professionelle Haltung bzw. der eigene Unterrichtshabitus insgesamt angefragt, als es immer auch um die Frage der eigenen didaktischen Lernwilligkeit und Lernfähigkeit (auch nach vielen Dienstjahren) gehen muss: „Wer kooperiert, lernt."[45] Dieses persönliche Lernfeld ist bereits innerhalb einer ‚Ökumene des dritten Weges' (s. o.) angeklungen und wird in differenzierter Weise auch durch die beiden Lehramtsanwärterinnen bestätigt, die von ihren persönlichen Erfahrungen mit der konfessionellen Kooperation berichten.[46]

Leitfragen:

- *Welche religiösen Lernziele verfolge ich in meinem Religionsunterricht?*
- *Welche Erfahrungen habe ich mit dem Thema Ökumene – persönlich wie beruflich?*
- *Wie ist meine eigene Haltung zum konfessionell-kooperativen Religionsunterricht?*
- *Welche Bedingungen bzgl. des (konfessionellen) Religionsunterrichts liegen an meiner Schule vor (bspw. Grad der Wertschätzung des Fachs; Schülerzahlen; Schulcurriculum; pädagogische, schulorganisatorische, regionale Besonderheiten etc.)?*
- *Welche Gründe gibt es für (oder gegen) die Einrichtung des konfessionell-kooperativen Religionsunterrichts an meiner Schule? Welche religionspädagogischen Ziele werden damit verfolgt (s. u.)?*
- *Wie kann ich für Formen der konfessionellen Kooperation schulöffentlich bzw. gegenüber der Schulleitung eintreten?*
- *Wie kann die eigene Fachgruppe den konfessionell-kooperativen Religionsunterricht mitgestalten (bspw. durch das schuleigene Curriculum, fachwissenschaftliche und fachdidaktische Fortbildungen, Unterrichtsmaterialien, außerunterrichtliche Lerngelegenheiten, religiöse Schulkultur etc.)?*

[43] Meyer-Blanck 2005, 162.
[44] Zur weitergehenden Einbettung dieser Selbstvergewisserung in das pädagogische und kirchliche Selbstverständnis von Religionslehrkräften insgesamt einschließlich einer kritischen Auseinandersetzung mit verschiedenen Rollenbildern vgl. Burrichter 2012.
[45] Boschki 2013, 258.
[46] Vgl. den Beitrag von Steinmeier/Tepe in diesem Band. Wertvolle Reflexionen und praxisrelevante Anregungen zu dieser ersten Leitlinie geben Biesinger/Münch/Schweitzer 2008.

3.2 Ökumenisches Lernen

Formen des konfessionell-kooperativen bzw. konfessionsübergreifenden Unterrichts stehen im größeren Kontext ökumenischen Lernens, das spätestens seit den programmatischen Grundlegungen durch Ernst Lange zu Beginn der 1970er-Jahre in seiner globalen Dimension sowie als Grundaufgabe einer ‚lernenden Kirche für andere' zu verstehen ist. An dem hierfür in Anspruch genommenen Zielspektrum hat sich auch ein konfessionell-kooperatives Lernen zu orientieren. Mit Stephan Leimgruber kann dies wie folgt aufgefächert werden:[47] a) Christlich-konfessionelle Identität und ökumenische Offenheit; b) Wahrnehmungskompetenz konfessioneller Kulturen (inkl. eines kulturgeschichtlichen Lernens über die kulturelle und gesellschaftliche Prägekraft des Christlichen); c) Stärkung der Gemeinsamkeiten im Blick auf elementare verbindende Inhalte (Glaubensbekenntnis, Grundgebete, Hl. Schrift etc.) sowie Respektierung der Differenzen; d) Voneinander lernen einschließlich eines erfahrungsorientierten Lernens (Kirchenraumdidaktik, liturgisches/spirituelles Lernen etc.). Vor diesem Hintergrund lassen sich die Lernprozesse eines konfessionell-kooperativen Religionsunterrichts als didaktisch reflektierter Vorgriff auf ökumenisches Lernen insgesamt verstehen, denn sie führen einzelne Aspekte ökumenischen Lernens zu einer unterrichtspraktischen Konkretion.

3.3 Religionspädagogisches Zielspektrum

1. Lernziel religiöse Kompetenz: Das Globalziel eines konfessionell-kooperativen Religionsunterrichts darf selbstverständlich nicht hinter den allgemeinen Kompetenzerwartungen zurückbleiben, die an den schulischen Religionsunterricht insgesamt anzulegen sind, sollte insbesondere aber die Ausbildung einer religiösen Wahrnehmungs- und Deutungskompetenz sowie einer religiösen Urteils- und Dialogkompetenz berücksichtigen. Das Erlernen einer umfassenden religiösen Sprachfähigkeit an elementaren Inhalten des Christentums und im Sinne diverser Kompetenzmodelle auch anderer Religionen ist einerseits sachkundlich anzulegen, muss andererseits aber auch mit dem Lernprozess einer religiösen Pluralitätsfähigkeit und Dialogfähigkeit in der Auseinandersetzung mit dem anderen und Fremden einhergehen. Zu beiden vermag insbesondere der konfessionell-kooperative Religionsunterricht seinen spezifischen Beitrag zu leisten.[48] Besondere Herausforderung wird dabei sein, im Sinne einer Didaktik der Elementarisierung solche exemplarischen Inhalte und Lerngegenstände auszuwählen, die diese grundlegendenden Lernprozesse ebenso ermöglichen wie die im Folgenden angezielten.

2. Lernziel konfessorische Kompetenz: Seit den Zielbestimmungen der Würzburger Synode verfolgt der schulische Religionsunterricht das Anliegen, Schülerinnen und Schüler religiös entscheidungsfähig zu machen. Dieser Lernprozess zielt schließlich auf eine persönliche Positionierungs- bzw. Standpunktfähigkeit in religiösen, weltanschaulichen und ethischen Fragen, mit der zugleich eine Befähigung zum Perspektivenwechsel einhergeht. Bleibt Letztere nämlich aus, können angebotene oder selbst gefundene Standpunkte nicht oder mit nur mäßigem Erfolg in einen argumentativen Diskurs gebracht werden. Noch vor einem ausdrücklich konfessionellen Lernen braucht es spezifische Lernangebote, um überhaupt einen eigenen religiösen oder ethischen Standpunkt einnehmen zu können. In diesem Sinne muss es um eine *konfessorische* Kompetenz gehen, die eine eigene Positionierung in diesen Fragen ebenso ermöglicht wie „das konfessorische Hineingehen in fremde Lebenswelten"[49]. Da es sich hierbei keinesfalls um selbstverständliche Bestandteile religionsunterrichtlicher Lernarrangements handelt, ist diese Kompetenz als Lernziel verstärkt zu verfolgen, auch und besonders gegen Tendenzen einer ausdrucksschwachen und nivellierenden Pluralisierung und Individualisierung von Religion und Glauben.[50] Im Kern geht es hierbei im Sinne einer Didaktik der Elementarisierung um ein beharrliches Fragen nach den elementaren Wahrheiten seitens der Personen wie der Sache. Konfessorische Kompetenz auszubilden hieße dann auch, mit der Zielperspektive einer „transparenten Positionalität"[51] eine allgemeine „Gesprächsfähigkeit angesichts unterschiedlicher Überzeugungen"[52] zu lernen und einzuüben – insbesondere dann, wenn man seitens der Lernenden oder auch Lehrenden der Haltung begegnet, „Wahrheitsfragen könnten bei fehlender gemeinsamer, also entweder evangelischer oder katholischer Grundüberzeugung gar nicht thematisiert werden"[53].

3. Lernziel konfessionelle Kompetenz: Wenn diese Zielbestimmung konsequent zu Ende gedacht wird, dann sollte ein religiöser Lernprozess in der Schule so weit wie möglich eine tatsächliche persönliche Entscheidungsfähigkeit in Fragen der Religion und des Glaubens ausbilden und das heißt hier, den christlichen Glauben gerade nicht in seiner konkret *konfessionellen* Gestalt ausblenden. Andernfalls bliebe eine solche Entscheidungsfähigkeit nur leere Hülse und unwirksame Rhetorik. Konfessionelle Kompetenz beinhaltet daher sowohl eine religiöse Wahrnehmungs- und Deutungsfähigkeit für christlich-konfessionelle Phänomene in unserer Alltagskul-

[47] Vgl. Leimgruber 2013, 457 ff. sowie grundlegend zum ökumenischen Lernen: Scheidler 1999; Böhm 2001; Schwab 2002; Simojoki 2012.
[48] Vgl. Schweitzer 2013, 32; Schweitzer 2009, 206; Kenngott/Kuld 2012, 176.
[49] v. Stosch 2012, 326.
[50] Vgl. entsprechende Beobachtungen bei Hütte/Mette 2003, 232 f.
[51] Schröder 2012, 534.
[52] Schweitzer u. a. 2006, 61.
[53] Ebd.

tur als auch eine religiöse Urteilsfähigkeit hinsichtlich einer bestimmten konfessionellen Tradition sowie schließlich die Fähigkeit zum Eintritt in eine echte Teilnehmerperspektive.[54] Letztere kann der schulische Religionsunterricht allerdings nur grundlegend anbahnen, nie umfassend garantieren.

Ob man dabei insgesamt so weit gehen sollte wie in der Überzeugung, dass eine Begegnung mit der jeweils anderen Konfession „Besonderheiten wie Gemeinsamkeiten von evangelischem und katholischem Glauben erfahrbar"[55] mache, bleibt anzufragen. Wenn konfessionell-kooperative Lernprozesse dies zumindest einsichtig machen können, ist wohl schon eine Menge erreicht. Und je nach Adressaten können solche Lernprozesse sogar ein bereits vorhandenes konfessionelles Bewusstsein der Schülerinnen und Schüler stärken. Insgesamt ist die Zielformulierung „Gemeinsamkeiten stärken – Unterschieden gerecht werden"[56] aufrecht zu erhalten und auch der Gesamteinschätzung zuzustimmen, dass „der kooperative Religionsunterricht beides vermeidet: ein sich selbst isolierendes Insistieren auf konfessioneller Trennung, aber auch eine über die nach wie vor bedeutsamen Unterschiede zwischen den Konfessionen einfach hinwegsehende, lediglich an Gemeinsamkeiten orientierte Uniformität"[57]. Konfessionell-kooperative Lernprozesse sollten daher so viel konfessionsbewusstes, d. h. an konfessionsspezifischen Perspektiven orientiertes Lernen wie möglich anbieten, ohne dabei aber jemals konfessionalistisch zu werden.

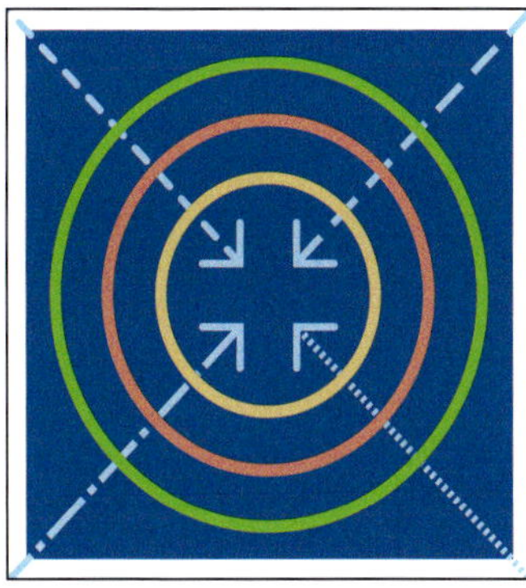

In idealer Weise findet im konfessionell-kooperativen Religionsunterricht damit ein von außen nach innen aufbauendes Lernen statt: von einer allgemein religiösen Kompetenz über konfessorische Befähigungen des Subjekts hin zur Grundlegung einer ausdrücklich konfessionellen Kompetenz unter Berücksichtigung spezifischer Traditionen. Die Realität des schulischen Religionsunterrichts und seiner Subjekte bewahrt allerdings vor der Fehlinterpretation, in diesem Modell einen zwangsläufig linearen und im strengen Sinne finalisierbaren Lernprozess zu sehen.

Leitfragen:

- *Welche elementaren Inhalte des Christentums und anderer Religionen sind unverzichtbar als Garanten religiöser Bildung in einem konfessionell-kooperativen Religionsunterricht?*
- *An welchen Inhalten und Lerngegenständen und in welchen methodischen bzw. medialen Lernarrangements können Schülerinnen und Schüler lernen und regelmäßig einüben, im Sinne eines konfessorischen Lernens selbst Position zu beziehen und einen eigenen Standpunkt einzunehmen?*
- *Wie ist in gleicher Weise ein ständiger Perspektivenwechsel im Lernprozess zu etablieren, um Dialog- und Urteilsfähigkeit zu fördern?*
- *An welchen Stellen innerhalb einer Lernsequenz und an welchen Lerngegenständen kann ein ‚konfessionelles Profil' so kenntlich gemacht werden, dass ein ausdrückliches konfessionelles Lernen ermöglicht werden kann?*

3.4 Didaktische Vorentscheidungen

Das Erstellen einer Synopse der Kompetenzerwartungen aus dem jeweiligen schulformbezogenen evangelischen und katholischen Kerncurriculum bzw. Kernlehrplan ist notwendiger Bestandteil bei einer detaillierten Planung konfessionell-kooperativen Religionsunterrichts. Beiderseits verbindliche oder geeignete Inhalte geraten somit ebenso in den Blick wie entsprechend zu füllende Leerstellen bewusst werden können. Insgesamt ist hierbei bereits eine fundamentale Vorentscheidung zu treffen, auf welche Weise die konfessionell-kooperative Perspektive realisiert werden soll. Dabei stehen zwei Möglichkeiten zur Auswahl:

1. Zunächst scheint die *curriculare Festlegung bestimmter Themen* naheliegend, die in interkonfessioneller Absicht erarbeitet werden. Das betrifft selbstverständlich solche ‚Klassiker' wie „Maria", „Reformation" oder „Martin Luther"[58], aber auch kirchlich-biografisch orientierte Themen wie „Konfirmation und Firmung". Wesentlich wird in diesem Fall ein perspektivenverschränkendes Arbeiten (s. dazu weiter unten).

2. Demgegenüber kann konfessionelle Kooperation aber auch als *durchgängiges Leitprinzip* für die Planung und Durchführung von Religionsunterricht in Anspruch genommen werden. Im Sinne eines kontinuierlichen, aufbauenden Lernens müsste eine Verschränkung konfessionsspezifischer Perspektiven dann in allen oder möglichst vielen behandelten Themen verfolgt werden. Zugleich wäre damit eine Anschlussfähigkeit an kontinuierlich einzubringende, interreli-

[54] Vgl. auch Rupp 2006, 3.

[55] Kenngott/Kuld 2012, 176. Vgl. die in diesem Band enthaltenen, sehr aufschlussreichen Kommentierungen zu einer transkribierten Unterrichtsstunde des konfessionell-kooperativen Religionsunterrichts zum Thema Beten/Kreuzzeichen.

[56] Schweitzer/Biesinger 2002.

[57] Schweitzer 2009, 204.

[58] Vgl. die Beiträge von Eickmann und Reininger in diesem Band.

giöse Lernprozesse gegeben. Beispielsweise würde eine Lernsequenz zum Thema Bibel[59] nicht nur elementare Kompetenzen des Bibelverstehens schulen, sondern ebenso nach konfessionsspezifischen Merkmalen suchen (katholisches und protestantisches Schriftverständnis, verschiedene Übersetzungen etc.). In einem weiteren Schritt könnten auch religiös-kooperative Zugänge in den Blick genommen werden, beispielsweise durch einen Blick auf den Umgang mit der Thora in jüdisch-traditionellen Lernkontexten. Dieser Schritt erfordert allerdings eine sorgfältige theologische Reflexion und Unterscheidungskraft seitens der Lehrkraft, um sachlich angemessene und didaktisch sinnvolle Vergleiche integrieren zu können.[60]

Leitfragen:
- *Welche konfessionsspezifischen Themen halte ich aus meiner eigenen Perspektive für notwendig im Sinne der Ermöglichung konfessioneller Lernprozesse?*
- *Wie kann ich diese Themen zugleich so aufbereiten, dass eine konfessionsübergreifende Auseinandersetzung und Erarbeitung möglich wird?*
- *Mit welchen Lerngegenständen und auf welche Weise können die in der entsprechenden Jahrgangsstufe vorgegebenen Inhalte so erarbeitet werden, dass – soweit möglich – beide konfessionellen Perspektiven auf dieselbe Sache zur Sprache kommen?*
- *Wo bieten sich interreligiöse Bezüge an?*
- *Wie merkt man meinem eigenen Unterricht an, dass konfessionelle Kooperation ein durchgängiges Leitprinzip darstellt?*

3.5 Didaktik der Perspektivenverschränkung

Im Sinne einer ‚äußeren Differenzierung' stehen vielfältige Formen der konfessionellen Kooperation vom jahrgangsweisen Parallelunterricht über phasenweises Teamteaching bis zum halbjährlichen oder jährlichen Wechselunterricht zur Auswahl. Dort, wo (in der Regel) aus personellen Gründen kein regelmäßiger Lehrerwechsel bzw. keine Phasen von Teamteaching stattfinden können oder pädagogisch als nicht sinnvoll erscheinen, muss der mit dem Prinzip der konfessionellen Kooperation verbundene inhaltliche Anspruch auf der didaktischen Ebene eingeholt werden, insbesondere über eine adäquate Gestaltung der Lernprozesse und eine entsprechende Auswahl der Lerngegenstände (einschließlich des Einsatzes stimmiger Medien) – ganz im Sinne einer ‚inneren Differenzierung' des Unterrichtsgeschehens. Zugleich muss hier geltend gemacht werden: Die Schülerinnen und Schüler können nicht als Experten einer Konfession herangezogen werden, um diese Form des Religionsunterrichts inhaltlich zu füllen. Prinzipiell aber muss konfessionell-kooperatives Lernen in gemischten Lerngruppen auch da möglich sein, wo der Religionsunterricht von außen betrachtet mangels organisatorischer oder personeller Alternativen zunächst wenig ‚kooperativ' im engeren Sinne erscheint. Vor diesem Hintergrund ist für konfessionell-kooperativ ausgerichtete Lernsequenzen eine *Didaktik der Perspektivenverschränkung* zu fordern. Das betrifft zum einen die auszuwählenden Inhalte und Lerngegenstände, die aus unterschiedlichen konfessionellen Perspektiven zu erschließen wären.[61] Aber auch innerkonfessionelle Differenzen und Besonderheiten müssen hier gegen falsche Homogenisierungen als unterschiedliche Perspektiven zur Geltung kommen und ins Gespräch gebracht werden. Ein Lernen durch und in Perspektivenübernahmen müsste hier als didaktischer Regelfall des Religionsunterrichts etabliert werden.[62] Zum anderen hat diese Forderung aber auch Konsequenzen für die Gestaltung von Lernprozessen bzw. für soziale und methodische Formen des Lernens, etwa im Sinne eines explizit kooperativen Lernens, in konfessionell gemischten Partnerarbeitsphasen oder durch eine besondere Verschränkung der fundamentalen Lerndimensionen (kognitiv, emotional, pragmatisch). Letzteres läuft auf den Grundsatz hinaus: „Konfessionell-kooperativer Religionsunterricht ist auch methodisch sichtbar!"[63]

Leitfragen:
- *Wie kann ich die Inhalte meines Unterrichts aus möglichst vielen Perspektiven heraus beleuchten?*
- *Wo kommen dabei konfessionelle Besonderheiten ins Spiel?*
- *Wie beziehe ich die subjektiven Perspektiven der Schüler mit ein?*
- *Mit welchen (methodischen, medialen) Lernarrangements ermögliche ich eine echte Verschränkung dieser Perspektiven, um eine argumentative Auseinandersetzung zu garantieren?*
- *Bietet mein Unterricht das notwendige Maß an Öffnung, um überhaupt verschiedene subjektive und objektive Perspektiven miteinander ins Gespräch bringen zu können?*
- *Wie zeigt sich dieses Maß in der methodischen Gestaltung der Lernprozesse und in meiner Art der Unterrichtsführung?*

---

[59] Vgl. den Beitrag von Jessing in diesem Band.

[60] Vgl. auch die entsprechenden Hinweise bei Schweitzer u. a. 2006, 181 ff.; Schweitzer 2009, 208 f. sowie aus der Sicht der komparativen Theologie v. Stosch 2012.

[61] Vgl. dazu die ähnliche Aufgabenbeschreibung bei Biesinger/Schweitzer 2002, 137 aus Sicht des Elementarisierungskonzepts sowie Rupp 2006, 3.

[62] Vgl. auch das indirekt zum Ausdruck gebrachte Desiderat bei Nipkow 1998, 351.

[63] Eine inhaltliche Perspektivenverschränkung zeigt sich im vorliegenden Band deutlich in den Beiträgen von Eickmann, Jessing oder Paeßens; methodisch sichtbar wird diese beispielsweise im „Ketzerspiel" bei Reininger oder in der „strukturierten Kontroverse" bei Paeßens.

3.6 Spezifische Merkmale kompetenzorientierten Religionsunterrichts

Vor dem Hintergrund eines an Bildungsstandards und Kompetenzen ausgerichteten schulischen Religionsunterrichts gewinnen ausgewählte Merkmale kompetenzorientierten Unterrichts besondere Relevanz für einen konfessionell-kooperativen Religionsunterricht:[64]
Eine *Analyse der Lernausgangslage* wird notwendig für ein differenziertes Bild der Lerngruppe und eine daraus resultierende inhalts- wie schülerbezogen differenzierte Bearbeitung von entweder christlich elementaren Inhalten oder konfessionsspezifischen Aspekten. Denn das Maß ihrer Gewichtung hängt nicht zuletzt vom Maß der religiösen resp. konfessionellen Sozialisation der Schülerinnen und Schüler ab.[65]
Das Auffinden geeigneter Beispiele *lebensweltlicher Anwendung* bzw. von *Anforderungssituationen*, die in besonderer Weise anschlussfähig für unterschiedliche konfessionelle Perspektiven sind, kann die Alltagsrelevanz konfessioneller Fragestellungen deutlich werden lassen und darüber hinaus eine spezifisch konfessionsbewusste religiöse Wahrnehmungskompetenz und Urteilskompetenz fördern.
Phasen der *Metakognition* sind notwendig für eine entsprechende Selbstreflexion der Schüler auf ihren religiösen Lernweg hin, näherhin auch auf ihren eigenen religiösen Lebensweg bzw. eine möglicherweise bestehende oder gesuchte konfessionelle Beheimatung.
Das kontinuierliche *Üben* bzw. Wiederholen von Basiswissen und die *Anwendung* des Gelernten in neuen Zusammenhängen wird im Religionsunterricht noch unterschätzt, erhält aber gerade dann besondere Bedeutung, wenn mit der oben aufgezeigten dreischrittigen Lernzielbestimmung (vgl. 3.3) ein aufbauendes und sich zuspitzendes Lernen beabsichtigt wird.

3.7 Einbezug außerunterrichtlicher bzw. außerschulischer Lernorte

Das dritte formulierte Lernziel der Ausbildung einer konfessionellen Kompetenz korrespondiert mit einer perspektivischen Ausrichtung des schulischen Religionsunterrichts auf konkrete Lebensformen gelebter Religion bzw. gelebten Glaubens. Diese Dimension sollte insbesondere den konfessionell-kooperativ gestalteten Religionsunterricht erweitern, um seinen spezifischen didaktischen Anliegen noch besser gerecht werden zu können, ohne hiermit in die Kontroverse um die religionsdidaktischen Ansätze eines performativen oder mystagogischen Lernens eingreifen zu wollen. Hinsichtlich spezifischer Rahmenbedingungen hieße das, auf eine begleitende Kooperation mit den örtlichen Kirchengemeinden beider Konfessionen wertzulegen.[66] Denn diese bilden die tragende Basis sowohl für eine Integration außerschulischer Lernorte des Glaubens als auch für das Einbeziehen von authentischen Vertretern der Konfessionen in den Unterricht.[67] Darüber hinaus bietet insbesondere das Handlungsfeld der Schulpastoral bzw. Schulseelsorge weitere breit gefächerte Möglichkeiten eines konfessionsübergreifenden bzw. konfessionsverbindenden Lernens. Auch eine personale Präsenz der Kirchen im Schulleben (Kontaktstunden, seelsorgliche Aufgaben, Schulgottesdienste, Ganztagsangebote etc.) schafft Angebote konfessioneller Begegnung und lässt Schule zu einem auch religiös relevanten Lebensraum werden. In diesem weiteren Kontext sind auch die Chancen und Grenzen eines bewusst ökumenisch ausgerichteten spirituellen Lernens auszuloten.[68]

Leitfragen:
- *Bei welchen Themen ist der Bezug auf außerunterrichtliche bzw. außerschulische Lernorte sinnvoll oder sogar notwendig?*
- *Für welche Themen sollte ich authentische Vertreter der Kirchen einbeziehen, um eine echte Begegnung mit konfessionsspezifischen Inhalten zu garantieren?*
- *Inwieweit hat die Fachkonferenz Religion an meiner Schule Kontakt zu den örtlichen Kirchengemeinden? Inwiefern kann dieser noch ausgebaut werden?*
- *Gibt es eine Präsenz der Kirchengemeinden im Schulleben? Wie kann ich dies für meinen Religionsunterricht fruchtbar machen?*
- *Setze ich bewusst Formen des spirituellen Lernens im Religionsunterricht ein und bin ich mir dabei über konfessionelle Probleme bzw. ökumenische Chancen bewusst?*

4. Einführung zu den Lernsequenzen

Der Entstehungskontext dieses Bandes ist die schulische bzw. religionsunterrichtliche Praxis. In diese Praxis münden schließlich die bisherigen didaktischen Ausführungen, indem im Folgenden acht Lernsequenzen vorgeschlagen werden, die sich zum Ziel gesetzt haben, konfessionell-kooperatives Lernen im Religionsunterricht der Sekundarstufe I bzw. II zu profilieren. In unterschiedlicher Gewichtung kommen dabei die vorausgegangenen Grundlegungen zur Realisierung. Die Lernsequenzen sind weitestgehend in der Praxis erprobt und anschließend in der über einen längeren Zeitraum arbeitenden Expertengruppe von katholischen und evangelischen Religionslehrkräften bzw. in der Aus- und Fortbildung Tätigen diskutiert und modifiziert worden.

---

[64] Für spezielle didaktische Merkmale eines kompetenzorientierten Religionsunterrichts vgl. das entsprechende Schema von A. Feindt in Sajak/Feindt 2012, 100.

[65] Vgl. hierzu insbesondere den Beitrag von Püschel/Timmer/Westhues in diesem Band.

[66] Vgl die entsprechende Beobachtung und bündelnde These bei Hütte/Mette 2003, 230.

[67] Vgl. die Lernsequenzen von Soika sowie Steinmeier u. a. in diesem Band.

[68] Zum spirituellen Lernen in der Schule vgl. Woppowa 2013 sowie den Blick auf eine „ökumenische Gemeinsamkeit in der Mitte spiritueller Bildung" bei Nipkow 1998, 352–358.

Die Lernsequenzen bieten zum einen die Möglichkeit einer vollständigen Durchführung, gegebenenfalls mit entsprechenden Anpassungen an die jeweilige Lerngruppe. Zum anderen können sie auch als eine Fundgrube verstanden werden, gezielte Lerngegenstände, Unterrichtsimpulse bzw. Lernschritte im Sinne eines konfessionell-kooperativ angelegten religiösen Lernens auszuwählen und in den eigenen Unterricht zu integrieren.

Zur besseren Orientierung seien vorab noch einige Lesehinweise gegeben:

- Bei den einzelnen Beiträgen handelt es sich um Sequenzen von aufeinanderfolgenden Lernschritten, die jeweils tabellarisch dargestellt werden und insbesondere nicht um einzelne Unterrichtsstunden. Der konkrete zeitliche Bedarf ist individuell je nach Lerngruppe und inhaltlicher Schwerpunktbildung festzulegen.
- Der ausgewiesene Kompetenzerwerb bezieht sich auf die in der Lernsequenz zentral zu schulenden Kompetenzen und benennt sowohl allgemeine bzw. prozessbezogene Kompetenzen als auch inhaltsbezogene Kompetenzen bzw. Inhaltsfelder. Zugrunde liegen dem Kompetenzerwerb die aktuellen niedersächsischen Kerncurricula und nordrhein-westfälischen Kernlehrpläne verschiedener Schulformen.
- Die Lernsequenzen haben jeweils einen eigenen Schwerpunkt hinsichtlich ihrer Ausrichtung auf eine bestimmte Schulform (Realschule, Oberschule, Gymnasium), bieten aber durch geringfügige Modifizierungen bei Lernschritten und Materialauswahl die Möglichkeit der Anpassung an das Arbeits- und Leistungsniveau einer jeweils anderen Schulform.
- Für eine bessere Übersichtlichkeit und Lesbarkeit wurden folgende Abkürzungen verwendet:

L	Lehrerin bzw. Lehrer
SuS	Schülerinnen und Schüler
UG	Unterrichtsgespräch
EA	Einzelarbeit
PA	Partnerarbeit
GA	Gruppenarbeit
RS	Realschule
ObS	Oberschule
GY	Gymnasium
NI-KC	niedersächsisches Kerncurriculum
NRW-KLP	nordrhein-westfälischer Kernlehrplan

Verwendete Literatur

Altrichter, Herbert/Feindt, Andreas, Handlungs- und Praxisforschung, in: W. Helsper/J. Böhme (Hg.), Handbuch der Schulforschung, Wiesbaden 2008, 449–466.

Altrichter, Herbert/Posch, Peter, Lehrerinnen und Lehrer erforschen ihren Unterricht. Unterrichtsentwicklung und Unterrichtsevaluation durch Aktionsforschung, Bad Heilbrunn [4]2007.

Bayer-Wied, Daniela, Ökumenisch ja – aber bitte getrennt? Konfessionelle Kooperation in der Grundschule, Frankfurt a. M. 2011.

Biesinger, Albert/Münch, Julia/Schweitzer, Friedrich, Glaubwürdig unterrichten. Biographie – Glaube – Unterricht, Freiburg 2008.

Biesinger, Albert/Schweitzer, Friedrich, Konfessionelle Kooperation im Religionsunterricht – eine neue didaktische Herausforderung, in: F. Schweitzer (Hg.), Elementarisierung im Religionsunterricht. Erfahrungen, Perspektiven, Beispiele, Neukirchen-Vluyn [2]2007, 133–145.

Böhm, Uwe, Ökumenische Didaktik, Göttingen 2001.

Boschki, Reinhold, Wie ökumenisch kann und soll religiöse Bildung sein? Kleine ‚Theologie der Wertschätzung' für den ökumenischen Dialog, in: S. Altmeyer/G. Bitter/J. Theis (Hg.), Religiöse Bildung – Optionen, Diskurse, Ziele, Stuttgart 2013, 257–267.

Burrichter, Rita, Zwischen Schule und Kirche – Rahmenbedingungen und Selbstverständnis von Religionslehrkräften im Horizont des katholischen und evangelischen Religionsunterrichts, in: Dies. u. a. (Hg.), Professionell Religion unterrichten. Ein Arbeitsbuch (Religionspädagogik innovativ 2), Stuttgart 2012, 52–71.

Dressler, Bernhard, Hat der Religionsunterricht Zukunft?, in: Loccumer Pelikan 3/2013, 103–109.

Englert, Rudolf, Wozu religiöse Bildung? Über strukturelle Probleme im religionspädagogischen Legitimationsdiskurs, in: Ders., Religionspädagogische Grundfragen. Anstöße zur Urteilsbildung, Stuttgart 2007, 287–301.

Englert, Rudolf, Warum kein Religionsunterricht für alle? Der besondere Reiz des konfessionellen Modells, in: HK Spezial 2/2013, 23–27.

Englert, Rudolf, Warum konfessioneller Religionsunterricht?, in: KatBl 139 (2014), 368–375.

Englert, Rudolf/Hennecke, Elisabet/Kämmerling, Markus, Innenansichten des Religionsunterrichts. Fallbeispiele, Analysen, Konsequenzen, München 2014.

Englert, Rudolf/Schwab, Ulrich/Schweitzer, Friedrich/Ziebertz, Hans-Georg (Hg.), Welche Religionspädagogik ist pluralitätsfähig? Kontroversen um einen Leitbegriff, Freiburg i. Br. 2012.

Grümme, Bernhard/Lenhard, Hartmut/Pirner, Manfred L. (Hg.), Religionsunterricht neu denken. Innovative Ansätze und Perspektiven der Religionsdidaktik. Ein Arbeitsbuch, Stuttgart 2012.

Hoppe, Birgit, Konfessionell-kooperativer Religionsunterricht. Geschichtlicher Kontext, Organisationsformen, Zukunftsperspektiven, Saarbrücken 2008.

Hütte, Saskia/Mette, Norbert, Religion im Klassenverband unterrichten. Lehrer und Lehrerinnen berichten von ihren Erfahrungen, Münster 2003.

Kenngott, Eva-Maria/Kuld, Lothar (Hg.), Religion verstehen lernen. Neuorientierungen religiöser Bildung, Berlin 2012.

Kuld, Lothar/Angele, Claudia, Ein konfessionell-kooperativer Schulversuch, in: KatBl 135 (2010), 52–54.

Kuld, Lothar/Schweitzer, Friedrich/Tzscheetzsch, Werner/Weinhardt, Joachim (Hg.), Im Religionsunterricht zusammenarbeiten. Evaluation des konfessionell-kooperativen Religionsunterrichts in Baden-Württemberg, Stuttgart 2009.

Leimgruber, Stephan, Ökumenisches Lernen, in: G. Hilger u. a., Religionsdidaktik. Ein Leitfaden für Studium, Ausbildung und Beruf. Neuausgabe, München [3]2013, 453–461.

Link-Wieczorek, Ulrike, Ökumene und Religionsunterricht, in: KBl 137 (2012), 52–59.

Mette, Norbert, Das umstrittene Konfessionalitätsprinzip. Anmerkungen zur aktuellen Auseinandersetzung um den Religionsunterricht, in: Ders., Praktisch-theologische Erkundungen 2, Berlin 2007, 205–221.

Mette, Norbert, Theologie als Bezugswissenschaft für den schulischen Religionsunterricht – angefragt, in: Ders./M. Sellmann (Hg.), Religionsunterricht als Ort der Theologie, Freiburg i. Br. 2012, 338–361.

Mette, Norbert/Sellmann, Matthias (Hg.), Religionsunterricht als Ort der Theologe, Freiburg i. Br. 2012.

Meyer-Blanck, Michael, Fragen nach Kirche und Sakrament: konfessionell-kooperativ, in: U. Baumann u. a., Religionsdidaktik. Praxishandbuch für die Sekundarstufe I und II, Berlin 2005, 153–168.

Meyer-Blanck, Michael/Fürst, Walter, „Typisch christlich" – Was uns verbindet, in: Dies. (Hg.), Typisch katholisch – typisch evangelisch. Ein Leitfaden für die Ökumene im Alltag, Rheinbach 2003, 29–54.

Nipkow, Karl Ernst, Bildung in einer pluralen Welt. Bd. 2. Religionspädagogik im Pluralismus, Gütersloh 1998.

Peukert, Helmut, Tradition und Transformation. Zu einer pädagogischen Theorie der Überlieferung, in: RpB 19 (1987), 16–34.

Rupp, Hartmut, Konfessionell-kooperative Didaktik? Vorarbeiten zu einer Didaktik des konfessionell-kooperativen Religionsunterrichts, in: entwurf 2/2006, 3 f.

Rupp, Hartmut/Hermann, Stefan (Hg.), Religionsunterricht 2020. Diagnosen – Prognosen – Empfehlungen, Stuttgart 2013.

Sajak, Clauß Peter/Feindt, Andreas, Zur Signatur kompetenzorientierter Unterrichtsgestaltung im Religionsunterricht, in: C. P. Sajak (Hg.), Religionsunterricht kompetenzorientiert. Beiträge aus fachdidaktischer Forschung, Paderborn 2012, 89–106.

Scheidler, Monika, Didaktik ökumenischen Lernens am Beispiel des Religionsunterrichts in der Sekundarstufe, Münster 1999.

Schmid, Hans, Plädoyer für eine konfessionelle Gastfreundschaft im Religionsunterricht – 10 Thesen, in: Ders./W. Verburg (Hg.), Gastfreundschaft. Ein Modell für den konfessionellen Religionsunterricht der Zukunft, München 2010, 34–46.

Schmid, Hans/Verburg, Winfried (Hg.), Gastfreundschaft. Ein Modell für den konfessionellen Religionsunterricht der Zukunft, München 2010.

Schröder, Bernd, Religionspädagogik, Tübingen 2012.

Schröder, Bernd (Hg.), Religionsunterricht – wohin? Modelle seiner Organisation und didaktischen Struktur, Neukirchen-Vluyn 2014.

Schwab, Ulrich, Ökumenisches Lernen und die Pluralität der Konfessionen, in: F. Schweitzer u. a., Entwurf einer pluralitätsfähigen Religionspädagogik, Gütersloh-Freiburg 2002, 107–120.

Schweitzer, Friedrich, Konfessionell-kooperativer Religionsunterricht: Herkunft – Erfahrungen – Perspektiven, in: entwurf 2/2006, 5–9.

Schweitzer, Friedrich, Konfessionalität – Ökumene – Pluralitätsverarbeitung. Zur rechtlichen, theologischen und religionspädagogischen Einschätzung des KRU, in: L. Kuld u. a. (Hg.), Im Religionsunterricht zusammenarbeiten. Evaluation des konfessionell-kooperativen Religionsunterrichts in Baden-Württemberg, Stuttgart 2009, 201–209.

Schweitzer, Friedrich, Kooperativer Religionsunterricht: Stand der Entwicklung – Realisierungsformen und Verbreitung – Zukunftsperspektiven, in: ZPT 1/2013, 25–33.

Schweitzer, Friedrich/Biesinger, Albert, Gemeinsamkeiten stärken – Unterschieden gerecht werden. Erfahrungen und Perspektiven zum konfessionell-kooperativen Religionsunterricht, Freiburg i. Br. 2002.

Schweitzer, Friedrich/Biesinger, Albert/Conrad, Jörg/Gronover, Matthias, Dialogischer Religionsunterricht. Analyse und Praxis konfessionell-kooperativen Religionsunterrichts im Jugendalter, Freiburg i. Br. 2006.

Simojoki, Henrik, Ökumenisches Lernen. Neuerschließung eines Programms im Horizont der Globalisierung, in: ZPT 64 (2012), 212–221.

Simojoki, Henrik/Ritter, Werner H., Evangelisch – katholisch: Mit Kindern konfessionelle Identität und Differenz erschließen, in: G. Hilger u. a., Religionsdidaktik Grundschule. Handbuch für die Praxis des evangelischen und katholischen Religionsunterrichts. Überarbeitete Neuausgabe, München-Stuttgart 2014, 293–305.

v. Stosch, Klaus, Dialog der Religionen im Religionsunterricht. Plädoyer für eine religionspädagogische Neubesinnung, in: N. Mette/M. Sellmann (Hg.), Religionsunterricht als Ort der Theologie, Freiburg 2012, 325–337.

Theis, Joachim, Jugendliche und ihre Lebenswelten. Empirische Einblicke in die Jugendforschung und ihre Folgen für den schulischen Religionsunterricht, in: TThZ 123 (2014), 205–221.

Tzscheetzsch, Werner, Das „katholische Milieu" konfessioneller Kooperation, in: entwurf 2/2006, 18 f.

Woppowa, Jan, Leben wahrnehmen und Leben gestalten. Spirituelles Lernen in der Schule, in: L. Rendle (Hg.), Ganzheitliche Methoden in der Schulpastoral, München 2013, 139–154.

Verena Jessing

Eine einführende Lernsequenz zum Umgang mit der Bibel (Jahrgänge 5 bis 6)

1. Kontext

Die vorliegende Lernsequenz widmet sich der Auseinandersetzung mit der Bibel als Grundlage christlichen Glaubens. Ziel ist es dabei im konfessionell-kooperativen Religionsunterricht der Jahrgänge 5/6, die Bibel als christlichen Erfahrungsschatz und Fundament des Glaubens kennenzulernen und dabei gleichzeitig konfessionell verschiedene Zugänge zu diesem ‚Schatz' zu erfahren und zu erklären. Den Schülerinnen und Schülern wird so ermöglicht, die Bibel als gemeinsame zentrale Quelle des Glaubens zu erforschen. Diese intensive Auseinandersetzung dient der Bildung einer komplexitätsreichen religiösen Identität, die „nur in der intensiven Auseinandersetzung mit klaren inhaltlichen Vorgaben, mit bestimmten Formen gelebter Religion möglich ist" (Karle 2007, 119).

Die Schülerinnen und Schüler erwerben im Verlauf des Lernprozesses das Basiswissen zum Thema Bibel, welches in der Regel auch im konfessionell getrennten Religionsunterricht der Jahrgänge 5/6 vermittelt wird. Ziel dieser Konzeption ist es, die weithin typische Darstellungsform der Bibel als Bibliothek und das entsprechend verbreitete spielerische Üben des Aufschlagens der Bibel durch alternative Zugriffe zu ersetzen, damit Grundlagen zum Umgang mit der Bibel selbst entdeckt werden können. Die didaktische Gesamtkonzeption der Lernsequenz basiert dabei auf dem „Bonbon-Modell" zur Phasierung von Lernprozessen aus der Philosophiedidaktik von Rolf Sistermann (vgl. Sistermann 2008).

Im Sinne einer freien und individuellen Gestaltung des Unterrichts enthalten die vorliegenden Arbeitsblätter – abgesehen von M 3, das als Hausaufgabe gedacht ist – keine Arbeitsaufträge. Diese sollen mit den Schülerinnen und Schülern gemeinsam entwickelt und von der Lehrkraft entsprechend der Unterrichtssituation ergänzt werden. Dies fällt in der Regel, ebenso wie die eigenständige Textarbeit, den Schülerinnen und Schülern in Jahrgang 6 leichter als in Jahrgang 5.

2. Lerngegenstände/Inhalte

- Aufbau und Inhalt der Bibel
- Biblische Abkürzungen
- Die Bibel als Erfahrungsschatz – eine besondere literarische Form
- Die Bibel und ihre unterschiedlichen Übersetzungen
- Umgang mit der Bibel aus evangelischer und katholischer Perspektive in Geschichte und Gegenwart

3. Kompetenzerwerb

Im Hinblick auf die in den niedersächsischen Kerncurricula für das Gymnasium ausgewiesenen Kompetenzen dient die Lernsequenz neben der Schulung der Kompetenzen zum Thema Bibel dem ausgewiesenen Themenbereich „Glauben und Leben in verschiedenen Kirchen“ (kath.) bzw. „Gemeinsam glauben in verschiedenen Kirchen“ (ev.). Für die Oberschule finden sich die zu schulenden Kompetenzen im Themenbereich „Nach Religionen fragen“ (kath.) bzw. „Nach Glauben und Kirche fragen“ (ev.).[1]
In den NRW-Kernlehrplänen für das Gymnasium werden Kompetenzen aus den Inhaltsfeldern „Bibel als ‚Ur-Kunde‘ des Glaubens“ (kath.) und „Kirche als Nachfolgegemeinschaft“ (kath.) bzw. „Christlicher Glaube als Lebensorientierung“ (ev.) und „Kirche und andere Formen religiöser Gemeinschaft“ (ev.) angesprochen.[2]
Im Einzelnen:

Übergeordnete bzw. prozessbezogene Kompetenzen

Die Schülerinnen und Schüler …
- erkennen Grundformen religiöser Sprache und verstehen sie als Ausdruck existenzieller Erfahrungen (kath.),
- erschließen biblische Texte methodisch (kath.),
- benennen und erläutern Gemeinsamkeiten von Konfessionen und Religionen sowie deren Unterschiede (kath./ev.),
- verleihen Aspekten des christlichen Glaubens in gestalterischen Formen Ausdruck (kath./ev.),
- nehmen grundlegende religiöse Ausdrucksformen wahr und beschreiben diese (ev.),
- lernen Grundformen biblischer Sprache kennen und deuten (ev.).

Inhaltsbezogene Kompetenzen

Die Schülerinnen und Schüler …
- erklären wichtige Elemente des gemeinsamen christlichen Glaubensguts (kath.),
- beschreiben konfessionelle Gemeinsamkeiten und Unterschiede (kath./ev.),
- gestalten im Rahmen der Schule ökumenische Aktionen und gehen dabei respektvoll mit Angehörigen der anderen Konfessionen um (ev.).

4. Struktur des Unterrichtsvorhabens

	Thema/Inhalte und Lernschritte	Material	Kommentar
1	**„Meine Bibel – deine Bibel“** **Phase der Hinführung, des qualifizierten Fragens und der selbstgesteuerten Auseinandersetzung** • Die SuS bringen von zu Hause eine Bibel mit, L hält unterschiedliche Bibelausgaben und -übersetzungen bereit. • Betrachten/Vorstellen der einzelnen Bibeln • Fragen: Wann nutzt ihr eure Bibel? Nutzt ihr sie überhaupt? Wann hört ihr Geschichten oder Gebete aus der Bibel? *Feststellung 1: sehr unterschiedlich* (wichtig für Baustein 3) *Feststellung 2: unterschiedliches äußeres Erscheinungsbild* Fragen: Warum? Trotzdem gleicher Inhalt? • Aufschlagen einer bekannten Bibelstelle • Parallel erhalten die SuS das Arbeitsblatt M 1. • gemeinsames Lesen der Bibelstelle, *Problem: Texte stimmen nicht überein.* • Fragen: Warum ist das so? Ist der Inhalt trotzdem gleich? Ist es schlimm, dass die Texte nicht übereinstimmen? • zentrale Fragen auf Plakat/Folie sichern, später aufgreifen	**SuS:** private Bibeln **L:** unterschiedliche Bibeln **M 1** Plakat/Folie	• Mithilfe von M 1 lassen sich auch die konfessionellen Unterschiede im Aufbau der Bibel thematisieren.

[1] Vgl. NI-KC GY Kath. Religion (S. 26 f.) bzw. Ev. Religion (S. 29) sowie NI-KC ObS Kath. Religion (S. 23) und Ev. Religion (S. 26 f.).
[2] Vgl. NRW-KLP GY Kath. Religion (S. 20 ff.) bzw. Ev. Religion (S. 19 ff.).

	Thema/Inhalte und Lernschritte	Material	Kommentar
2	**„Die Bibel – Erfahrungsschatz des Glaubens“** **Phase der fachlich-theologischen Auseinandersetzung** • erste Annäherung an die besondere literarische Form der Bibel • Meditationsraum: Bibelausgaben in die Mitte legen, leise Musik, die SuS sitzen im Kreis, M 2 wird von L vorgelesen: Leseanweisung: – L liest langsam den Vorspann (bis Z. 14) mit Musik, die SuS haben Augen geschlossen, die SuS öffnen die Augen, betrachten die Bibeln, Musik wird ausgeblendet. – Z. 15–26: L liest langsam, legt anschließend Schilder „Herkunft“ und „Zukunft“ links und rechts neben die Bibeln. Z. 27–34: L liest langsam, legt anschließend Schilder „AT“ und „NT“ oben und unten neben die Bibeln. Z. 35–48: L liest langsam vor, stellt anschließend eine kleine Schatzkiste (notfalls vergrößerte Kopie der Schatzkiste von M 4) auf die Bibeln. – Einleitungstext auf der 2. Seite von M 2: L liest langsam vor. – Einblenden der Musik, kurze Zeit zum Nachdenken, Ende des meditativen Textzugangs • Markieren zentraler Stellen im Text von M 2 • Hausaufgabe zu M 3: Vergleich der Hausaufgabe, Thematisierung der unterschiedlichen Titel in der Einheitsübersetzung bzw. Lutherbibel, ggf. nachlesen: Geschichte gleich oder auch unterschiedlich? (Fragen werden bei M 6 aufgegriffen und beantwortet.) • arbeitsteilige GA (AT/NT) zum Inhalt der Bibel • Produkt: Lernplakate in Form einer großen Schatzkiste, Sicherung für die Schülermappe: Fotos der Lernplakate • Präsentation der einzelnen Inhalte der Bibel • Ergebnis: Die Bibel ist ein Erfahrungsschatz gläubiger Juden und Christen, dabei wurden die Erfahrungen ganz unterschiedlicher Menschen mit Gott und Jesus in einem Buch zusammengefasst (vgl. Inhalt einer Schatzkiste). • Frage nach den unterschiedlichen Übersetzungen stellt sich weiterhin (M 6). • Ergebnis: Blick in die Geschichte, der zeigt, dass es einerseits um möglichst treffende Übersetzungen des Originaltextes geht, dass es keine Einigung auf den „besten“ Text gibt (vgl. Übersetzungen aus kath. bzw. ev. Perspektive) und dass es aus anderen Gründen besonders gestaltete Texte gibt, die sich an bestimmte Adressaten richten (z. B. Kinderbibeln)	**M 2** **M 3** **M 4, M 5** Plakate, dicke Filzstifte (oder: Karten DIN A4, Bastelmaterial für Schatztruhe) **M 6**	• In Jg. 5 sollte L diese Arbeit durch konkrete Leitfragen unterstützen. • M 3 kann auch auf zwei Hausaufgaben aufgeteilt werden, ergänzend können die SuS eine nachgeschlagene Bibelstelle für die Schatztruhe zusammenfassen. • Alternative: Basteln einer Schatztruhe, in der statt Lernplakate Informationstafeln (z. B. in DIN A4) gesammelt werden • Mögliche Erweiterung: Expertengruppen zu besonders wichtigen biblischen Büchern; jede Gruppe spürt so den Erfahrungen hinter den jeweiligen Bibeltexten nach
3	**„Auf Schatzsuche gehen – der Umgang mit der Bibel: konfessionell verschieden oder gleich?“** **Phase der Lebensweltorientierung** • L-Impuls: Die Bibel ist ein Erfahrungsschatz aus vergangenen Zeiten. Welche Rolle spielt er heute noch im Leben katholischer und evangelischer Christen? Gibt es da Unterschiede im Zugang zur Bibel? • Austausch im Plenum: Wo begegnen die SuS der Bibel? (Rückgriff auf Ergebnisse der Hinführung, Baustein 1) • Expertenbefragung: Vertreter der Kath. und Ev. Kirche einladen, die zum Umgang mit der Bibel in ihrer Konfession befragt werden; evtl. auch Vergleich der Gottesdienstformen • M 7 als Ergänzung • Ergebnissicherung: Lernplakat/Infokarte, das/die die biblische Schatzkiste ergänzt	**M 7**	• Alternative: Die SuS besuchen selbst Gottesdienste und untersuchen die Rolle der Bibel – Interview mit einem Pfarrer in der jeweiligen Kirche.

	Thema/Inhalte und Lernschritte	Material	Kommentar
4	**„Mein (Erfahrungs-)Schatz"** **Phase der Anwendung: Bibelausstellung** • Bibelausgaben aus der Einführungsstunde, Infokarte (M 8) mithilfe des erworbenen Wissens ausfüllen, Ausstellung gestalten (ggf. das Motiv „Schatz" gestalterisch aufgreifen)	**SuS:** private Bibeln **M 8**	• Eine Bibelausstellung wäre z. B. beim Tag der offenen Tür oder beim Weihnachtsmarkt möglich; darüber hinaus könnte ein Schaukasten bestückt werden. • Alternativ ist zum Abschluss der Reihe auch denkbar, eine Schatzkarte anzulegen, die in Anlehnung an Baustein 3 aufzeigt, welche Zugänge zur Bibel vorgeschlagen werden (z. B. abends eine Geschichte aus der Bibel lesen, Psalmlesung zu Beginn der Religionsstunde).

5. Weiterführende Anregungen

Die Idee der Bibelausstellung entstammt dem Buch „Sternstunden Religion" von Wolfgang Rieß, welches darüber hinaus eine Vielzahl von kreativen und alternativen Zugängen zur Bibel bietet.

6. Verwendete Literatur

Becker, Antoinette, Meine Religion Deine Religion. Große Religionen der Welt, München ³1990.

Einheitsübersetzung der Heiligen Schrift, Stuttgart 1980.

Karle, Isolde, Die Bibel als Medium der Identitätsbildung. Überlegungen zum Umgang mit der Bibel im Religionsunterricht, in: G. Adam u. a. (Hg.), Bibeldidaktik. Ein Lese- und Studienbuch, Berlin ²2007, 117–124.

Lamp, Ida/Meurer, Thomas, Basiswissen Bibel, Gütersloh 2002.

Leinhäupl, Andreas (Hg.), Jetzt verstehe ich die Bibel, Stuttgart 2010.

Lutherbibel für dich, Stuttgart 2007.

Merkel, Rainer, Grundbegriffe und Bibeltexte für den Religionsunterricht. Schuljahrgänge 5 bis 10, Loccum ²2012.

Meyer-Blanck, Michael/Fürst, Walter (Hg.), Typisch katholisch, Typisch evangelisch. Ein Leitfaden für die Ökumene im Alltag, Rheinbach ⁴2013.

Oberthür, Rainer, Die Bibel für Kinder und alle im Haus, München ⁸2012.

Rieß, Wolfgang, Sternstunden Religion. Bibelarbeit, Donauwörth 2013.

Rössler, Andreas, Evangelisch – Katholisch. Grundlagen Gemeinsamkeiten Unterschiede, Gütersloh ²2004.

Sistermann, Rolf, Unterrichten nach dem Bonbon-Modell, in: Zeitschrift für Didaktik der Philosophie und Ethik, H. 4/2008, 299–305.

Zenger, Erich u. a., Einleitung in das Alte Testament, Köln ⁸2011.

7. Materialien

[siehe M 1–M 8]

M 1

Die Bibel – verfasst in Büchern, Kapiteln und Versen

Wenn du in der Bibel eine Geschichte lesen möchtest, dann findest du dich in dem dicken Buch mithilfe einer Einteilung in Bücher, Kapitel und Verse zurecht.
Ein Beispiel: Die Botschaft des Engels am leeren Grab (Lk 24,1–12)

Buch (Abkürzung)	Buch (Name)	Kapitel	Verse
Lk	Lukas	24	1–12

- Wenn du diese Angaben weißt, kannst du im Inhaltsverzeichnis der Bibel nachschauen, auf welcher Seite das gesuchte **Buch** beginnt.
- In jedem Buch sind die Nummern der **Kapitel** fett gedruckt.
- Die **Vers**zahlen stehen jeweils hochgestellt am Beginn eines Satzes.

Kapitel 24

Vers 4

24 1 Am ersten Tag der Woche gingen die Frauen mit den wohl-
riechenden Salben, die sie zubereitet hatten, in aller Frühe
zum Grab. 2 Das sahen sie, dass der Stein vom Grab wegge-
wälzt war, 3 sie gingen hinein, aber den Leichnam Jesu, des Herrn,
fanden sie nicht. 4 Während sie ratlos dastanden, traten zwei Männer
in leuchtenden Gewändern zu ihnen. 5 Die Frauen erschraken und
blickten zu Boden. Die Männer aber sagten zu ihnen: Was sucht ihr
den Lebenden bei den Toten? 6 Er ist nicht hier, sondern er ist aufer-
standen. Erinnert euch an das, was er euch gesagt hat, als er noch in
Galiläa war. 7 Der Menschensohn muss den Sündern ausgeliefert und
gekreuzigt werden und am dritten Tag auferstehen. 8 Da erinnerten
sie sich an seine Worte. 9 Und sie kehrten vom Grab in die Stadt zu-
rück und berichteten alles den Elf und den anderen Jüngern. 10 Es wa-
ren Maria Magdalene, Johanna und Maria, die Mutter des Jakobus;
auch die übrigen Frauen, die bei ihnen waren, erzählten es den Apos-
teln. 11 Doch die Apostel hielten das alles für Geschwätz und glaubten
ihnen nicht. 12 Petrus aber stand auf und lief zum Grab. Er beugte sich
vor, sah aber nur die Leinenbinden (dort liegen). Dann ging er nach
Hause, voll Verwunderung über das, was geschehen war.

Einheitsübersetzung der Heiligen Schrift, Katholische Bibelanstalt Stuttgart.

Mit etwas Übung brauchst du das Inhaltsverzeichnis zum Aufschlagen der bekannten Bücher der Bibel nicht mehr. Du wirst dir die Reihenfolge der Bücher ungefähr merken und das Buch direkt aufschlagen können. Eine Hilfe ist dabei die Einteilung der Bibel in

AT		NT
Altes Testament (1. Teil der Bibel)	und	Neues Testament (2. Teil der Bibel)

M 1

Liste der Namen und Abkürzungen biblischer Bücher

Einheitsübersetzung		Lutherbibel für dich		
Das Alte Testament				
Gen	Das Buch Genesis	**1. Mose**	Das erste Buch Mose	(vgl. Gen)
Ex	Das Buch Exodus	**2. Mose**	Das zweite Buch Mose	(vgl. Ex)
Lev	Das Buch Levitikus	**3. Mose**	Das dritte Buch Mose	(vgl. Lev)
Num	Das Buch Numeri	**4. Mose**	Das vierte Buch Mose	(vgl. Num)
Dtn	Das Buch Deuteronomium	**5. Mose**	Das fünfte Buch Mose	(vgl. Dtn)
Jos	Das Buch Josua	**Jos**	Das Buch Josua	
Ri	Das Buch der Richter	**Ri**	Das Buch der Richter	
Rut	Das Buch Rut	**Rut**	Das Buch Rut	
1 Sam	Das erste Buch Samuel	**1. Sam**	Das erste Buch Samuel	
2 Sam	Das zweite Buch Samuel	**2. Sam**	Das zweite Buch Samuel	
1 Kön	Das erste Buch der Könige	**1. Kön**	Das erste Buch der Könige	
2 Kön	Das zweite Buch der Könige	**2. Kön**	Das zweite Buch der Könige	
1 Chr	Das erste Buch der Chronik	**1. Chr**	Das erste Buch der Chronik	
2 Chr	Das zweite Buch der Chronik	**2. Chr**	Das zweite Buch der Chronik	
Esra	Das Buch Esra	**Esra**	Das Buch Esra	
Neh	Das Buch Nehemia	**Neh**	Das Buch Nehemia	
Tob	Das Buch Tobit	**Est**	Das Buch Ester	
Jdt	Das Buch Judit	**Hiob**	Das Buch Hiob	(vgl. Ijob)
Est	Das Buch Ester	**Ps**	Der Psalter	(vgl. Ps)
1 Makk	Das erste Buch der Makkabäer	**Spr**	Die Sprüche Salomos	(vgl. Spr)
2 Makk	Das zweite Buch der Makkabäer	**Pred**	Der Prediger Salomo	(vgl. Koh)
Ijob	Das Buch Ijob	**Hld**	Das Hohelied Salomos	
Ps	Die Psalmen	**Jes**	Das Buch Jesaja	
Spr	Das Buch der Sprichwörter	**Jer**	Das Buch Jeremia	
Koh	Das Buch Kohelet	**Klgl**	Die Klagelieder Jeremias	
Hld	Das Hohelied	**Hes**	Das Buch Hesekiel	(vgl. Ez)
Weish	Das Buch der Weisheit	**Dan**	Das Buch Daniel	
Sir	Das Buch Jesus Sirach	**Hos**	Das Buch Hosea	
Jes	Das Buch Jesaja	**Joel**	Das Buch Joel	
Jer	Das Buch Jeremia	**Am**	Das Buch Amos	
Klgl	Die Klagelieder	**Obd**	Das Buch Obadja	
Bar	Das Buch Baruch	**Jona**	Das Buch Jona	
Ez	Das Buch Ezechiel	**Mi**	Das Buch Micha	
Dan	Das Buch Daniel	**Nah**	Das Buch Nahum	
Hos	Das Buch Hosea	**Hab**	Das Buch Habakuk	
Joel	Das Buch Joel	**Zef**	Das Buch Zefanja	
Am	Das Buch Amos	**Hag**	Das Buch Haggai	
Obd	Das Buch Obadja	**Sach**	Das Buch Sacharja	
Jona	Das Buch Jona	**Mal**	Das Buch Maleachi	
Mi	Das Buch Micha	**Jdt**	Das Buch Judit	

M 1

Nah	Das Buch Nahum	**Weish**	Die Weisheit Salomos	
Hab	Das Buch Habakuk	**Tob**	Das Buch Tobias	
Zef	Das Buch Zefanja	**Sir**	Das Buch Jesus Sirach	
Hag	Das Buch Haggai	**Bar**	Das Buch Baruch	
Sach	Das Buch Sacharja	**1. Makk**	Das erste Buch der Makkabäer	
Mal	Das Buch Maleachi	**2. Makk**	Das zweite Buch der Makkabäer	
		St zu Est	Stücke zum Buch Ester	
		St zu Dan	Stücke zum Buch Daniel	
		Geb Man	Das Gebet Manasses	(zu 2. Chr 33,12)
		Das Neue Testament		
Mt	Das Evangelium nach Matthäus	**Mt**	Das Evangelium nach Matthäus	
Mk	Das Evangelium nach Markus	**Mk**	Das Evangelium nach Markus	
Lk	Das Evangelium nach Lukas	**Lk**	Das Evangelium nach Lukas	
Joh	Das Evangelium nach Johannes	**Joh**	Das Evangelium nach Johannes	
Apg	Die Apostelgeschichte	**Apg**	Die Apostelgeschichte des Lukas	
Röm	Der Brief an die Römer	**Röm**	Der Brief des Paulus an die Römer	
1 Kor	Der erste Brief an die Korinther	**1. Kor**	Der erste Brief des Paulus an die Korinther	
2 Kor	Der zweite Brief an die Korinther	**2. Kor**	Der zweite Brief des Paulus an die Korinther	
Gal	Der Brief an die Galater	**Gal**	Der Brief des Paulus an die Galater	
Eph	Der Brief an die Epheser	**Eph**	Der Brief des Paulus an die Epheser	
Phil	Der Brief an die Philipper	**Phil**	Der Brief des Paulus an die Philipper	
Kol	Der Brief an die Kolosser	**Kol**	Der Brief des Paulus an die Kolosser	
1 Thess	Der erste Brief an die Thessalonicher	**1. Thess**	Der erste Brief des Paulus an die Thessalonicher	
2 Thess	Der zweite Brief an die Thessalonicher	**2. Thess**	Der zweite Brief des Paulus an die Thessalonicher	
1 Tim	Der erste Brief an Timotheus	**1. Tim**	Der erste Brief des Paulus an Timotheus	
2 Tim	Der zweite Brief an Timotheus	**2. Tim**	Der zweite Brief des Paulus an Timotheus	
Tit	Der Brief an Titus	**Tit**	Der Brief des Paulus an Titus	
Phlm	Der Brief an Philemon	**Phlm**	Der Brief des Paulus an Philemon	
Hebr	Der Brief an die Hebräer	**1. Petr**	Der erste Brief des Petrus	
Jak	Der Brief des Jakobus	**2. Petr**	Der zweite Brief des Petrus	
1 Petr	Der erste Brief des Petrus	**1. Joh**	Der erste Brief des Johannes	
2 Petr	Der zweite Brief des Petrus	**2. Joh**	Der zweite Brief des Johannes	
1 Joh	Der erste Brief des Johannes	**3. Joh**	Der dritte Brief des Johannes	
2 Joh	Der zweite Brief des Johannes	**Hebr**	Der Brief an die Hebräer	
3 Joh	Der dritte Brief des Johannes	**Jak**	Der Brief des Jakobus	
Jud	Der Brief des Judas	**Jud**	Der Brief des Judas	
Offb	Die Offenbarung des Johannes	**Offb**	Die Offenbarung des Johannes	

Der Weg in die Bibel – auf der Suche nach einem Schatz

Warum gibt es eine Welt? Woher kommt sie? Warum gibt es mich? Woher komme ich? Das fragst du dich wie jeder Mensch auf der Erde. Das haben Menschen sich schon immer gefragt auf der Welt. Denn wir wissen, dass es uns gibt. Wir können sagen: ICH BIN DA und du bist da. Wir wissen: Wir waren nicht immer auf der Erde. Und wir werden nicht ewig auf dieser Welt leben. Wir werden geboren und sterben und fragen uns: Was war vorher, was kommt danach? Alles, was wir kennen, hat einen Anfang und wird zu einem Ende kommen. Was war davor – was kommt dann?

In der Bibel geht es ständig um solche Fragen. Schon damals haben die Menschen sich Fragen gestellt und nach Antworten gesucht. Und du wirst sehen: In den alten Geschichten stehen Fragen und Antworten, die gar nicht alt sind. Sie sind immer so neu wie die Menschen, die sie lesen und darüber nachdenken, zu ihrer Zeit und an ihrem Platz auf der Erde. Denn wer die Bibel liest, findet sich selbst darin. Du wirst etwas Spannendes entdecken: Du liest das Buch – das ist normal – und zugleich liest das Buch dich – das ist ungewöhnlich! Das Buch sagt dir etwas über dich und andere. Es kann dir das Leben und die Welt erklären – wenn du es möchtest, wenn du die Worte und Geschichten an dich herankommen lässt, wenn du darüber nachdenkst und sie mit deinem Leben zusammenbringst.

In der Bibel geht es eigentlich um etwas Einfaches. Es geht immer wieder um das ICH-BIN-DA, um unser Leben auf dieser Erde, um unsere Herkunft und Zukunft, um das, was war, was ist und was kommen wird. Aber oft ist das Einfache ja das Schwere. [...]

Oft sind biblische Texte gar nicht eindeutig. Bei einer Rechenaufgabe wissen wir: Es gibt nur eine richtige Lösung: 1+1+1=3. In vielen Geschichten der Bibel aber können wir auf unterschiedliche Weise Sinn finden. Die Texte haben mehrere Bedeutungen, die die Leser selbst herausfinden können. Weil sie so reich an Sinn sind, finden Menschen seit Jahrhunderten immer Neues heraus über sich und über Gott. [...]

Die Bibel ist eine kleine Bibliothek (daher kommt übrigens das Wort) mit vielen Büchern in zwei Teilen: Das ist zuerst das sogenannte Alte Testament [...]. Hier wird die Geschichte des Volkes Israel mit dem einen und einzigen Gott erzählt. Es ist die gemeinsame Heilige Schrift von Juden und Christen. Danach folgt das Neue Testament mit der Geschichte von Leben, Tod und Auferstehung Jesu Christi, der für Christen zum Bild Gottes wurde.

Die Bibel enthält Geschichten und andere Texte. Im Wort „Geschichte“ ist das Wort „Schicht“ versteckt. In Geschichten sind Erfahrungen von Menschen Schicht für Schicht zusammengetragen. Das Wort „Text“ heißt wörtlich „das Gewebte“. In den Texten der Bibel werden die verschiedenen Fäden aus Erfahrungen der Menschen zu einem bunten Erzählteppich gewebt. [...]

In der Bibel findest du Geschichten, die die Geschichte des Volkes Israels, die Geschichte Jesu und der ersten Christen erzählen. Aber die Bibel ist nicht immer nur an Geschichte interessiert. Sie will nicht nur berichten, was passiert ist. Wichtiger ist, wie die Menschen das, was geschah, erfahren und gedeutet haben. Und das wurde dann erzählt: gedeutete Geschichten aus der Geschichte.

Oberthür, Rainer, Die Bibel für Kinder und alle im Haus, Kösel, München [8]2012, S. 13–15.

M 2

Wir können uns die Bibel daher vorstellen wie eine Schatzkiste, in der ein Erfahrungsschatz aus vielen Erfahrungen der Menschen mit Gott zusammengetragen wurde. Die Erfahrungen stammen dabei aus sehr unterschiedlichen Zeiten und wurden von ganz verschiedenen Menschen gemacht, weitererzählt und irgendwann aufgeschrieben.

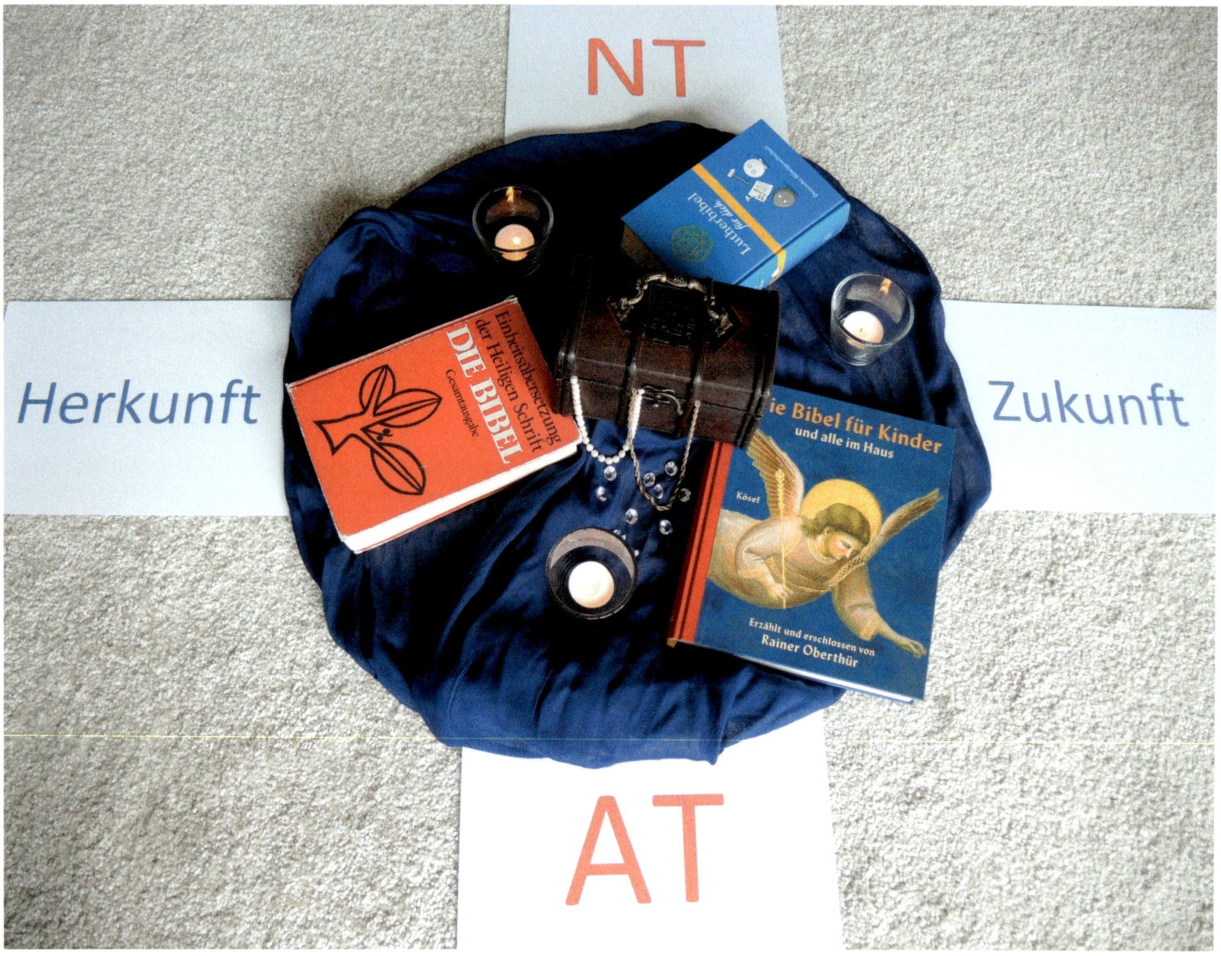

Bibelstellen – was steht wo?

1. Finde in deiner Bibel die folgenden bekannten Bibelstellen und schreibe jeweils den Titel der Geschichte auf. Notiere dahinter, ob die Geschichte im Alten Testament (AT) oder im Neuen Testament (NT) steht.

2. Fasse den Inhalt einer Bibelstelle auf einer Infokarte mit eigenen Worten zusammen.

Bibelstelle	Titel	AT/NT
Gen 1,1–2,4a		
Ex 20,1–21		
Ps 23		
Am 8,4–10		
Mt 6,5–15		
Mk 4,35–41		
Lk 2,1–20		
Lk 24,1–12		
Apg 2,1–13		

3. Schreibe hier auf, in welcher Bibelausgabe du die Bibelstellen nachgeschlagen hast (z. B. Lutherbibel, Einheitsübersetzung …):

M 3

Lösung

Finde in deiner Bibel die folgenden bekannten Bibelstellen und schreibe jeweils den Titel der Geschichte auf. Notiere dahinter, ob die Geschichte im Alten Testament (AT) oder im Neuen Testament (NT) steht.

Bibelstelle	**Titel**	**AT/NT**
Gen 1,1–2,4a (1. Mose)	*Die Schöpfung* Die Erschaffung der Welt	AT
Ex 20,1–21 (2. Mose)	*Die Zehn Gebote* Die Zehn Gebote	AT
Ps 23	*Der gute Hirte* Der gute Hirt	AT
Am 8,4–10	*Gegen den Wucher der Reichen* Gegen die Ausbeutung	AT
Mt 6,5–15	*Vom Beten. Das Vaterunser* Das Vaterunser	NT
Mk 4,35–41	*Die Stillung des Sturmes* Der Sturm auf dem See	NT
Lk 2,1–20	*Jesu Geburt* Die Geburt Jesu	NT
Lk 24,1–12	*Jesu Auferstehung* Die Botschaft der Engel am leeren Grab	NT
Apg 2,1–13	*Das Pfingstwunder* Das Pfingstereignis	NT

Als Lösungen wurden die Titel der *Lutherbibel* (kursiv) und der Einheitsübersetzung (blau) angegeben.

Das Alte Testament

Die Bezeichnung (G 1)

Vielen Menschen unterläuft manchmal ein sehr entscheidender Fehler: Sie schreiben „altes Testament" statt „Altes Testament". In diesem Fehler zeigt sich vielleicht auch ein Missverständnis: Der Name „Altes Testament" will nicht zum Ausdruck bringen, dass dieser Teil der Bibel veraltet und damit überholt ist. Die Bezeichnung „Altes Testament" meint vielmehr, dass es sich bei diesem ersten Teil der Bibel um eine Art „Antiquität" handelt, um etwas Bewahrenswertes und Kostbares. In ihm wird der Glaube und die Gottessuche von Juden und Christen beschrieben.

Text in einzelnen Teilen übernommen von bzw. angelehnt an: Lamp, Ida/ Meurer, Thomas, Basiswissen Bibel, Gütersloh 2002, S. 28 © Random House.

Der Theologe Erich Zenger nennt das „Alte Testament" das „Erste Testament", damit es nicht so klingt, als sei dieser Teil der Bibel veraltet. Er erklärt es so, dass die Christen ein „Erstes Testament" haben, welches durch ein „Zweites Testament", das „Neue Testament", später bestätigt und erweitert worden ist. Das „Neue Testament" löste aber nicht das „Alte Testament" ab. Beide sind wichtig. Darum der Name „Erstes Testament".

Die Zusammenstellung biblischer Bücher zu der Sammlung, die „Altes Testament" genannt wird, hat eine lange und komplizierte Geschichte, an dessen (vorläufigem) Ende die Bibelausgaben wie beispielsweise die Einheits- oder die Lutherübersetzung stehen. Diese Ausgaben sind jedoch nicht einfach unterschiedliche Übersetzungen, sondern das Ergebnis eines langen Arbeitsweges des Auswählens und Organisierens.

Der Aufbau des Alten Testaments in vier Teilen (G 2)

Das auf diese Weise entstandene Alte Testament besteht aus vier Teilen. Die Grundlage bilden **(1) die fünf Bücher Mose**, die zusammengefasst als Pentateuch (griechisch für „fünf Rollen") bezeichnet werden. Es folgen **(2) die Bücher der Geschichte**. Daran schließen sich **(3) die Bücher der Weisheit** vom Buch Hiob bis hin zum Buch Jesus Sirach an. Das Alte Testament endet mit dem Block der **(4) Bücher der Propheten**, an dessen Beginn die vier „großen" Propheten Jesaja, Jeremia, Ezechiel und Daniel stehen und der vom Buch der zwölf „kleinen" Propheten abgeschlossen wird.

Text in einzelnen Teilen übernommen von bzw. angelehnt an: Leinhäupl, Andreas (Hg.), Jetzt verstehe ich die Bibel, Katholisches Bibelwerk, Stuttgart 2010, S. 69.

1. Die fünf Bücher Mose (G 2)

Ein erster Blick auf den Pentateuch zeigt, dass dieser, wie sein Name besagt, aus fünf Büchern besteht. Jedes dieser fünf Bücher berichtet auf andere Art und Weise von unterschiedlichen Erfahrungen mit Gott:

Text in einzelnen Teilen übernommen von bzw. angelehnt an: Leinhäupl, Andreas (Hg.), Jetzt verstehe ich die Bibel, Katholisches Bibelwerk, Stuttgart 2010, S. 83.

- Das Buch „Genesis" (Genese, Anfang) heißt so, weil in ihm die Anfänge, die Entstehung der Welt und des Menschen, aber auch der Anfang des Volkes Israels und des Glaubens an Jahwe, den Gott Israels, erzählt wird.
- Mit „Exodus" (Auszug) ist das zweite Buch des Pentateuch bezeichnet, weil in ihm der Auszugs Israels aus Ägypten und der Weg durch die Wüste hin zum Sinai beschrieben wird.
- Mit dem Buch „Levitikus" (priesterlich) verändert sich der Schreibstil, den man aus den ersten beiden Büchern gewohnt ist. Hier werden keine Geschichten erzählt, sondern Gesetzesvorschriften und einzelne Bestimmungen für besondere Situationen, in denen das Gesetz zur Anwendung kommt, zusammengefasst.
- „Numeri" (Nummern, Zahlen) heißt das vierte Buch des Pentateuch in erster Linie deshalb, weil die hohe Zahl an Namenslisten sofort auffällt.
- Mit „Deuteronomium" (zweites Gesetz) wird das fünfte Buch des Pentateuch bezeichnet, weil in ihm das am Sinai gegebene Gesetz wiederholt und so in Erinnerung gerufen wird. Das Gesetz (griech. nomos) wird also zum zweiten Mal (griech. deuteros) gegeben. Da Mose im 34. Kapitel des Buches stirbt, ist das ganze Buch angelegt als eine Abschiedsrede des Mose, in welcher er auf den gesamten Wüstenzug und die Verkündigung des Gesetzes zurückblickt.

Text in einzelnen Teilen übernommen von bzw. angelehnt an: Lamp, Ida/ Meurer, Thomas, Basiswissen Bibel, Gütersloh 2002, S. 30 f. © Random House.

2. Die Bücher der Geschichte (G 2)

Im Alten Testament folgen nach den fünf Büchern Mose die Bücher der Geschichte. Während die Bücher Mose die Anfänge Israels *außerhalb* des eigenen Landes darstellen, setzt mit den Büchern der Geschichte die Geschichte Israels *im* Lande ein. Allerdings ist es gar nicht das Interesse der Bibel, die Geschichte Israels möglichst detailliert zu beschreiben.

Wenn die Bibel Geschichte erzählt, so ist dies keine einfache Beschreibung der Ereignisse. Geschichtserzählungen in der Bibel sind anders:

- Sie gehen immer den Fragen nach: Wie hat sich Gott in dieser Geschichte gezeigt? Und wie haben die Israeliten sich gegenüber Gott verhalten?
- Sie wollen eine bestimmte Botschaft verkünden.

M 4

- Sie versuchen, Geschichte zu verstehen und aus ihr zu lernen, indem sie Regelmäßigkeiten in ihr aufzeigen. Geschichte ist in Israel immer Heils- oder Unheilsgeschichte. Ereignisse werden als Segen oder Fluch Gottes erfahren, je nachdem, wie er auf das Verhalten seines Volkes reagiert.
- Sie erzählen nicht nur allgemeine Geschichte, sondern auch Familiengeschichte und Tratsch. Doch dies sind keine witzigen Nebensächlichkeiten, sondern gerade darin zeigt sich die Geschichte Gottes mit seinem Volk.

Text in einzelnen Teilen übernommen von bzw. angelehnt an: Leinhäupl, Andreas (Hg.), Jetzt verstehe ich die Bibel, Katholisches Bibelwerk, Stuttgart 2010, S. 103 f.

3. Die Bücher der Weisheit (G 1)

Im Aufbau der Bibel folgt auf den Teil der Geschichte Israels im Lande ein neuer Abschnitt, der mit „Lebensweisheit“ überschrieben werden kann. Hier sind Bücher zusammengestellt, die mit Lebenserfahrung und Lebensführung zu tun haben. Es ist hier auch eine Sammlung von Gebeten enthalten, nämlich die Psalmen. In diesem Buchteil finden sich statt erzählender Texte Sprichwörter, Lieder und Gedichte.

Wer die Bibel mit Ausdauer liest, kann in ihr, wie der Titel „Bücher der Weisheit“ verspricht, viele Schätze für ein gelingendes Leben bergen.

Text in einzelnen Teilen übernommen von bzw. angelehnt an: Leinhäupl, Andreas (Hg.), Jetzt verstehe ich die Bibel, Katholisches Bibelwerk, Stuttgart 2010, S. 120.

4. Die Bücher der Propheten (G 1)

Hört mir zu, ihr Menschen!
Versucht Gutes statt Böses zu tun.
Teilt das, was ihr habt.
Hört nicht auf die Leute, die sagen: „Krieg, Krieg“.
Schafft alles vom Militär weg.
Bestraft keine Leute, die vor 20 Jahren unrecht getan haben, sondern sagt ihnen Gutes.
Lasst alle Kinder in Frieden groß werden.
Lasst alle Mütter ihre Kinder friedlich erziehen.
Meint nicht, dass es Untermenschen gibt, überseht keine Menschen,
sondern ladet sie ein.
Versucht, alle kranken Menschen gesund zu pflegen,
auch wenn sie grässlich aussehen.
Gebt allen Menschen Zeit zum Überlegen.

Niklas, 10 Jahre

Oberthür, Rainer, Kinder fragen nach Leid und Gott, Kösel, München 1998, S. 133.

Diese beeindruckende „Rede an die Menschheit“, die ein zehnjähriger Schüler im Religionsunterricht geschrieben hat, eignet sich gut, um den Inhalt der Bücher der Propheten zu erklären. Auch die Propheten der Bibel mahnen, predigen, provozieren, kritisieren, ermutigen und deuten so das, was zu ihrer Zeit passiert. Sie sind geprägt vom Glauben an die Gnade[1] Gottes und sie schalten sich dort ein, wo die Vorstellung von einer gerechten Welt, die diesem guten Gott entspricht, gefährdet ist. Neben Mahnung und Drohung gehörten Trost und Stärkung zu ihrer Botschaft. Der in der Bibel gebrauchte Ausdruck für Prophet und Prophetin lautet wörtlich: Gerufener oder berufener Rufer.

Text in einzelnen Teilen übernommen von bzw. angelehnt an: Leinhäupl, Andreas (Hg.), Jetzt verstehe ich die Bibel, Katholisches Bibelwerk, Stuttgart 2010, S. 134.

[1] **Gnade** bedeutet, dass Gott den Menschen liebt und von allem Bösen befreit; Gnade ist wie ein unverdientes Geschenk Gottes an den Menschen.

Das Neue Testament (G 3: Z. 1–21, G 4: Z. 22–38)

Das Neue Testament ist eine Sammlung von 27 Schriften. In allen Bibelausgaben stehen diese in der folgenden Reihenfolge:

- **die 4 Evangelien,**
- **die Apostelgeschichte,**
- **die 21 Briefe,**
- **die Offenbarung des Johannes**, eine apokalyptische (das heißt über die Zukunft berichtende) Schrift.

Bei 13 Briefen wird Paulus als Verfasser genannt. Der Hebräerbrief ist eher eine Ermahnung als ein Brief. Die weiteren 7 Briefe werden auch „katholische", das heißt allgemeine, Briefe genannt, da sie sich nicht an einen bestimmten Adressaten richten.

Die Anordnung der Texte in unseren Bibelausgaben sagt nichts über ihre zeitliche Reihenfolge. So sind die Evangelien sicher nicht die ältesten Schriften. Der älteste Text des Neuen Testaments ist der von Paulus an die Gemeinde von Thessalonich, der etwa aus dem Jahre 50 stammt.

Zu Beginn des Neuen Testaments stehen die vier Evangelien nach Matthäus, Markus, Lukas und Johannes. „Evangelium" kommt von dem griechischen Wort „euangelion" und bedeutet „Frohe Botschaft, gute Nachricht". Damit werden Texte bezeichnet, die tief vom Glauben an Jesus als den Sohn Gottes, der von den Toten auferstanden ist, geprägt sind.
Viele Gemeinsamkeiten haben die drei ersten Evangelien nach Matthäus, Markus und Lukas. Es wird deutlich, dass Matthäus und Lukas für ihre Texte zum Teil aus dem Markusevangelium, welches vorher verfasst worden ist, „abschreiben". Das Matthäus- und das Lukasevangelium erzählen außerdem von der Kindheit Jesu.

Jesus selbst hat nichts aufgeschrieben, was uns überliefert wurde. Und auch von den Menschen, die ihm als Erste nachgefolgt sind, gibt es keine Schriften. Die ersten Texte entstanden wohl als Gebete, Lieder und „Merksätze". Sie wurden nur mündlich weitererzählt. Deren Autoren kennen wir gar nicht. Dass die Überlieferungen dann doch aufgeschrieben wurden, hat im Falle des Paulus einen alltäglichen Grund: Er will mit den Gemeinden, die er auf seinen Reisen gegründet hat, in Kontakt bleiben und schreibt Briefe. Den Gemeinden sind diese Briefe so wichtig, dass sie sie nicht nur einmal lesen, dass sie Abschriften anfertigen und die Briefe sogar untereinander austauschen.
Dass dann schließlich die ersten Berichte über Jesu Leiden sowie Sammlungen seiner Reden und Wunder entstehen, entspringt sicher dem Bedürfnis, sein Leben aufzuschreiben und sein Wirken und Sterben zu verstehen und anderen verständlich zu machen. Die direkten Augen- und Ohrenzeugen sterben und man will ihr Erbe bewahren.

Alle Schriften, die uns im Neuen Testament überliefert sind, wurden von Menschen geschrieben, die an Gott und Jesus geglaubt haben. Was sie schreiben, sind Glaubenszeugnisse. Von den Verfassern kennen wir nur Paulus etwas näher, die anderen neutestamentlichen Schriftsteller bleiben uns unbekannt.
Wir haben keinen einzigen Text in seinem Original, sondern nur Abschriften. Ursprünglich sind alle Texte in Griechisch verfasst.

Text in einzelnen Teilen übernommen von bzw. angelehnt an: Lamp, Ida/Meurer, Thomas, Basiswissen Bibel, Gütersloh 2002, S. 54–56, S. 61 f. © Random House.

Zusammen bilden die Texte des Neuen Testaments einen Erfahrungsschatz, in dem die Erfahrungen der Menschen mit Jesus und Gott aufgeschrieben sind.

M 6

Die Bibel und ihre unterschiedlichen Übersetzungen

Wer heute eine Bibel aufschlägt, muss sich bewusst sein, dass er eine Übersetzung liest. Das ist ein Vorteil, kann aber auch ein Nachteil sein: ein Vorteil, weil die meisten Menschen nur durch die Übersetzungen die biblischen Texte lesen können. Denn Griechisch und Hebräisch, die eigentlichen Sprachen der Bibel, können heute nur noch wenige lesen und verstehen; ein Nachteil, weil jede Übersetzung den Text leicht verändert und damit den Blick auf den Originaltext in gewisser Weise verstellt. Daher ist es nicht egal, welche Übersetzung man liest, denn diese unterscheiden sich stark.

Text in einzelnen Teilen übernommen von bzw. angelehnt an: Leinhäupl, Andreas (Hg.), Jetzt verstehe ich die Bibel, Katholisches Bibelwerk, Stuttgart 2010, S. 18 f.

Es gibt verschiedene Gründe, warum die einzelnen Bibelübersetzungen unterschiedlich ausfallen. Einige sind die folgenden:

1. Die Konfession[1] des Übersetzenden/Herausgebenden

Die „Konfession“ einer Bibelausgabe hat zum Beispiel Einfluss auf die Anzahl und Reihenfolge der biblischen Bücher.

2. Die Adressaten

Je nachdem, ob eine Übersetzung für Kinder, Jugendliche oder Erwachsene, kirchennahe oder kirchenferne Menschen geschrieben wird, wird sie in besonderer Art und Weise erstellt.

3. Die Verwendungssituation

Die Bibelausgabe fällt unterschiedlich aus, wenn sie für den Gottesdienst, für den Gebrauch zu Hause oder für die Wissenschaft erstellt worden ist.

4. Die Aufmachung

Manchmal gibt es Zwischenüberschriften, Erklärungen usw., manchmal findet sich nur der reine Text.

5. Die Art der Übersetzung

Grundsätzlich gibt es zwei verschiedene Wege, die Bibel zu übersetzen: Entweder ich versuche, aus dem Griechischen oder Hebräischen so wörtlich wie möglich zu übersetzen, auch wenn die Texte dadurch schwer verständlich werden. Oder ich bemühe mich, die vermutete Wirkung des Textes auch in der neuen Sprache zu erreichen, indem ich den Originaltext leicht verändere. Einen gewissen Mittelweg gehen die vorwiegend in der Katholischen Kirche verwendete *Einheitsübersetzung* sowie die in den Evangelischen Kirchen verwendete *Lutherbibel*.

Text in einzelnen Teilen übernommen von bzw. angelehnt an: Leinhäupl, Andreas (Hg.), Jetzt verstehe ich die Bibel, Katholisches Bibelwerk, Stuttgart 2010, S. 19–21.

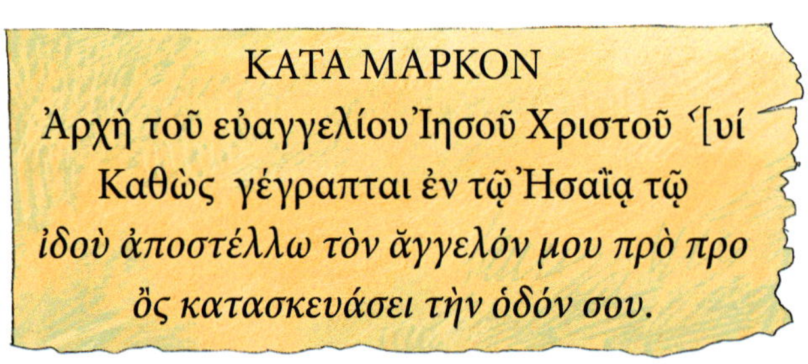

[1] **Konfession** ist ein lateinisches Wort. Es heißt „Bekenntnis“ und wird benutzt für eine Untergruppe einer Religion. Im Christentum gibt es die Konfessionen evangelisch und katholisch, aber auch noch andere.

Die Bedeutung und Verwendung der Bibel im evangelischen und katholischen Glauben

Christen aller Konfessionen haben die Bibel als ihre entscheidende Glaubensquelle. Im Neuen Testament ist die Einigkeit der Christen vorausgesetzt: Alle Christen gehören zum einen „Volk Gottes“ (1 Petr 2,9). Allerdings wäre es sehr hinderlich, gäbe es unter allen Christen in allem eine Einheitsmeinung. Das wäre nur mit Zwang zu erreichen. Die Christen sollen aber frei sein und es gibt trotz dieser Freiheit sehr viele Gemeinsamkeiten, aber auch einige Unterschiede zwischen den katholischen und evangelischen Christen.
Im weitesten Sinn kann man sagen, dass evangelische Christen stärker auf das biblische Wort bezogen sind und dass für katholische Christen die Kirche, als die weltweite Gemeinschaft derer, die diesem Wort vertrauen, eine größere Rolle spielt als für die evangelischen Christen.

Text in einzelnen Teilen übernommen von bzw. angelehnt an: Rössler, Andreas, Evangelisch – Katholisch, Gütersloher Verlagshaus, Gütersloh 2004, S. 18 f., 40, 73.

Was bedeutet das?

Die evangelischen Christen und die Bibel

Wie du bereits gelernt hast, gibt es in deutscher Sprache mehrere Übersetzungen der Bibel. Die erste deutsche Übersetzung war die Lutherbibel. In Deutschland gab es bis dahin nur lateinische Bibeln. Da aber nur sehr wenige Menschen Latein gelernt hatten, war es schwierig oder unmöglich, die Texte der Bibel zu verstehen oder selbst zu lesen. Luther wollte aber, dass die Menschen das Wort Gottes verstehen. Darum übersetzte er die Bibel im 16. Jahrhundert ins Deutsche. Seit der Erfindung des Buchdrucks konnten immer mehr Menschen schon damals die Heilige Schrift selbst lesen und darüber nachdenken. Sie brauchten keinen Priester, der ihnen den Inhalt der lateinischen Bibelstellen erklärte.

Luther sagte zudem, das Evangelium Jesu Christi (Mt, Mk, Lk, Joh) ist die Mitte der Schrift, von ihm aus muss alles andere verstanden werden.

Text in einzelnen Teilen übernommen von bzw. angelehnt an: Becker, Antoinette, Meine Religion Deine Religion, München [3]1990, S. 131; Meyer-Blanck, Michael/Fürst, Walter (Hg.), Typische katholsch, Typisch evangelisch, Rheinbach [4]2013, S. 42.

Der evangelische Glauben ist daher stark bibelbezogen. Das entspricht dem evangelischen Grundsatz *sola scriptura*. Das ist Lateinisch und bedeutet „allein die Heilige Schrift“. Mit diesem Grundsatz wird die Bibel als zentrale Glaubensquelle und Wegweiser für das Leben hervorgehoben. So enthält zum Beispiel auch der evangelische Gottesdienst viele Bibeltexte und die Auslegung der Bibel steht mit der Predigt im Mittelpunkt des Gottesdienstes.

M 7

Die evangelischen Christen wollen außerdem einen eigenen Zugang zum Wort Gottes finden. Darum wird das persönliche Lesen der Bibel gefördert. Insgesamt lässt sich trotz aller Unterschiede innerhalb der evangelischen Glaubensrichtungen sagen, dass evangelische Frömmigkeit vor allem als Bibelfrömmigkeit verstanden werden darf.

Text in einzelnen Teilen übernommen von bzw. angelehnt an: Rössler, Andreas, Evangelisch – Katholisch, Gütersloher Verlagshaus, Gütersloh 2004, S. 76, 151 f.; Meyer-Blanck, Michael/Fürst, Walter (Hg.), Typisch katholisch, Typisch evangelisch, Rheinbach [4]2013, S. 42–45.

Die katholischen Christen und die Bibel

Vor allem in der Vergangenheit setzten die katholischen Christen ein besonderes Vertrauen in die Kirche als Vermittler der wahren Botschaft Gottes. Die Kirche sollte garantieren, dass das Wort Gottes unverfälscht bewahrt und weitergegeben wird. Ein Grund dafür, sich so stark auf die Kirche zu verlassen, war die frühere Verbreitung von Irrlehren. Dieser Bedrohung der Wahrheit sollte so vorgebeugt werden. Aus der Bibel wurde lange nur in Latein vorgelesen. Erst mit dem Zweiten Vatikanischen Konzil (1962–1965) gewann die Bibel im alltäglichen katholischen Glauben an Bedeutung. Von nun an wurde der Gottesdienst in der Sprache des jeweiligen Landes gefeiert und die Bibel fand bei den Gläubigen immer mehr Beachtung. Mit der Einheitsübersetzung gibt es darüber hinaus seit 1980 eine moderne und leicht lesbare Bibelübersetzung, die nun auch das persönliche Lesen der Bibel ermöglicht. Ähnlich wie bei den evangelischen Christen findet heutzutage, angestoßen durch das Zweite Vatikanische Konzil, auch bei den Katholiken eine persönliche Auseinandersetzung mit der Bibel statt. Sie wird zu einem Buch, in dem z. B. jeder selbst nach Antworten auf seine ganz persönlichen Fragen suchen kann.

Text in einzelnen Teilen übernommen von bzw. angelehnt an: Rössler, Andreas, Evangelisch – Katholisch, Gütersloher Verlagshaus, Gütersloh 2004, S. 73 f.; Meyer-Blanck/Fürst, Walter (Hg.), Typisch katholisch, Typisch evangelisch, Rheinbach [4]2013, S. 40 f.

Die ursprüngliche enge Verbindung des eigenen katholischen Glaubens mit der Kirche wird auch im katholischen Leben deutlich. Die 7 Sakramente bilden die Eckpfeiler des persönlichen Glaubens. Viele von euch können sich zum Beispiel bestimmt noch an ihre Erstkommunion erinnern. Die Katholiken sind eine große Gemeinschaft, die gemeinsam ihren Glauben lebt. Dabei ist die Bibel eine wichtige Quelle ihres Glaubens.

Zusammenfassung

Beide Konfessionen versuchen, die biblische Botschaft möglichst unverfälscht zu verstehen, weiterzugeben und danach zu leben. Die Bibel ist für die katholischen und die evangelischen Christen die wichtigste Quelle ihres Glaubens. Der Umgang mit der Bibel ist dabei leicht unterschiedlich, doch die Unterschiede werden über die Jahrhunderte hinweg immer kleiner. Vor allem im letzten Jahrhundert hat die Katholische Kirche einen neuen Zugang zur Bibel gefunden.

Wenn man nach den Unterschieden im Umgang mit der Bibel fragt, so lässt sich ganz allgemein folgende Tendenz feststellen, die auch heute noch gilt, aber in der Vergangenheit viel extremer zutraf:

Für die evangelischen Christen ist es vor allem jeder einzelne Gläubige, der selbst versuchen muss, mit seiner Erfahrung das Wort Gottes zu verstehen. Er selbst muss sich von dem Wahrheitsgehalt der Botschaft überzeugen.

Für die katholischen Christen gibt es zusätzlich die Kirche für die Sicherung des Wahrheitsgehaltes des Wortes Gottes. Die Kirche ist sozusagen wie eine Mutter, die ihren Glauben an die katholischen Christen weitergibt. Deren persönlicher Glaube ist deshalb auch immer „Glauben mit der Kirche“. Ebenso wie durch die Bibel fühlen sich die katholischen Christen stark durch die Gemeinschaft mit anderen Gläubigen und durch die Kirche mit Gott verbunden.

Text in einzelnen Teilen übernommen von bzw. angelehnt an: Rössler, Andreas, Evangelisch – Katholisch, Gütersloher Verlagshaus, Gütersloh 2004, S. 76 f., 97.

Infokarte der Bibelausstellung

Titel der Bibelausgabe:

____

Ort und Datum des Drucks: ______________________________

____

Aufmachung: ______________________________________

____

____

Adressaten: ______________________________________

____

Verwendungszweck: _________________________________

____

____

Die persönliche Geschichte dieser Bibel: ____________________

____

____

____

Was mir besonders an dieser Bibel gefällt: ___________________

____

____

____

Name: ____

Klasse: ____

Vielleicht ist Gott ganz anders, als wir ihn uns vorstellen!?[1]

Christina Püschel/Rainer Timmer/Melanie Westhues

Eine Lernsequenz zur Frage nach Gott (Jahrgänge 5 bis 6)

1. Kontext

Grundlage der vorliegenden Lernsequenz ist das Theaterstück bzw. die Ganzschrift von Ulrich Hub „An der Arche um Acht" (Uraufführung 2006). Die Sintflutgeschichte wird auf humorvolle Weise und unter maßgeblicher Beteiligung dreier Pinguine, jedoch ganz auf der Ebene des alttestamentlichen Mythos erzählt. Dabei kommt es in den Dialogen durch die unterschiedlichen Erfahrungen der Akteure zu einer Entwicklung des je eigenen Gottesbildes. Folgende Fragestellungen werden reflektiert: Wer ist eigentlich Gott? Ist Gott eine menschliche Erfindung? Ist Gott grausamer Vernichter allen Lebens? In der zentralen „Kofferszene", in der der kleine Pinguin im Koffer verborgen vorgibt, Gott zu sein, wird eine mutige Antwort gewagt: „Ich habe einen Fehler gemacht" (Hub [10]2013, 63), grummelt dort der Koffer. Das Buch endet mit dem Bild Noahs unter dem Regenbogen. Noah selbst, der als alter Mann mit langem, weißem Bart eher einem klischeehaften Gottesbild entnommen ist, weist darauf hin: „Ihr könnt euch Gott vorstellen, wie ihr wollt [...] aber er ist überall, in jedem Menschen, in jedem Tier, in jeder Pflanze" (Hub [10]2013, 82). Der Regenbogen wird zum Zeichen der Zusage Gottes, dass sich eine Sintflut nicht wiederholen wird.

Das Buch eignet sich in hervorragender Weise, eigene Überlegungen der Schülerinnen und Schüler zu den wesentlichen Fragen nach Gott im Unterrichtsgeschehen anzuregen und den ‚Diskurs' der Pinguine im Unterricht fortzuführen.
Der pädagogische Vorteil des konfessionell-kooperativen Unterrichts besteht diesbezüglich in der Möglichkeit, dass aufgrund der konfessionell heterogenen Lerngruppe Unterschiede wie eben auch grundlegende Gemeinsamkeiten der Konfessionen den Schülerinnen und Schülern eher bewusst werden. Sie können gerade in der Begegnung mit der je anderen Konfession ihre eigene Position entwickeln und stär-

Abb. 1

[1] Hub [10]2013, 69.

Abb. 2

ken. Eine Lernsequenz, die Fragen zum Gottesbild thematisiert, ist nun sicher weniger geeignet, Unterschiede zwischen den Konfessionen bewusst werden zu lassen. Die Schülerinnen und Schüler können vielmehr in dem hier intendierten Kompetenzzuwachs erkennen, dass uns in der Frage nach Gott und in der biblisch-symbolhaften Rede von Gott mehr verbindet als trennt. „Der Durst nach dem Unendlichen ist im Menschen unausrottbar da. Der Mensch ist auf Gott hin erschaffen und braucht ihn. Unser erster ökumenischer Dienst in dieser Zeit muss es sein, gemeinsam die Gegenwart des lebendigen Gottes zu bezeugen und damit der Welt die Antwort zu geben, die sie braucht." (Benedikt XVI. 2011; vgl. auch Kasper 2004)

Bei den Schülerinnen und Schülern selbst kann vorausgesetzt werden, dass ihr Gottesbild aus den Kindertagen in der Jahrgangsstufe 5/6 ersten Friktionen ausgesetzt ist: Ist Gott nur eine menschliche Erfindung – wie der kleine Pinguin in der hier zur Lektüre vorgeschlagenen Ganzschrift zum Besten gibt – oder sogar ausgedacht, um Menschen Angst einzujagen? Auch die Theodizeefrage beginnt sich im Leben der Schülerinnen und Schüler anzukündigen: Lässt Gott zu, dass alle anderen Tiere ertrinken? Aber natürlich auch im Leben der Unterrichtenden spielt sie eine Rolle angesichts existenzieller Leiderfahrungen – eigene Fragen der Unterrichtenden tragen deshalb zur glaubwürdigen Behandlung des Themas bei.

Die Lernsequenz beginnt mit einer Diagnoseaufgabe, um die bereits existierenden Gottesbilder der Kinder abzufragen. Welche Vorstellungen hat jede/r Einzelne der Lerngruppe? Ist das Denken noch eher naiv-ursprünglich oder bereits von Symbolen geprägt? Indem sich die Schülerinnen und Schüler fremde Kinderzeichnungen von Gott aussuchen und versuchen, den dargestellten bildlichen Statements Sprache zu verleihen, nähern sie sich dem Thema Gottesbilder behutsam, da Distanz zum eigenen Glauben gewahrt wird. Gleichzeitig wird allerdings ihre individuelle Vorstellung von Gott auf unbewusste Weise reflektiert.

Im nächsten Baustein werden die Gottesbilder der Pinguine analysiert, um das Reden über Gott sprachlich erfahrbar zu machen. Zu einer stabilen Persönlichkeit und zu einem funktionierenden Miteinander gehört auch die Anbahnung einer nachhaltigen Sensibilisierung für christlich-ethische Urteile – hier besonders durch die Auseinandersetzung mit der Dilemmasituation (vgl. 3. Baustein). Dies impliziert, dass sich die Kinder für eine Form des Handelns entscheiden und die damit verbundenen Konsequenzen bewusst akzeptieren. Ansatzweise wird die ethische Urteilsfindung im Sinne der Maxime ‚Die letzte Instanz ist das Gewissen.' angebahnt.

In der Reihe werden die theoretischen Inhalte des Buches auf kreative Weise mit dem Leben der Schülerinnen und Schüler verknüpft, um eine möglichst hohe Korrelation zu erzielen. Dies wird besonders in Form des stummen Schreibgesprächs, aber auch durch die kindertheologische Auseinandersetzung mit der genannten „Kofferszene" ermöglicht. Das

Abb. 3

Abb. 4

Thema schließt mit einer Kompetenzsicherungsaufgabe (vgl. 5. Baustein), die Einblicke in den Erwerb der gewonnenen Kompetenzen ermöglicht und somit Anstoß zu einer kritischen Reflexion der durchgeführten Reihe sein kann.

2. Lerngegenstände/Inhalte

- Eigene Identitätsfindung
- Die biblische Erzählung von der Sintflut, vermittelt durch die Ganzschrift
- Auseinandersetzung mit unterschiedlichen Vorstellungen von Gott
- Gottesbilder und ihr Bezug zur biblischen Erzählung
- Gründe für die Entstehung unterschiedlicher Gottesbilder
- Annäherung an die Theodizeefrage

3. Kompetenzerwerb

Im Hinblick auf die NRW-Kernlehrpläne für die Realschule ergeben sich in erster Linie Bezüge zu Inhaltsfeld 1 „Entwicklung einer eigenen religiösen Identität" (ev.) bzw. zu Inhaltsfeld 2 „Sprechen von und mit Gott" (kath.). Auch hinsichtlich des Religionsunterrichts in der gymnasialen Sekundarstufe können mit der vorliegenden Lernsequenz einige Kompetenzen aus den gleichen Inhaltsfeldern geschult werden.[2]
Aus den niedersächsischen Kerncurricula für die Oberschule werden Kompetenzen aus den Inhaltsbereichen „Nach Gott fragen" (kath./ev.) sowie „Nach der Verantwortung des Menschen in der Welt und der Gesellschaft fragen" (ev.) berührt.[3]

Im Einzelnen:

Übergeordnete bzw. prozessbezogene Kompetenzen

Die Schülerinnen und Schüler ...
- stellen erste Fragen nach Grund, Sinn und Ziel der Welt sowie der eigenen Existenz und beschreiben unterschiedliche Antwortversuche und Gottesvorstellungen (ev.).

Inhaltsbezogene Kompetenzen

Die Schülerinnen und Schüler ...
- erläutern Situationen, in denen sich Menschen an Gott wenden (ev./kath.),
- beschreiben die eigenen und die Gottesvorstellungen anderer Menschen in Grundzügen (ev.),
- ordnen unterschiedliche Gottesvorstellungen menschlichen Erfahrungen zu und vergleichen sie mit biblischen Aussagen über Gott (ev.),
- beschreiben Möglichkeiten und Schwierigkeiten, Gott darzustellen (kath.),
- beschreiben Gott in (u. a. biblischen) Bildern und Symbolen (kath.),
- setzen sich in Ansätzen mit Veränderungen des Gottesbildes im Lebenslauf bei sich und anderen auseinander und formulieren erste Einschätzungen dazu (ev.),
- erläutern im respektvollen Miteinander ihren eigenen Standpunkt und ansatzweise fremde Vorstellungen zur Gottesfrage (ev.).

4. Struktur des Unterrichtsvorhabens

	Thema/Inhalte und Lernschritte	Material	Kommentar
1	**Einstieg: „Gott ist für mich wie ..."** • L legt verschiedene Kinderzeichnungen von Gott aus. • Die SuS schauen sich die Bilder an und wählen das aus, das sie besonders anspricht. • Diagnoseaufgabe: Suche dir eines der Bilder aus und kommentiere, wie sich deiner Meinung nach dieses Kind Gott vorstellt. • Die SuS stellen auf freiwilliger Basis ihre ausgewählten Bilder vor und treten somit in einen ersten Austausch hinsichtlich ihrer Gottesvorstellungen.	Kinderzeichnungen von Gott (vgl. bspw. Fischer/Schöll 2000) Sprechblasen	• erster Zugang zum Thema Gottesbilder behutsame Annäherung an das Thema, da die fremden Zeichnungen nicht zwingend die individuellen Vorstellungen der SuS aufzeigen • gleichzeitige Sensibilisierung für das eigene Gottesbild • Alternative: Bilder von den SuS malen lassen • Ziel: Die SuS benennen Gottesvorstellungen und Gottesglauben bei sich und anderen.

[2] Vgl. NRW-KLP RS Ev. Religion (S. 18 f.) bzw. Kath. Religion (S. 19 f.) sowie NRW-KLP GY Ev. Religion (S. 19 f.) bzw. Kath. Religion (S. 20).
[3] Vgl. NI-KC ObS Ev. Religion (S. 20 f., 24 f.) bzw. Kath. Religion (S. 19).

	Thema/Inhalte und Lernschritte	Material	Kommentar
2	**„Welche Vorstellungen von Gott haben die Pinguine?"** **Auseinandersetzung mit den Gottesvorstellungen der drei Pinguine anhand ausgewählter Zitate** • Befestigung der Pinguine an der Tafel (vgl. Abb. 1) • L leitet vom Gottesbild der SuS zum Gottesbild der Pinguine über: Welche Gottesbilder haben die Pinguine? • Lesen der Textstellen • Mithilfe des Think-Pair-Share-Verfahrens (vgl. Brüning/Saum 2009) erarbeiten die SuS die Gottesbilder der Pinguine. • Vorstellen der Ergebnisse • Zuordnung der Textstellen zu den jeweiligen Pinguinen (vgl. Abb. 2)	zwei große und ein kleiner Pinguin **M 1** und **M 2** oder Textstelle (S. 10, Z. 4 bis S. 18, Z. 9) farbige Karteikarten (z. B. große Pinguine gelb; kleiner Pinguin blau) Hausaufgabe: **M 3** (innerer Monolog)	• Die SuS setzen sich mit den Gottesbildern der Pinguine auseinander. Dabei erkennen sie, dass die großen Pinguine sich Gott beobachtend und strafend vorstellen und dass der kleine Pinguin kritisch und noch auf der Suche nach einer konkreten Vorstellung von Gott ist. • Mögliche Ergebnisse: große Pinguine: Gott ist mächtig und groß, hat sich Regeln ausgedacht, wird „ungemütlich" und straft, wenn man sich nicht an die Regeln hält; Gott hört und sieht alles, er ist der Schöpfer; kleiner Pinguin: Gott gibt es nicht; man braucht ihn nicht, wenn er einem Angst macht; der kleine Pinguin ist auf der Suche nach Gott. • Die SuS reflektieren Gründe für den Streit zwischen den großen und dem kleinen Pinguin (unterschiedliche Gottesvorstellungen) und werden für die anschließende Dilemmasituation sensibilisiert.
3a	**„Zwei Tickets und drei Pinguine! Was nun?"** **Kooperative Erarbeitung von Argumenten zur verantwortungsbewussten Entscheidungsfindung in der Dilemmasituation** • Hinführung: geleitete Textinterpretation mithilfe des Stuhltheaters: Die SuS sitzen im Stuhlkreis, es gibt drei freie Plätze. L liest Textstelle (M 4) mit Pausen vor. Die SuS haben die Möglichkeit, sich während der Lesepausen auf einen freien Platz zu setzen und in die Rolle der einzelnen Pinguine zu schlüpfen. Dabei äußern sie Gedanken und Gefühle der Pinguine und können aufeinander reagieren. • Die SuS schreiben in EA ihre Argumente für und gegen die Mitnahme in die Tabelle (M 5 ggf. M 6) *(Think-Phase).* • Austausch in einer Murmelphase zum Abgleich der Ideen *(Pair-Phase)* und Festhalten der Argumente in den Sprechblasen (M 7) • Einzelne Gruppen entscheiden sich auf Grundlage der Argumente für oder gegen die Mitnahme. • Präsentation der Argumente und Begründen der Entscheidung *(Share-Phase)* • Was würde Gott zu unseren Lösungen sagen?	Textstelle (**M 4**) Tabelle (**M 5**) Joker zur inneren Differenzierung (**M 6**) Sprechblase (**M 7**) Pappfiguren (vgl. Abb. 3 und 4)	• Die SuS empfinden die Gedanken und Gefühle der Pinguine nach; sie erkennen dabei das schlechte Gewissen der beiden großen Pinguine gegenüber dem kleinen Pinguin, aber auch deren Angst vor Strafe. Die SuS sollen so später zu einer bewussten Entscheidungsfindung gelangen; auf diese Weise wird eine nachhaltige Sensibilisierung der christlich-ethischen Urteilskompetenz angebahnt.

	Thema/Inhalte und Lernschritte	Material	Kommentar
3b	Mögliche Erweiterung: **„Gott hat unheimlich gute Augen – sieht er etwa alles?"** **Auseinandersetzung mit der Frage nach Schuld, Strafe und Vergebung in Form eines stummen Schreibgesprächs** • Mögliche Impulse für das Schreibgespräch ergeben sich aus den schülerspezifischen Antworten der vorherigen Stunde.	stummes Schreibgespräch DIN-A3-Blätter	• Die SuS tauschen sich untereinander aus und reflektieren gemeinsam, wie Gott reagieren könnte, wenn Menschen nicht „gut" sind oder nicht in „seinem Sinne" handeln. Durch die Auseinandersetzung mit dem Textausschnitt S. 9–18 werden die SuS behutsam zu der Erkenntnis geführt, dass sie vor Gott Fehler begehen dürfen und dennoch auf seine Zusage der bedingungslosen Liebe vertrauen können.
4	**„Gott im Koffer?"** **Kinder suchen nach Gott, indem sie fragen und zweifeln** • L-Impuls: Wenn Gott im Koffer wäre, welche Fragen würdest du ihm stellen? • Die SuS formulieren ihre Fragen und Zweifel in Form von Sprechblasen.	evtl. das AB verwenden aus: Lohr/Schmeiler 2012, S. 27	• Theologisieren mit Kindern (vgl. Freudenberger-Lötz 2007) • dialogischer Ansatz
5	**Abschließende Reflexion über das eigene Gottesbild vor dem Hintergrund der Geschichte** • Anknüpfung an die zentrale Fragestellung „Wer ist eigentlich Gott?" (S. 10) • Kompetenzsicherungsaufgabe: Stelle dir vor, ein/e Freund/-in stellt dir diese Frage. Du schlägst ihr/ihm vor, die Frage in einem Brief zu beantworten. • Mögliche Reflexion: Gibt es Veränderungen im Gottesbild?		• Funktion und Ziel: L kann den Kompetenzzuwachs der SuS erfassen.

5. Weiterführende Anregungen

(zur vertiefenden Auseinandersetzung mit dem Thema Kindertheologie sowie zur Einarbeitung in die Theologie der Ganzschrift)

Fischer, Dietlind/Schöll, Albrecht (Hg.), Religiöse Vorstellungen bilden. Erkundungen zur Religion von Kindern über Bilder, Münster 2000.

Freudenberger-Lötz, Petra, Theologische Gespräche mit Kindern. Untersuchungen zur Professionalisierung Studierender und Anstöße zu forschendem Lernen im Religionsunterricht, Stuttgart 2007.

Wiemer, Axel, Gott ist kein Pinguin. Theologie in religionspädagogischer Perspektive, Göttingen 2011.

6. Verwendete Literatur

Benedikt XVI., Predigt im Ökumenischen Gottesdienst in der Kirche des Augustinerklosters Erfurt am 23. September 2011 (abrufbar unter: www.augustinerkloster.de/papstbesuch.html, 10.10.14).

Brüning, Ludger/Saum, Tobias, Erfolgreich unterrichten durch kooperatives Lernen. Bd. 1: Strategien zur Schüleraktivierung, Essen 2009.

Hub, Ulrich, An der Arche um Acht. Mit Illustrationen von Jörg Mühle, Frankfurt a. M. [10]2013.

Kasper, Walter, Ökumenisch von Gott sprechen?, in: I. U. Dalferth u. a. (Hg.), Denkwürdiges Geheimnis. Beiträge zur Gotteslehre, Tübingen 2004, 291–302.

Lohr, Nicole/Schmeiler, Jutta, Religionsprojekt zu „An der Arche um Acht", Kempen 2012.

7. Materialien

[siehe M 1 – M 7]

M 1

1. Lies die Textabschnitte und unterstreiche Sätze, in denen die großen Pinguine etwas über Gott sagen.

„Lass diesen Schmetterling in Frieden“, rufen die beiden anderen. „Aber ich will den jetzt abmurksen“, bettelt der Kleine. „Du sollst nicht töten.“ „Wer hat das gesagt?“ „Gott“, antworten die beiden anderen Pinguine, „Gott hat gesagt, man soll nicht töten.“ (S. 10)

„Darauf würde ich mich lieber nicht verlassen, Gott hat nämlich ein hervorragendes Gedächtnis und vergisst nie, einen Pinguin zu bestrafen, der sich nicht an die Regeln gehalten hat.“ (S. 16)

„Er hat nur einen kleinen Nachteil“, ergänzt der andere Pinguin. „Und der wäre?“, fragt der Kleine neugierig. „Gott ist unsichtbar.“ „Das ist aber ein gewaltiger Nachteil“, der kleine Pinguin macht ein enttäuschtes Gesicht. „Wenn man Gott nicht sehen kann, weiß man nicht mit Sicherheit, ob es ihn wirklich gibt.“ (S. 11)

Wenn man einen Pinguin fragt, wer Gott ist, weiß er nie genau, was er darauf antworten soll. „Oh Gott“, stottert der eine Pinguin, „schwierige Frage. Also Gott ist groß und sehr, sehr mächtig. Er hat sich jede Menge Regeln ausgedacht und kann ziemlich ungemütlich werden, wenn man sich nicht daran hält. Aber sonst ist er sehr freundlich.“ (S. 11)

Die beiden anderen Pinguine zucken zusammen und blicken nervös in den Himmel. „Sei still, sonst hört er dich noch“, flüstern sie, „Gott hat nämlich unheimlich gute Ohren und außerdem hat er auch uns Pinguine geschaffen.“ (S. 12)

„Gott hat unheimlich gute Augen, er sieht alles und wenn du gestorben bist und in den Himmel spazieren willst, wird er dich persönlich am Tor abfangen und eine kleine Unterhaltung mit dir führen.“ (S. 16)

2. Tauscht euch in der Gruppe über eure Ergebnisse aus.

3. Schreibt wichtige Stellen, an denen die großen Pinguine etwas über Gott sagen, aus dem Text (mit Seitenangabe) auf die bunten Karten.

Hub, U., An der Arche um Acht, dtv, Frankfurt a. M. [10]2013.

M 2

1. Lies die Textabschnitte und unterstreiche Sätze, in denen der kleine Pinguin etwas über Gott sagt.

„Ich glaube, Gott gibt es überhaupt nicht.“ Der kleine Pinguin stampft mit dem Fuß auf. „Ihr habt euch das nur ausgedacht, um mir Angst einzujagen. Ich brauche keinen Gott. Bisher bin ich ganz gut ohne ihn zurecht-gekommen und euch – ...“ (S. 18)

„Ach so“, sagt der Kleine, dann überlegt er eine Weile und fragt schließlich: „Wer ist eigentlich Gott?“ (S. 10)

„Er hat nur einen kleinen Nachteil“, ergänzt der andere Pinguin. „Und der wäre?“, fragt der Kleine neugierig. „Gott ist unsichtbar.“ „Das ist aber ein gewaltiger Nachteil“, der kleine Pinguin macht ein enttäuschtes Gesicht. „Wenn man Gott nicht sehen kann, weiß man nicht mit Sicherheit, ob es ihn wirklich gibt.“ (S. 11)

Kein Pinguin hört es gerne, wenn man ihm sagt, er wäre ein schlechter Pinguin. Aber der Kleine tut so, als wäre ihm das gleichgültig. Trotzig lässt er sich in den Schnee plumpsen: „Na und? Es gibt gute Pinguine und es gibt schlechte, ich bin eben ein schlechter Pinguin. So war ich schon immer. Dagegen kann ich nichts machen. Außerdem ist das nicht meine Schuld. So hat mich Gott eben gemacht.“ (S. 14)

2. Tauscht euch in der Gruppe über eure Ergebnisse aus.

3. Schreibt wichtige Stellen, an denen der kleine Pinguin etwas über Gott sagt, aus dem Text (mit Seitenangabe) auf die bunten Karten.

Hub, U., An der Arche um Acht, dtv, Frankfurt a. M. [10]2013.

Versetze dich in die Situation des kleinen Pinguins nach dem Streit mit den beiden großen Pinguinen.
Welche Gedanken, Gefühle, Ängste und Hoffnungen könnten ihm durch den Kopf gehen?
Schreibe aus der Ich-Perspektive.

M 4

Die beiden Pinguine blicken nach oben. Schon platschen dicke Regentropfen auf ihre Schädel.

„Aufhören, bitte aufhören“, wimmern die beiden Pinguine und strecken flehend ihre Flügel zum Himmel. „Wir werden uns nie wieder streiten, das versprechen wir, in Zukunft wollen wir immer brav sein.“

„Hört auf zu jammern“, sagt die Taube streng, „sondern fangt lieber an zu packen.“

„Packen?“

„Auf der Arche Noah ist noch Platz für zwei Pinguine, habe ich das nicht erwähnt?“, fragt die Taube und fährt ohne eine Antwort abzuwarten fort: „Von jeder Tierart nehmen wir zwei Exemplare mit an Bord, wir brauchen zwei Elefanten, zwei Igel, zwei Schlangen [...]“ Den Pinguinen wird allmählich ganz wirr im Kopf: „Aber warum immer nur zwei?“

„Die Arche Noah ist zwar ein enorm großes Schiff“, antwortet die Taube ungeduldig, „aber ihr Platz ist nicht unbegrenzt. Deshalb dürfen nur zwei Exemplare jeder Tierart an Bord. Hier sind die Tickets. Aber verliert sie nicht!“ [...]

Dann flattert die dicke Taube mit den Flügeln, erhebt sich mühsam in die Luft und trudelt durch den Regen davon.

Fieberhaft fangen die beiden Pinguine zu packen an. Aber sie sind noch nicht ganz bei der Sache. Der eine denkt: ‚Wir wurden auserwählt aus allen Pinguinen, weil wir die besten sind. Vor allem ich. Wir waren immer brav. Vor allem ich. Wir müssen gerettet werden. Deshalb haben wir die Tickets für diese Arche Noah erhalten. Sonst müssten wir ertrinken wie zum Beispiel – ...‘ Er hält inne.

→ Lesepause 1

Währenddessen denkt der andere Pinguin: ‚Da haben wir noch einmal Glück gehabt. Wenn wir nicht zufällig dieser Taube begegnet wären, müssten wir jetzt ertrinken. Wie doch alles im Leben vom Zufall abhängt. Hätten hier zwei andere Pinguine gestanden, hätten sie eben diese Tickets bekommen und wir beide müssten jämmerlich ertrinken wie zum Beispiel – ...‘ Schlagartig hört der Pinguin zu packen auf. Ein schreckliches Bild steht ihm vor Augen.

→ Lesepause 2

„Was passiert jetzt mit unserem kleinen Pinguin?“, fragt er laut.

Keine Antwort. Beide Pinguine starren in den Regen und sehen, wie das Wasser immer höher steigt. Endlich sagt der eine achselzuckend: „Früher oder später wird er es schon merken.“

„Was?“

„Na ja – ...“

„Dass er ertrinkt?“

„Das hast *du* jetzt gesagt“, antwortet er mit einem vorwurfsvollen Blick.

„Willst du etwa seelenruhig zusehen, wie unser Freund ertrinkt?“

→ Lesepause 3

„Nein, ich werde nicht zusehen, weil ich nämlich schon weit weg bin, wenn er ertrinkt, und zwar auf dieser Arche Noah. Jetzt schau mich nicht so komisch an, diese Sintflut war schließlich nicht meine Idee.“ [...]

„Wir sollten unseren kleinen Pinguin einpacken und heimlich an Bord schmuggeln.“ „Bist du verrückt? Wenn das herauskommt, fliegen wir beide in hohem Bogen von der Arche, dann überlebt kein einziger Pinguin. Wir beide“ – und bei diesen Worten scheppert seine Stimme wie eine kleine Trompete –, „wir haben die Verantwortung für die gesamte Gattung Pinguin, verstehst du?“ Das mit der Gattung und der Verantwortung leuchtet dem anderen Pinguin ein. Betrübt schließt er den Deckel seines Koffers, ohne etwas eingepackt zu haben, und murmelt: „Wenigstens will ich ihn ein letztes Mal sehen.“

„Von mir aus“, grummelt der eine Pinguin. „Aber er wird bestimmt nicht begeistert sein, uns zu sehen. Wie ich ihn kenne, ist er bestimmt noch beleidigt.“

Aber der kleine Pinguin ist nicht beleidigt, sondern steht unter einem Regenschirm. ‚Warum habe ich nur gesagt, ich könne gut auf meine Freunde verzichten? Jetzt habe ich niemanden mehr, mit dem ich streiten kann. Am liebsten würde ich zu ihnen zurückwatscheln und ihnen sagen, dass ich einen Fehler gemacht habe.‘ Aber das ist natürlich ausgeschlossen. Kein Pinguin gibt es gerne zu, wenn er einen Fehler gemacht hat. ‚Wahrscheinlich muss ich für den Rest meines Lebens allein bleiben.‘ [...]

Plötzlich hört er zwei vertraute Stimmen: „Wir waren nur zufällig in der Nähe und dachten, wir schauen mal auf einen Sprung vorbei.“

Der kleine Pinguin blickt auf. Vor ihm stehen die beiden anderen. Jeder von ihnen trägt einen Koffer. „Wollt ihr verreisen?“

„Wie kommst du auf diesen Gedanken?“ Die beiden anderen lachen verlegen und versuchen, ihre Koffer hinter den Rücken zu verstecken. [...] Dann sagen sie nichts mehr, sondern schauen den Kleinen mit großen schwarzen Augen an und stoßen einen tiefen Seufzer aus.

→ Lesepause 4

„Kommt lieber unter meinen Regenschirm, sonst holt ihr euch noch eine Erkältung!“ [...] „Wenn drei Pinguine im Regen stehen“, fährt der Kleine freundlich fort, „aber nur einer hat einen Regenschirm, ist es doch selbstverständlich, dass er seinen Freunden einen Platz unter seinem Schirm anbietet.“

„Das hast du aber schön gesagt“, antworten die beiden anderen leise und schauen ihn mit großen feuchten Augen an.

„Habt ihr Tränen in den Augen?“ „Das sind nur Regentropfen“, die beiden wenden schnell ihren Blick ab und stoßen einen Riesenseufzer aus.

Text gekürzt aus: Hub, U., An der Arche um Acht, dtv, Frankfurt a. M. [10]2013, 26–31.

Zwei Tickets und drei Pinguine! Was nun?

1. Die Situation der zwei großen Pinguine ist verzwickt. Trage deine Gründe in die Tabelle ein. Was spricht für, was spricht gegen die Mitnahme des kleinen Pinguins?

☺ **JA, wir nehmen ihn mit, weil …**	☹ **NEIN, wir nehmen ihn nicht mit, weil …**

2. Tauscht euch nun in eurer Gruppe über die unterschiedlichen Ideen aus und schreibt je einen Grund in eine Sprechblase, warum sie den kleinen Pinguin mitnehmen oder zurücklassen sollten.

3. Trefft zum Schluss eine begründete Entscheidung. Warum nehmen sie den kleinen Pinguin mit oder nicht mit? Zwei Schüler eurer Gruppe präsentieren die Ergebnisse. Entscheidet vorab, wer diese Aufgabe übernimmt.

Tipp: Ihr müsst nicht alle Sprechblasen verwenden.
Eine „Jokerkarte" kann euch helfen, falls ihr nicht weiterkommt, Ideen zu entwickeln.

M 6

JOKER

Diese Textstellen und Fragen können dir weiterhelfen, um Ideen für die Entscheidung zu entwickeln.

Textstelle	Fragen
„Wir haben die Verantwortung für die gesamte Gattung Pinguin, verstehst du?" (S. 28) 	Ist es wichtiger, die Gattung der Pinguine zu retten oder den kleinen Pinguin mitzunehmen?
„Wenn drei Pinguine im Regen stehen", fährt der Kleine freundlich fort, „aber nur einer hat einen Regenschirm, ist es doch selbstverständlich, dass er seinen Freunden einen Platz unter seinem Schirm anbietet." (S. 31)	Was versteht der kleine Pinguin unter „wahrer Freundschaft"? 
„Gott hat genug von den Menschen und den Tieren, ständig streiten sie sich, alles muss man ihnen dreimal sagen …" (S. 21)	Warum schickt Gott die Flut? Wie sollen sich die Tiere verhalten? Was würde Gott dazu sagen, wenn sie den kleinen Pinguin mitnähmen?

Hub, U., An der Arche um Acht, dtv, Frankfurt a. M. [10]2013.

M 7

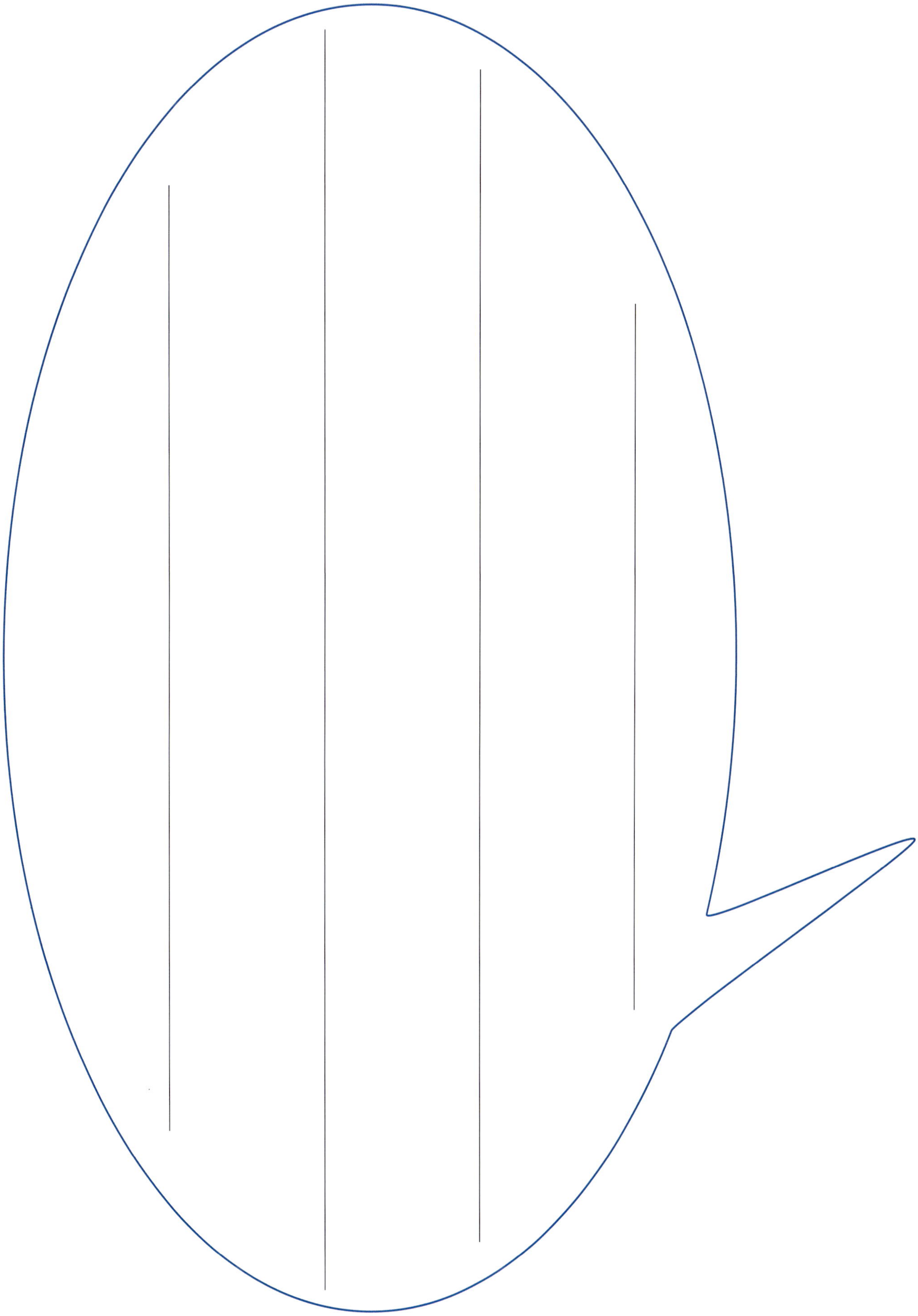

Matthias Soika

Eine Lernsequenz zur personalisierten Erschließung von Kirchenräumen (Jahrgänge 5 bis 6)

1. Kontext

Kirchen(raum)pädagogik nimmt sich die Räume vor, die für die Kirchen von elementar wichtiger Bedeutung sind, weil in ihnen die Liturgie stattfindet und weil sie jeweils ihre ganz eigenen Geschichten erzählen können. Evangelische und katholische Konzepte der Kirchenraumpädagogik bzw. Kirchenraumdidaktik unterscheiden sich in der Durchführung meistens nur in Nuancen (vgl. Hilger u.a. 2010, 263–267). Denn insgesamt geht es den verantwortlichen Lehrkräften nicht darum, Kirchen im Sinne einer kulturhistorischen Kirchenführung ausschließlich zu zeigen, sondern Erfahrungen in diesen, von Jugendlichen meistens ungeliebten oder zumindest unbekannten, Räumen zu eröffnen und diese zu reflektieren. Wenn allerdings ein solcher Gang durch das ‚Museum Kirche' für eine in der Regel religiös kaum sozialisierte Schülerschaft nicht schon aus sich heraus als gewinnbringend einzuschätzen ist, muss man sich fragen, wie dieser Gang auszusehen hat, damit er dies werden kann.

Der hier vorgestellten Lernsequenz liegt die folgende zentrale Idee zugrunde: Die für die Schülerinnen und Schüler ‚toten Räume' müssen zum Leben erweckt werden. Das heißt, sie müssen mit Menschen besetzt werden, die diesen Räumen eine Stimme verleihen. Gefragt sind also Menschen, die entweder professionell oder ehrenamtlich, jedenfalls als Gläubige ihre Erfahrungen mit diesem Kirchenraum, ihr Wissen über dessen Entstehung, Inhalte, Ausstattung usw. weitergeben können.

Dabei spielt die Dimension des emotionalen Lernens eine besondere Rolle, das in ein spezifisches Interesse zu überführen ist. Aufgabe einer solchen kirchenpädagogischen Konzeption ist es, *„die Lernenden ihre je eigenen Wahrnehmungen, Frage- und Problemstellungen artikulieren zu lassen,*

- sodass der konkrete Gegenstand als kulturelles Artefakt in seiner Fragwürdigkeit wahrgenommen, benannt und erkannt wird,
- darin Interesse erweckt
- und somit Lernprozesse eingeleitet werden"

(Roggenkamp/Heumann 2012, 43).

Wie aber lassen sich diese Aufgaben bearbeiten in der Begegnung von nicht oder wenig religiös sozialisierten Schülerinnen und Schülern mit einem Raum, der im Idealfall eigentlich aus sich selbst sprechen sollte? Mit anderen Worten: Wie verleihe ich dem Raum eine eigene Stimme, mit deren Hilfe die Schülerinnen und Schüler eigene Erfahrungen machen und zu einer differenzierenden und wertschätzenden Auseinandersetzung gelangen können?

In Anlehnung an Peter Orth werden dem vorliegenden Entwurf die folgenden didaktisch-methodischen Prinzipien der Erschließung von Kirchenräumen zugrunde gelegt (vgl. Orth 2012):

- *Persönliche Begegnung*: Kirchenraumpädagogik ist keine Kirchenführung, sondern eine inszenierte, persönliche Begegnung, welche die Schülerinnen und Schüler mit dem Raum in Verbindung bringt.
- *Elementare Wahrnehmung*: Das Prinzip der Alphabetisierung hilft dabei, den Gegenständen einen Sinn zu geben; das bedeutet, in den Räumen auch lesen zu lernen, was die einzelnen Elemente und Räume für konkrete Menschen persönlich bedeuten. Mit der Verlangsamung der Wahrnehmung erreicht man nicht nur, dass jede Schülerin und jeder Schüler ihre bzw. seine Erfahrungen machen kann, sondern auch, dass die Besuche achtsam und wahrnehmungsfördernd geschehen. Insofern stellt dieses Prinzip auch eine Durchbrechung des Schulalltags her.
- *Exemplarische Fokussierung*: Die exemplarische Auswahl und Wahrnehmung von Details und deren Bedeutung tritt in den Vordergrund vor einer umfangreichen universellen Erkundung des Kirchenraums. Dieses Prinzip soll auch für die beteiligten Interviewpartner gelten.
- *Ganzheitliches Lernen*: Lernen sollte im Rahmen der folgenden Lernsequenz nicht nur ‚mit dem Kopf' (kognititv) erfolgen, sondern auch Möglichkeiten und Angebote eröffnen, ‚mit Herz und Hand' (emotional und pragmatisch) zu lernen. Darauf nehmen Übungen zur persönlichen Raumverortung Bezug sowie präsentationsbezogene Aufgabenstellungen.
- *Personale Auseinandersetzung*: Ein Lernen aus der Vogelperspektive führt in der Regel allerdings nicht zu einem verstehenden Lernen. Denn wie soll man aus der Beobachtung von Gegenständen, Räumen, Kunstwerken usw. erfahren können, was sie den Menschen bedeuten? Diese Fragestellung zielt schließlich auf eine Auseinandersetzung mit realen Personen, die in diesen Räumen tätig sind. Es hat sich gezeigt, dass die Auswahl von konkreten Kirchen nicht allein entscheidend, aber durchaus wichtig ist.

Gerade dadurch, dass man die personale Begegnung in das jeweilige Konzept integriert, kommt es nicht nur auf den konkreten Raum an. Vielmehr ist ebenso zu vermitteln, was dieser Raum den Menschen bedeutet und welche Möglichkeiten ihnen dieser Raum bietet. Daher ist auch auf eine sorgfältige Auswahl der Personen zu achten, um eine authentische personale Begegnung zu ermöglichen.

Die Lernsequenz ist so angelegt, dass zunächst nur eine Kirche untersucht wird, auch um die Schülerinnen und Schüler nicht zu überfordern. Der konfessionell-kooperative Ansatz wird dadurch gewährleistet, dass erstens die konfessionell jeweils andere Kirche gegen Ende in den Blick genommen wird und zweitens einzelne von den Schülerinnen und Schülern untersuchte Aspekte konfessionsbezogen verglichen werden. Gibt es bzgl. bestimmter Raumausstattungen kein Gegenüber in der jeweils anderen Konfession (z. B. Beichtstuhl oder Predigtkanzel), sollte das nicht nur festgestellt, sondern auch begründet werden. In diesem späteren Teil der Lernsequenz wird bewusst darauf verzichtet, dass die Schülerinnen und Schüler wiederum selbstständig die Untersuchungen durchführen. Das ist zum einen deren Alter geschuldet und zum anderen dem hierfür erforderlichen Zeitaufwand. Erstrebens- oder wünschenswert wäre, wenn es im Sinne des personalisierten Ansatzes auch für das konfessionelle Pendant eine entsprechende Person gäbe, mit der die Fragen und Vergleiche der Schülerinnen und Schüler bearbeitet werden könnten.

kath. Kirche St. Marien in Schillig

ev. Gethsemanekirche in Würzburg

2. Lerngegenstände/Inhalte

- Persönliche Vorstellungen von „Orten der Ruhe“
- Kirchen bzw. Kirchengemeinden unterschiedlicher Konfessionen in unserer Gemeinde/Stadt
- Zentrale Einrichtungen und Aktivitäten einer evangelischen oder katholischen Kirchengemeinde
- Der Kirchenraum und seine Orte bzw. Gegenstände, deren Bedeutung und Gebrauch
- Personen aus den Kirchengemeinden

3. Kompetenzerwerb

Im Hinblick auf die niedersächsischen Kerncurricula für die Oberschule lassen sich Kompetenzen in erster Linie aus den Inhaltsbereichen „Nach dem Glauben und der Kirche fragen“ (kath./ev.) sowie „Nach Religionen fragen“ (kath./ev.) erarbeiten. Für das Gymnasium betrifft dies die Kompetenzen aus den Bereichen „Das Zeugnis der Kirche von der Gegenwart Gottes in Geschichte und Gesellschaft (Ekklesiologie)“ (kath.) bzw. „Kirche und Kirchen“ (ev.).[1]
Aus den NRW-Kernlehrplänen für die Realschule werden damit Kompetenzen aus den Inhaltsfeldern „Kirche und andere Formen religiöser Gemeinschaft“ (ev.) bzw. „Kirche als Nachfolgegemeinschaft“ (kath.) aufgegriffen.[2]

Im Einzelnen:

Übergeordnete bzw. prozessbezogene Kompetenzen

Die Schülerinnen und Schüler ...
- nehmen religiöse Traditionen, Strukturen und Elemente in der Lebenswelt wahr und beschreiben diese (ev./kath.),
- erkennen religiöse Motive und Elemente in ästhetisch-künstlerischen und medialen Ausdrucksformen und Texten und erklären ihre Herkunft, Bedeutung und Funktion (ev./kath.),

[1] Vgl. NI-KC ObS Kath. Religion (S. 22 f.) bzw. Ev. Religion (S. 26 f., 28 f.) sowie NI-KC GY Kath. Religion (S. 26 f.) bzw. Ev. Religion (S. 29).
[2] Vgl. NRW-KLP RS Kath. Religion (S. 22 f.) bzw. Ev. Religion (S. 22).

- setzen sich aus der Perspektive des katholischen/evangelischen Glaubens mit anderen religiösen und weltanschaulichen Überzeugungen begründet auseinander (ev./kath.),
- können Aspekte des christlichen Glaubens ästhetisch-künstlerisch und medial ausdrücken (ev./kath.),
- können an Ausdrucksformen des katholischen/evangelischen Glaubens teilhaben und diese reflektieren (ev./kath.).

Inhaltsbezogene Kompetenzen

Die Schülerinnen und Schüler …

- setzen sich mit dem Gottesglauben und dessen Ausdrucksformen auseinander (kath.),
- beschreiben Gemeinsamkeiten und Unterschiede von evangelischer und katholischer Kirche (ev./kath.),
- beschreiben religiöses Leben in ihrem Umfeld (ev./kath.).

4. Struktur des Unterrichtsvorhabens

	Thema/Inhalte und Lernschritte	Material	Kommentar
1	**„Mein liebster Ort der Ruhe"** • L lädt die SuS zu einer Traumreise ein. • Brainstorming: „Mein Ort der Ruhe" – die SuS überlegen sich Orte, an denen sie zur Ruhe kommen können. • PA: Austausch über die Ergebnisse des Brainstormings mit dem Fokus auf Gemeinsamkeiten und Unterschieden • L-Impuls: Gestalte eine Collage zu deinem „Ort der Ruhe". • Präsentation: Museumsgang • Sicherung: Sammeln von Merkmalen von „Orten der Ruhe"	**M 1** zzgl. entsprechender Musik (z. B. Kitaro, „Silkroad") Material zur Erstellung der Collagen (auch von zu Hause mitzubringen); Kleber, Stifte, Farben, entsprechende Kleidung	• Imagination, Schaffung eines „Anknüpfungspunktes" • Visualisierung • Anknüpfungspunkte für die Erkundung eines Kirchenraums
2	**Kirchen in unserer Gemeinde/Stadt** • Die SuS berichten über „ihre" oder eine ihnen bekannte Kirche. • Verortung der Kirchen • Aktivitäten der Gemeinde(n) • Festlegung der zu besuchenden Kirchen	**M 2** Stadtplan, Fotos der Kirchen bzw. Internetauftritt der Kirchengemeinden	• Aktivierung des Vorwissens
3	**Erster Kirchenbesuch – Vorbereitung der Befragung** • Vorüberlegungen zum Besuch der Kirche: Verhalten in der Kirche, Kleidung etc. • gemeinsames Betreten der Kirche • Wahrnehmungsübung: Die SuS suchen sich einen Platz in der Kirche (mit jeweils mindestens zwei Metern Abstand!) und erleben den Raum als Raum der Stille und/oder des Nachdenkens. • „Wahrnehmungsrallye": Die SuS (in 2er- oder 3er-Gruppen) nehmen einzelne vorbereitete Stationen in der Kirche mit allen Sinnen wahr. • Die SuS sammeln sich zum Ende der Übung (z. B. im Altarraum), um ihre Eindrücke zu schildern. • Die SuS entscheiden sich für eine Station, die sie näher beschreiben und kennenlernen wollen.	evtl. ruhige Musik zur Unterstützung **M 3** **M 4** **M 5**	• günstig im Rahmen einer Doppelstunde • Verlangsamung der Wahrnehmung und Schärfung aller Sinne • Hierfür sind entsprechende Stationskarten für die konkrete Kirche vorzubereiten. Aus diesen Stationen wählen die SuS anschließend eine aus. • Die Gruppeneinteilung ergibt sich durch die Anzahl der Abrisszettel pro Station.
4	**Weitere Vorbereitung der Befragung – zweiter Kirchenbesuch** • Die SuS bereiten die Befragung der Vertreterin/des Vertreters aus der Gemeinde vor. • Besuch der Kirche • Die SuS untersuchen den von ihnen ausgewählten Gegenstand und führen die Befragung durch.	**M 6**	
5	**Vorbereitung der Präsentation** • Die SuS setzen sich in ihren Gruppen mit den mitgebrachten Materialien auseinander. • Festlegung der Präsentationsweise	Plakate o. Ä. und entsprechende Zusatzmaterialien	• Die SuS fassen ihre Ergebnisse zusammen, bereiten sich auf die Präsentation vor und üben diese ein.

	Thema/Inhalte und Lernschritte	Material	Kommentar
6	**Präsentation der Ergebnisse (wenn möglich in der Kirche)** • Die SuS präsentieren den ersten Gegenstand, stellen jeweils gegenseitig Rückfragen und reflektieren den Vortrag inhaltlich und methodisch. • Wiederholung an den verschiedenen Stationen • ggf. Ausstellung der Plakate im Klassenraum		• Die Reflexion in der Kirche hat den Vorteil einer originalen Begegnung am konkreten Ort und schafft ein hohes Maß an Verstehen durch die Visualisierung, sodass in der Vergleichskirche ein Bezug von allen SuS leichter hergestellt werden kann.
7	**Vergleich: evangelische Kirche – katholische Kirche** • Besuch der konfessionell anderen Kirche und Vergleich mit den Ergebnissen der ersten Kirchenbesichtigung • Gespräch über Gemeinsamkeiten und Besonderheiten in beiden Kirchen		• Falls ein Gegenstand aus der einen Kirche sich in der anderen nicht wiederfinden lässt, sollten dafür mögliche Gründe gesucht und erarbeitet werden.
8	**Abrundung der Lernsequenz** • Vergleich der Ergebnisse aus den Kirchenbesuchen mit den persönlichen Vorstellungen von „Orten der Ruhe" (s. Baustein 1): 1. L-Impuls: Vergleiche die Ergebnisse der Besuche mit den Bildern/Collagen, die du zu Beginn hergestellt hast, und notiere Unterschiede und Gemeinsamkeiten (*Think-Phase*). 2. L-Impuls: Tausche dich mit deiner Nachbarin/deinem Nachbarn über die Ergebnisse aus (*Pair-Phase*). 3. Sammeln der Ergebnisse und Gespräch über Unterschiede und Gemeinsamkeiten (*Share-Phase*) • Vertiefung: Wie müssten sich manche Kirchenräume verändern, damit sie euch (noch) mehr ansprechen? Was hat sich an eurer Vorstellung von einem „Ort der Ruhe" verändert?	Ergebniscollagen vom Beginn	• Die Reflexion kann möglicherweise auch direkt in der Kirche oder in einem entsprechenden Gemeinderaum erfolgen.

5. Weiterführende Anregungen

Die Unterrichtseinheit kann auch mit älteren Schülerinnen und Schülern beispielsweise parallel zu entsprechenden **historischen Themen** durchgeführt werden. Ein Fokus könnte dabei auf Aspekte der unterschiedlichen Entwicklungen gelegt werden. Hilfreich für eine solche UE sind insbesondere Filme aus der Reihe Terra X-Superbauten. Empfehlenswert ist der 2. Teil der Serie, „Säulen für die Ewigkeit", zu finden unter: www.zdf.de/ZDFmediathek/beitrag/video/1788702/Superbauten-2-Saeulen-fuer-die-Ewigkeit#/beitrag/video/1788702/Superbauten-2-Saeulen-fuer-die-Ewigkeit (10.10.14).

Auch im fächerverbindenden Lernen kann diese Einheit in den Jahrgängen 5/6 oder 7/8 eingesetzt werden, beispielsweise unter dem Oberthema „Zeit des Umbruchs" (vgl. Heger, Edith/Kleine-Huster, Daniel, Weil du so wertvoll bist. Bildungsplan für den fächerverbindenden Unterricht, 1. Teil, Vechta 2009, 123–130).

6. Verwendete Literatur

Dufner, Meinrad, Kirchen verstehen, Münsterschwarzach 2007.

Goecke-Seischab, Margarete Luise/Harz, Frieder, Komm, wir entdecken eine Kirche: Räume erspüren, Bilder verstehen, Symbole erleben. Tipps für Kindergarten, Grundschule, Familie, München 2001.

Goecke-Seischab, Margarete Luise/Harz, Frieder, Der Kirchen-Atlas. Räume entdecken – Stile erkennen – Symbole und Bilder verstehen, München ^{4}2014.

Hilger, Georg/Leimgruber, Stephan/Hans-Georg Ziebertz, Religionsdidaktik. Ein Leitfaden für Studium, Ausbildung und Beruf. Neuausgabe, München 2010.

Orth, Peter, Kirchenerkundungen – Didaktisch-methodische Hinweise. Von der Vorbereitung bis zur Nachbereitung: Tipps im Überblick, in: KatBl 137 (2012), 181–183.

Roggenkamp, Antje/Heumann, Jürgen, *„Diese Kirche ist keine Kirche!"* Kirchenraumpädagogische Einsichten und Ausblicke, in: Loccumer Pelikann, H. 1/2012, 40–44.

7. Materialien

[siehe M 1–M 6]

M 1

Fantasiereise „(T)Räume“

Eine Fantasiereise ist in vielen Kontexten einsetzbar und ein geeignetes Mittel, um Fantasie und Kreativität freizusetzen und Visionen zu ermöglichen. Sie birgt aber auch eine Reihe von Gefahren, vor allem bei Kindern, die noch nie eine solche Reise unternommen haben. Deshalb ist Vorsicht geboten und eine behutsame Einführung vonnöten. Als Beispiel soll die folgende Fantasiereise die ‚Fantasie über Räume' öffnen.

„Du hast dir einen Platz gesucht, an dem du bequem sitzen kannst und nicht gestört wirst oder für andere zur Störung werden kannst. Lege alles weg, was du in die Hand nehmen kannst und was dich ablenken könnte. Du hast jetzt eine Zeit, wo nur deine Gedanken, deine Vorstellungen wichtig sind. Höre aufmerksam zu, schließe die Augen und versuche nun, ruhig zu werden.

Mach es dir bequem. Du befindest dich in eurem Klassenraum, den du nun verlassen wirst. Du stehst auf, gehst aus dem Raum, du gehst die Treppe hinunter und verlässt die Schule. Du gehst einen Weg, den du noch nicht gegangen bist, und kommst zu einem Haus, das dir gefällt.

Ein buntes Tor vor dem Grundstück steht offen. Sieh es dir genau an! Welche Farben hat es? Es sieht einladend aus und du gehst hindurch. Du kommst an die Haustür. Ein großes Schild sagt dir: Komm herein!

Du gehst durch die Eingangstür, die sich hinter dir schließt. Du bleibst stehen und lauschst: Alle Geräusche der Straße und der Stadt sind verschwunden oder nur noch ganz weit entfernt zu vernehmen.

Du gehst weiter und kommst in einen großen Raum. Es ist angenehm, in diesem Raum zu sein. Schau dich um in diesem Raum. Welche Geräusche hörst du? Was siehst du? Gibt es andere Menschen in diesem Raum? Was riechst du? Wie fühlt es sich an, in diesem Raum zu sein?

Ich lasse dir jetzt ein paar Minuten Zeit, dich in Ruhe umzusehen, und werde dich in dieser Zeit nicht mehr stören. Die Musik im Hintergrund soll dir dabei helfen. ---

Hast du alles gesehen, was es in diesem Raum gibt? Es wird langsam Zeit, wieder zurückzukehren. Aber lass dir Zeit!

Gehe zurück zur Eingangstür, sieh dich noch einmal um und nimm Abschied.

Dann gehe durch die Tür, den Vorraum zurück zur Straße. Geh den Weg, den du gekommen bist, nun wieder zurück in deinen Klassenraum.

Wenn du angekommen bist, öffne deine Augen. Strecke dich, mache eine Faust mit beiden Händen, drücke ganz fest zu und öffne deine Hände. Atme mehrmals tief ein und wieder aus.

Wie geht es dir? Was spürst du? Sprich nicht gleich über deine Erinnerungen, sondern denke noch einen Augenblick darüber nach.

Setze dich nun mit deiner Sitznachbarin oder deinem Sitznachbarn zusammen. Erzähle von deinen Gedanken und Erfahrungen. Danach erstellst du eine Collage oder ein Bild zu dem Raum, in dem du in deiner Fantasie gewesen bist.“

Kirchen in deiner Stadt

1. Kopiere aus einem Stadtplan den Bereich, in dem sich die Kirchen befinden, die du besuchen könntest.
Tipp: Verwende dazu einen Stadtplan aus dem Internet. Klebe den Ausschnitt hier ein.

Plan der Stadt ___________________________________:

M 2

2. Überlege, welche Kirchen du kennst, oder recherchiere, welche es in der Stadt gibt. Erstelle eine kleine Übersicht mit Fotos, Namen und Adressen der Kirchen. **Tipp:** Finde heraus, ob die Kirchengemeinden einen Internetauftritt haben. Hier findest du Fotos und weitere Informationen.

Name: Adresse:	**Name:** Adresse:
Name: Adresse:	**Name:** Adresse:
Name: Adresse:	**Name:** Adresse:

3. Markiere die Lage der Kirchen auf dem Stadtplan.

4. Informiere dich über Besonderheiten in den verschiedenen Kirchen (historisch wertvolles Kirchengebäude, besondere Kunstgegenstände, Aktivitäten der Gemeinde etc.).

Wahrnehmungsübung

Du befindest dich nun in der Kirche. Suche dir einen persönlichen Platz, an dem du die nächsten zehn Minuten verbringen möchtest. Du musst dich dafür nicht in eine Bank setzen. Du kannst auch auf dem Fußboden Platz nehmen, du kannst stehen bleiben, du kannst dich hinlegen – versuche, dich frei zu bewegen! Nimm dabei aber in jedem Fall Rücksicht auf deine Mitschülerinnen und Mitschüler und achte darauf, dass du dich dem Raum angemessen verhältst.

Wenn du deinen Platz gefunden hast, schließe für zwei Minuten die Augen und versuche, innerlich ruhig zu werden.

Beantworte anschließend die folgenden Fragen. Wenn du möchtest, kannst du dir ein paar Notizen machen:

- Was siehst du von deinem Platz aus? Was ist im Vordergrund, in deiner Nähe? Was ist weiter weg? Welche Perspektive hast du auf den gesamten Raum? Hast du dich vorher schon einmal an dieser Stelle im Kirchenraum aufgehalten?

- Was fühlst du? Stein, Holz, Marmor? Ist es warm oder kalt? Hart oder weich? Ertaste deine nähere Umgebung.

- Beschreibe deine momentane innere Stimmung. Fühlst du dich wohl an diesem Ort?

- Was hörst du? Und kannst du etwas riechen? Wenn ja, was? Versuche, zu beschreiben.

- Finde nun Begriffe, mit denen du deine momentane Raumwahrnehmung gut beschreiben kannst (z. B. Geborgenheit, Ruhe, Unruhe, ungewohnt, interessant, neue Sicht, fremde Welt usw.).

Schließe zum Schluss noch einmal für eine Minute die Augen und verabschiede dich von deinem Ort.

M 4

Wahrnehmungsrallye

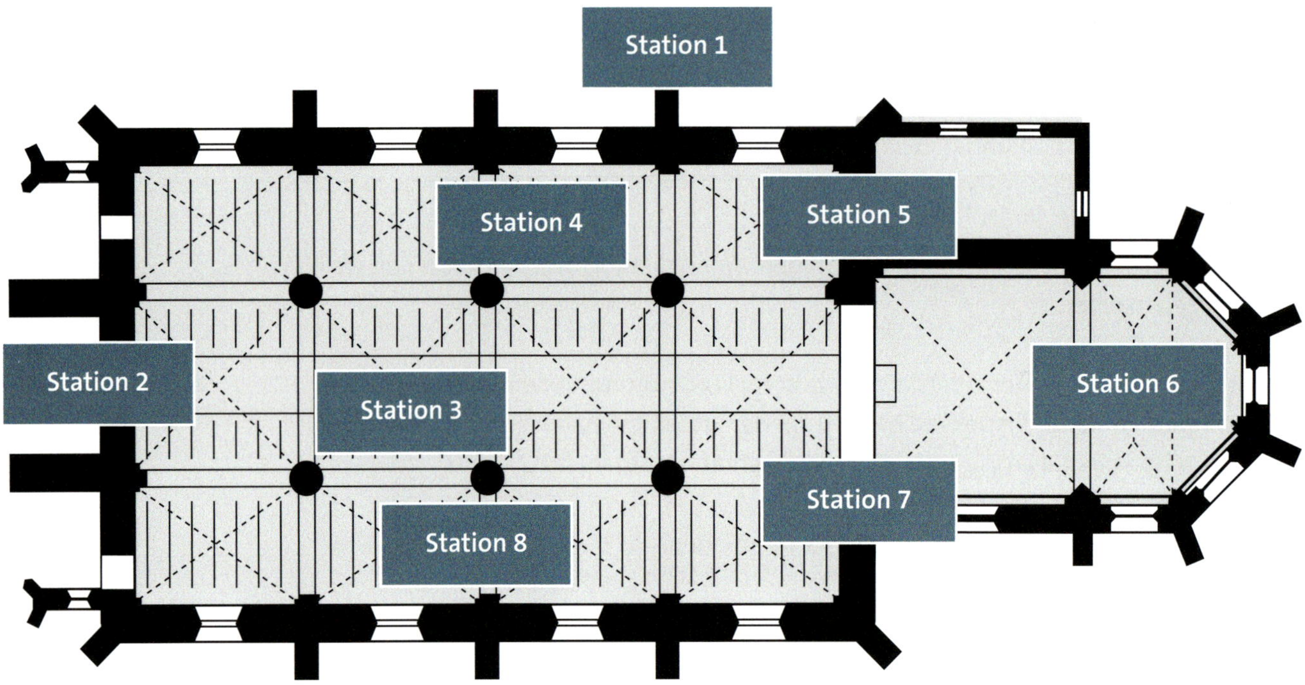

Grundriss der Propsteikirche St. Georg, Vechta (Grundriss selbst erstellt)

- Ihr startet mit eurer Gruppe bei Station Nr. ________ .
- Bestimmt eine/n Gruppenleiter/-in und eine/n Zeitwächter/-in.
- An jeder Station liegt ein Textblatt mit Impulsen und Fragen aus, das die/der Gruppensprecher/-in vorliest. Tauscht euch darüber aus.
- Achtet dabei auf die Zeit: Nach ca. 5 Minuten besucht ihr die nächste Station.
- Nach der letzten Station geht ihr zum verabredeten Treffpunkt.

Station 1: Vor der Nordseite der Kirche (Wahrnehmungsschwerpunkt Sehen)

Station 2: Im Eingangsbereich der Kirche (Wahrnehmungsschwerpunkt Hören/Riechen)

Station 3: Im hinteren Bereich der Kirche (Wahrnehmungsschwerpunkt Fühlen)

Station 4: Beichtstuhl (Wahrnehmungsschwerpunkt Sehen)

Station 5: Taufbecken (Wahrnehmungsschwerpunkt Fühlen)

Station 6: Altarraum (Wahrnehmungsschwerpunkt Sehen)

Station 7: Kanzel (Wahrnehmungsschwerpunkt Fühlen)

Station 8: Am Seitenausgang (Wahrnehmungsschwerpunkt Sehen)

Beispiele für Stationsaufgaben

<u>Station 1: Vor der Nordseite der Kirche</u>
Stellt euch in genügendem Abstand gegenüber der großen Wand auf, die die Nordseite der Kirche beherrscht.

- Beschreibt die Außenwand der Kirche: Wie ist sie beschaffen? Erkennt ihr Symmetrien oder besondere Bestandteile?
- Wer genau hinsieht, wird eine Kanonenkugel entdecken, die seit fast 400 Jahren im Mauerwerk steckt. Diese Kugel kann eine Geschichte erzählen. Kennt jemand von euch die Geschichte auch?

Tauscht euch in eurer Gruppe aus.

Anschließend geht ihr zur nächsten Station!

<u>Station 5: Taufbecken</u>
Stellt euch um das Taufbecken herum auf, sodass es jede/r gut sehen kann.

- Betrachtet es und ertastet die unterschiedlichen Materialien. Gibt es bestimmte Details, die euch auffallen?
- Welche Bedeutung haben die Materialien und warum sind sie für dieses Taufbecken verwendet worden? Könnte es einen Grund geben, warum das Taufbecken gerade hier steht?
- Wozu dient das Taufbecken, was findet hier statt?
- Gefällt euch das Taufbecken?

Tauscht euch in eurer Gruppe aus.

Anschließend geht ihr zur nächsten Station!

M 5

Beispiel für einen Abrisszettel

Gruppe 1: Taufbecken

Station 1: Taufbecken	Station 1: Taufbecken	Station 1: Taufbecken	Station 1: Taufbecken	Station 1: Taufbecken	Station 1: Taufbecken

Leitfaden zur Expertenbefragung

In unserer Gruppe beschäftigen wir uns mit dem folgenden Gegenstand/Ort in der Kirche:

______________________. Dazu führen wir eine Expertenbefragung mit folgender Person aus der Kirchengemeinde durch: ______________________.

Im Folgenden findet ihr bereits einige Fragen für das Gespräch. Überlegt aber selbst, was ihr noch ergänzen wollt!

I. Allgemeine Fragen

- Was sind Ihre Aufgaben in der Kirchengemeinde und seit wann sind Sie in dieser Gemeinde aktiv?
- Wie oft sind Sie hier bzw. wie viel Zeit verbringen Sie hier?
- Wie sieht das aktive Gemeindeleben aus?
- Haben Sie Kontakt zu der katholischen bzw. evangelischen Nachbargemeinde? Wenn ja, wie sieht dieser aus?

____

____

____

____

II. Fragen zur Kirche und zum Kirchenraum

- Können Sie etwas über die Geschichte der Kirche erzählen?
- Welche Besonderheiten gibt es zum Kirchenraum zu sagen?

____

____

____

____

III. Spezielle Fragen zum Gegenstand

____

____

____

____

____

____

IV. Weitere Fragen, die euch interessieren

____

____

____

____

Dorothea Reininger

Eine erfahrungsorientierte Lernsequenz (Jahrgänge 7 bis 8)

1. Kontext

In Zeiten verstärkten Aufblühens einer Ökumene der Profile und neu aufbrechender Abgrenzungen auf der Ebene der Kirchenleitungen und gleichzeitig zunehmender Gleichgültigkeit konfessioneller Unterschiede an der Basis erscheint es ausgesprochen wichtig, sich auf die Ursprünge der Kirchentrennung zurückzubesinnen: Sind die Gründe für die damalige Kirchenspaltung denn auch heute noch trennend? Schülerinnen und Schülern hier ein eigenes Urteil zu ermöglichen ist eine der angestrebten Kompetenzen der vorliegenden Lernsequenz. Sie geht davon aus, dass sichtbare konfessionelle Unterschiede in der religiösen Praxis bereits thematisiert wurden (Kirchenbau, religiöse Vollzüge und Frömmigkeitsformen, unterschiedliche Gemeinden und deren Strukturen etc.). Sollte dem nicht so sein und sollten die Schülerinnen und Schüler konfessionelle Unterschiede im Unterricht auch sonst noch nicht bemerkt haben, müsste der Blick zunächst auf diese äußerlich wahrnehmbaren unterschiedlichen bzw. trennenden Aspekte gelenkt werden.

Eine wesentliche inhaltliche Entscheidung wurde für die hier vorliegende Konzeption getroffen: den Schwerpunkt nicht auf *historische* Details zu legen, sondern auf die *theologischen* Gründe für die Spaltung; im engeren Sinne auf den Begriff der ‚Rechtfertigung' durch den gnädigen Gott, im Zuge dessen auch auf ‚die drei sola': sola scriptura, sola gratia, sola fide (vgl. auch Wunderlich 2013, 3 f.).

Die historischen Hintergründe spielen zwar eine Rolle, stehen aber nicht im Fokus, sondern sollten im Idealfall in einem gleichzeitigen fächerübergreifenden Unterricht mit dem Fach Geschichte bearbeitet werden. Dies bietet sich auch deshalb insofern an, als die Thematik der Rechtfertigung nicht nur in Äußerungen von evangelischen Bischöfen und Theologen eine wichtige Rolle spielt (vgl. bspw. VELKD 2008), sondern auch von verschiedenen Vertretern der Römisch-katholischen Kirche, u. a. auch in der Ansprache des damaligen Papstes Benedikt XVI. im September 2011 in Erfurt, der die Frage Luthers nach dem „gnädigen Gott" mehrfach in den Mittelpunkt seiner Ausführungen gerückt hatte (vgl. Benedikt XVI. 2011). Insgesamt gilt zu bedenken, dass zentrale Anliegen Luthers eine eigene Relevanz als Teil der römisch-katholischen Lehre selbst bekommen haben und nicht mehr als kirchentrennende Aspekte behandelt werden (vgl. dazu grundlegend Lehmann 1998 sowie die Gemeinsame Erklärung zur Rechtfertigungslehre zwischen Luth. Weltbund und Kath. Kirche von 1999).

Insofern müsste man als Katholik/-in eigentlich den Blick wenden und mit der katholischen Dogmatikerin Dorothea Sattler die Reformation als „Geistesgabe" im Blick auf das Jubiläumsjahr 2017 betrachten. Man dürfe weniger auf das Schmerzhafte des Trennenden sehen, sondern müsse vielmehr sein Augenmerk darauf lenken, dass die Christenheit „tief beschenkt" von Menschen der Reformation wie Martin Luther oder Dietrich Bonhoeffer sei. In ähnlicher Weise be-

Szene aus dem Film „Luther" (2003)

merkte der katholische Bischof Feige von Magdeburg, dass Martin Luther Reformprozesse auch in der Katholischen Kirche ausgelöst habe, sodass die katholischen Reformen heute nicht mehr als „Gegenreformationen“ zu bezeichnen seien, sondern längst als „Mitreformation“.
So soll schließlich mit Blick auf die vorliegende Lernsequenz gefragt werden: Ist also Martin Luther womöglich der ‚bessere Katholik‘?

2. Lerngegenstände/Inhalte

- Die Person Martin Luther als frommer, suchender Christ und Theologe
- Wichtige Stationen im Leben Martin Luthers
- Die heutige Spaltung der Christenheit (in Deutschland vor allem in den beiden Konfessionen evangelisch und römisch-katholisch) als Folge von Ereignissen des 16. Jahrhunderts
- Das Theologumenon von der ‚Rechtfertigung‘ als allgemeingültigen christlichen Glaubensinhalt, gefüllt mit eigenen Erfahrungen
- Zentrale Anliegen Luthers und deren Relevanz als Teil der römisch-katholischen Lehre jenseits kirchentrennender Aspekte
- Eigene Urteilsbildung über theologische Gründe der Spaltung und deren heutige Relevanz aus einer bewusst je eigenen konfessionellen Perspektive
- „Luther“ (Spielfilm von Eric Till, USA-D-GB 2003)

3. Kompetenzerwerb

Im Hinblick auf die niedersächsischen Kerncurricula für das Gymnasium werden mit der vorliegenden Lernsequenz primär Kompetenzen aus den Bereichen „Mensch“, „Gott“ sowie „Kirche und Kirchen“ (ev.) bzw. „Das Zeugnis der Kirche von der Gegenwart Gottes in Geschichte und Gesellschaft (Ekklesiologie)“ (kath.) geschult. Für die Oberschule betrifft dies die Inhaltsbereiche „Nach dem Glauben und der Kirche fragen“ (kath./ev.) sowie „Nach Gott fragen“ (ev.).[1]
In den NRW-Kernlehrplänen für das Gymnasium werden damit die Inhaltsfelder „Kirche als Nachfolgegemeinschaft“ (kath.) bzw. „Entwicklung einer eigenen religiösen Identität“ (ev.) sowie „Kirche und andere Formen religiöser Gemeinschaft“ (ev.) berührt.[2]

Im Einzelnen:

Übergeordnete bzw. prozessbezogene Kompetenzen

Die Schülerinnen und Schüler ...

- benennen und erläutern Gemeinsamkeiten von Konfessionen und Religionen sowie deren Unterschiede,
- setzen sich mit anderen religiösen Überzeugungen begründet auseinander,
- kommunizieren und kooperieren respektvoll mit Angehörigen anderer Konfessionen und Religionen, ohne dabei vorhandene Differenzen zu leugnen,
- beschreiben Situationen, in denen existenzielle Fragen des Lebens auftreten.

Inhaltsbezogene Kompetenzen

Die Schülerinnen und Schüler ...

- skizzieren wichtige Kirchengründungen und Kirchenspaltungen und ihre Auswirkungen bis heute (ev.),
- stellen Ursachen der Kirchentrennung in der Reformation dar (ev.),
- beurteilen die Entstehung von Konfessionen im Kontext historischer Bedingungen (kath.),
- erläutern Kernaussagen reformatorischer Lehre (ev.),
- beschreiben Beispiele gelebter Nachfolge Jesu in Geschichte und Gegenwart (kath.).

4. Struktur des Unterrichtsvorhabens

	Thema/Inhalte und Lernschritte	Material	Kommentar
1	• **Zeitungsartikel** gemeinsam erschließen, mögliche L-Impulse: *Habt ihr von so etwas oder Ähnlichem schon mal gehört? Seit wann weißt du eigentlich, dass du katholisch bzw. evangelisch bist? Wodurch wurde dir das bewusst?* • GA in konfessionell getrennten Gruppen: *Was ist aus unserer Sicht typisch für die jeweils andere Konfession?* • anschließend Gruppen konfessionell mischen und Austausch • Sammlung im Plenum – wichtig: Zwischen sachlich richtigen Unterschieden und Vorurteilen differenzieren!	M 1	• Alternative: in gemischt konfessionellen Kleingruppen Vorkenntnisse über M. Luther sammeln (der katholische Part fängt an!)

[1] Vgl. NI-KC GY Ev. Religion (S. 18, 21, 30) bzw. Kath. Religion (S. 26 f.) sowie NI-KC ObS Ev. Religion (S. 20 f., 26 f.) bzw. Kath. Religion (S. 22).
[2] Vgl. NRW-KLP GY Ev. Religion (S. 28 f., 32 ff.) bzw. Kath. Religion (S. 28 f.).

	Thema/Inhalte und Lernschritte	Material	Kommentar
2	• Das **Ketzer-Spiel** (ggf. in der Pausenhalle/Aula) spielen und anschließend auswerten: *Hat die Kette gehalten oder waren die Unterschiede zu groß? Wie haben sich die SuS gefühlt? Gab es Widerstände, sich zu positionieren?* • Im UG die Interpretation des Spiels auf die Kirche(n) als Gemeinschaft von Christen hin öffnen: *Wie viel Vielfalt in religiösen Fragen ist möglich, wie viel Einheit ist nötig, damit die Einheit einer Gemeinschaft nicht reißt?* • Am Ende noch einmal auf die Frage fokussieren: *Warum kam es denn zum Zerreißen der Einheit?* • Zum Abschluss ggf. den Stammbaum der Kirchen zeigen: *In der christlichen Gemeinschaft ist die Einheit über die Jahrhunderte immer wieder mal „gerissen"!* • Hausaufgabe: das Leben Martin Luthers recherchieren und dazu einen Kurzvortrag erarbeiten	**M 2** Folie mit dem Stammbaum der Kirchen (vgl. Mittendrin, S. 117) eingeführtes Lehrbuch (vgl. Kursbuch, S. 119; Mittendrin, S. 108), Internet, eigene Quellen	• Im „Ketzer-Spiel" (vgl. BGV Osnabrück 2005, S. 93 f.) geht es darum, dass die SuS erleben, wie viel Unterschied in einer Gruppe (nicht mehr) möglich ist, ohne dass sie zerreißt. • Bei der Frage nach dem „Warum" werden die SuS auf den Ablassstreit zu sprechen kommen; hier muss L auf die dahinterliegende, innere religiöse/theologische Frage hinweisen und diese vertiefen.
3	• Das **Leben Martin Luthers** wird in Kurzvorträgen vorgestellt. • L: *Was haben die Menschen zur Zeit Luthers – und somit auch Luther selbst – geglaubt?* • Mithilfe von Tetzels Predigt über die Höllenstrafen werden erste Ansätze zu Höllenangst und Sündenstrafen erarbeitet.	Film „Luther": Filmausschnitt bei 29:00 min (Tetzel-Predigt) Bilder und Texte aus dem eingeführten Religionsbuch (vgl. Mittendrin, S. 107; Kursbuch, S. 116 f.)	• Die Vorkenntnisse zur mittelalterlichen Kirche aus dem Geschichtsunterricht werden aufgegriffen und theologisch vertieft.
4	• **Film** „Luther" einspielen • Aufgabe: Worum geht es?, wichtige Begriffe merken (z. B. Schrecken vor dem Jüngsten Gericht, Selbsthass, Strafe Gottes, gerechter Richter, Zorn gegen Gott, ein gerechter Gott etc.). • Nach einer ersten Sammlung im UG Filmausschnitt ein zweites Mal zeigen; anschließend einige Thesen von M 3 zur Glaubenssituation vor bzw. nach dem Turmerlebnis zuordnen • L führt den Begriff „Rechtfertigung" ein. • Hausaufgabe: Mit eigenen Worten die grundlegende theologische Erkenntnis Luthers formulieren: Wie hat er vor dem Turmerlebnis „Rechtfertigung des Menschen vor Gott" verstanden, wie danach? • Alternative: einen fiktiven inneren Dialog zwischen den beiden Stimmen schreiben, die in Luther miteinander ringen	Film „Luther": Filmausschnitt von Beginn (Gelöbnis) bis 7:30 min (Dialog mit dem geistlichen Vater) **M 3**	• Mittelpunkt dieser Stunde ist Luthers verzweifelte Frage: „Wie kann ich vor Gott gerecht sein (= als gut beurteilt werden)?" oder „Wie finde ich einen gnädigen Gott?". • Der Dialog im Film ist nur schwer zu verstehen, weil er sehr schnell gesprochen wird, daher ggf. eine schriftliche Fassung (vgl. Wunderlich 2013, S. 11) zusätzlich austeilen. • In M 3 werden schon implizit „die drei sola" angesprochen, darauf ist später zu verweisen. • evtl. Formulierungshilfen geben (vgl. M 3)
5	• eigenes Erleben von unverdientem Geliebtsein thematisieren • erfahrungsorientierter Bezug zum Gleichnis vom barmherzigen Vater (Lk 15,11–32) – für die einzelnen Schritte vgl. M 4	**M 4**	• möglichst in einer Doppelstunde • intensive Erfahrung des Umschreibens der Bibelstelle in die Ich-Form, an die sich leicht ein Gespräch über ähnliche eigene Erfahrungen anschließen kann • ggf. vorgeschlagene Imagination anschließen, um auch stillere SuS an dieser Erfahrung zu beteiligen

	Thema/Inhalte und Lernschritte	Material	Kommentar
6	• **Sicherung und theologische Zuspitzung** anhand weiterer Filmsequenzen: Luthers Reise nach Rom, Vorlesung Luthers in Wittenberg • anschließende Diskussion	Film „Luther“: Filmausschnitte von 7:30 bis 12:40 min (Rom); 14:30 bis 19:00 min (Wittenberg/ Disput mit Karlstadt); 19:00 bis 20:58 min (Beerdigung des Selbstmörders); 21:00 bis 22:00 min (Predigt über den gerechten Gott); 22:00 bis 24:55 min (Vorlesung über Reliquien)	• Mögliche Beobachtungsaufgaben: – Welche wichtigen Personen kommen vor? – Welcher theologischen Position sind sie zuzuordnen? – Wo wäre mein Platz in dem Film?
7	• **Rückbezug auf die Ausgangsfrage**: Wie kam es zum „Zerreißen“ der Kirchengemeinschaft? • Diskussion: *War das aus eurer Sicht damals ein gewichtiger Grund? Ist es aus eurer Sicht ein heute noch wichtiger trennender Grund? Wie ist das aus Sicht der Kirchen heute zu beurteilen?* Und schließlich: *Ist Luther womöglich „der bessere Katholik“?* • Auszüge aus der Gemeinsamen Erklärung zur Rechtfertigung von 1999 lesen	Methode: strukturierte Kontroverse vgl. unten S. 113 (vgl. Mittendrin, S. 116; Religion vernetzt, S. 72) **M 5**	• Bezieht man weitere Texte (Tridentinum, Zweites Vatikanum) zum Aufzeigen einer Chronologie mit ein, kann man arbeitsteilig vorgehen. • evtl. abschnittsweise gemeinsam lesen oder jeweils einem Lerntandem geben
8	• **Alternativen zum Abschluss**: 1. Video-Clip („e wie evangelisch“) zur Rechtfertigung einspielen und kritisch beurteilen, ggf. Vorschläge zum Modifizieren 2. Thesen auslegen, zu denen sich die SuS positionieren sollen 3. Begriffe „evangelisch“, „katholisch“, ggf. auch „orthodox“ erarbeiten und diskutieren	Video-Clip (vgl. www.ekd.de/glauben/e-wie-evangelisch/e_rechtfertigung.html, 10.10.14)	

5. Weiterführende Anregungen

Danz, Christian, Einführung in die Theologie Martin Luthers, Darmstadt 2013.

Schilling, Heinz, Martin Luther. Rebell in einer Zeit des Umbruchs, München 2012.

Werth, Jürgen/Fietz, Siegfried, „Bruder Martinus“. Martin-Luther-Musical, Greifenstein 2012.

6. Verwendete Literatur

Benedikt XVI., Ansprache vom 23.09.2011 im Augustinerkloster zu Erfurt.

BGV Osnabrück (Hg.), Grenzdance? Nichts ist unmöglich. Glaubenswoche Osnabrück 2005.

Bistumskommission für ökumenische Fragen der Diözese Münster, Einig in der Mitte unseres Glaubens? Die Botschaft von der Rechtfertigung in ihrer Bedeutung für Menschen heute. Eine Arbeitshilfe für das ökumenische Gespräch, Münster 1999.

Das neue Kursbuch Religion 7/8, hg. von G. Kraft und H. Schmidt, Stuttgart u. a. 1986.

Lehmann, Karl, Einig im Verständnis der Rechtfertigungsbotschaft? Erfahrungen und Lehren im Blick auf die gegenwärtige ökumenische Situation, hg. v. Sekretariat der Deutschen Bischofskonferenz, Bonn 1998.

Mittendrin 7/8. Sek I, Lernlandschaften Religion. Unterrichtswerk für katholischen RU, hg. von I. Bosold/W. Michalke-Leicht/C.-P. Sajak, München 2013.

Ökumenischer Arbeitskreis evangelischer und katholischer Theologen (Hg.), Lehrverurteilungen – kirchentrennend? Bd. 1–4, Freiburg – Göttingen 1983 – 1994.

Religion vernetzt 8, hg. von H. Mendl/M. Schiefer Ferrari, München 2006.

Scheidler, Monika, Didaktik ökumenischen Lernens – am Beispiel des Religionsunterrichts in der Sekundarstufe II, Münster 1999.

VELKD, Rechtfertigung heute – Warum die zentrale Einsicht Martin Luthers zeitlos aktuell ist, Hannover 2008.

Wunderlich, Sonja, Martin Luther, in: Praxis RU Sekundar 3/2013 (Praxisbeilage der KatBl).

7. Materialien [siehe M 1 – M 5]

M 1

Bersenbrück: Als die konfessionelle Grenze mitten über den Schulhof verlief

Bersenbrück. Noch vor 40 Jahren wäre ihr Projekt undenkbar gewesen. Man stelle sich das bloß vor: Eine evangelische und ein katholische Schülerin lernen, arbeiten und forschen zusammen. Und das mitten in Bersenbrück. Ging gar nicht – damals. Heute ist das anders: Die beiden 15-jährigen Schülerinnen Svenja-Eva Lahrmann und Jana Glose machen beim Wettbewerb der Körber-Stiftung zum Thema „Vertraute Fremde. Nachbarn in der Geschichte" mit.

Sie machen unsichtbare Grenzen wieder sichtbar: Svenja-Eva Lahrmann (links) und Jana Glose. Eine Trennlinie zwischen katholischen und evangelischen Volksschülern verlief noch vor wenigen Jahrzehnten mitten über den Pausenhof zwischen der heutigen Von-Ravensberg-Schule und dem jetzigen Jugend- und Bildungshaus.

Die beiden Gymnasiastinnen haben sich mit der Trennung der Konfessionen in ihrer Heimatstadt beschäftigt und dabei herausgefunden: Jahrzehntelang verlief eine rigide Grenze zwischen der evangelischen und der katholischen Bevölkerung Bersenbrücks. Diese unsichtbare Trennlinie teilte nicht nur den „gemeinsamen" Pausenhof der beiden konfessionell gebundenen Volksschulen „Am Bauhof" in zwei komplett voneinander isolierte Bereiche auf, sondern zog sich vor allem durch die Köpfe der meisten Eltern, Lehrer und Schüler – und somit auch durch den Alltag.

Mehr als drei Monate Zeit und jede Menge Arbeit haben Svenja-Eva Lahrmann und Jana Glose in ihren 20 Seiten starken Wettbewerbsbeitrag gesteckt: Die beiden Zehntklässlerinnen haben im Bersenbrücker Rathaus recherchiert und bei den Vertretern beider Kirchengemeinden nachgefragt, was diese über die frühere Trennung der Konfessionen noch wissen. Außerdem haben sie Zeitzeugen ausfindig gemacht, um von ihnen zu erfahren, wie sie ihre Schulzeit im Zeichen einer unsichtbaren, aber offenbar äußerst wirkungsvollen Grenze erlebt haben. Und sie sind sogar bis nach Osnabrück ins Staatsarchiv vorgedrungen, um die Regale dort nach alten Bauplänen zu durchforsten – mit Erfolg.

[...]

Jana und Svenja-Eva blättern in ihren Unterlagen und entfalten einen offiziellen Bauplan aus dem Jahre 1968: Zu sehen ist die Gestaltung der Außenanlagen der beiden damaligen Volksschulen „Am Bauhof". Jana fährt mit dem Finger über das graue Papier. In südlicher Ausrichtung: die „evangelische Volksschule", heute die gelbe Residenz des „Jugend- und Bildungshauses". Nördlich davon auf dem Gelände der heutigen Von-Ravensberg-Schule: die „katholische Volksschule". Jana erläutert: „Hier mitten über den Schulhof verlief die Grenze." Sie schüttelt den Kopf: „Das kann man sich heute kaum noch vorstellen."

Zumal weder ein Zaun noch eine Mauer diese gedachte Trennlinie auch nur andeuteten: Für die gegenseitige Ausgrenzung genügte das allgegenwärtige Misstrauen gegenüber den „vertrauten Fremden". Auch Svenja-Eva ist angesichts der damals herrschenden Abneigung zwischen evangelischen und katholischen Bürgern einigermaßen entsetzt. [...]

Ein ehemaliger Volksschullehrer bestätigte den beiden Nachwuchshistorikerinnen, dass jeglicher Kontakt der unterschiedlich gläubigen Kinder – selbst ein Blickkontakt – von den Pädagogen „zu unterbinden" gewesen sei. Und eine ehemalige katholische Schülerin erinnert sich: „Ich hätte so gerne mal durch das Fenster in die evangelische Schule gesehen – aber man hat sich einfach nicht getraut."

Ulrike Havermeyer, Neue Osnabrücker Zeitung vom 17.04.2013, Lokalteil Bersenbrück; www.noz.de/lokales/71528616/bersenbrueck-als-die-konfessionelle-grenze-mitten-ueber-den-schulhof-verlief (10.10.14).

Das Ketzer-Spiel

Ablauf:
Die TN stellen sich in einer Reihe etwa in der Mitte des Raumes nebeneinander auf (sodass jede/r Einzelne nach vorne und hinten gehen kann) und fassen sich an den Händen. Der Klasse werden nun die folgenden Fragen vorgelesen. Wer sie mit „Ja" beantworten kann, geht einen Schritt nach vorne:

1. Du glaubst an ein Leben nach dem Tod? Wenn ja, geh einen Schritt vor.

2. Du glaubst an eine übernatürliche, göttliche Kraft? Einen Schritt vor.

3. Du glaubst an einen Gott, zu dem du „Du" sagen kannst? Einen Schritt vor.

4. Du glaubst, dass Jesus Gottes Sohn ist? Einen Schritt vor.

5. Du gehst regelmäßig in einen Gottesdienst? Einen Schritt vor.

6. Du betest regelmäßig? Einen Schritt vor.

7. Du hast schon mal den Rosenkranz gebetet? Einen Schritt vor.

8. Du hast schon mal gebeichtet? Einen Schritt vor.

9. Du warst bei der Erstkommunion? Einen Schritt vor.

10. Du bist Messdiener? Einen Schritt vor.

11. Du weißt, was ein Tabernakel ist? Einen Schritt vor.

12. Du weißt, was am Reformationstag gefeiert wird? Einen Schritt vor.

13. Du kennst dich in der Bibel gut aus? Einen Schritt vor.

14. Du willst dich firmen/konfirmieren lassen (Du bist gefirmt/konfirmiert)? Einen Schritt vor.

15. Du willst unbedingt einmal kirchlich heiraten? Einen Schritt vor.

16. Du willst, dass deine Kinder später getauft werden? Einen Schritt vor.

M 3

Mögliche Thesen, die den Schülerinnen und Schülern angeboten werden, um sie dem Vorher und Nachher des Turmerlebnisses zuzuordnen:

- „Man muss alle Gebote halten, um von Gott geliebt zu werden."
- „Wir können uns die Liebe Gottes nicht verdienen."
- „Gott liebt uns, er lässt uns niemals fallen."
- „Gott ist ein gerechter Richter, er richtet uns nach unseren Taten."
- „Man muss sich die Liebe Gottes erwerben, indem man alle Sakramente empfängt."
- „Man muss für die Angehörigen beten, damit sie nicht in die Hölle kommen."
- „Wir dürfen zu ihm kommen, egal, was wir getan haben."
- „Gott ist ein barmherziger Gott, allein seine Gnade kann uns erlösen."
- „Allein der Glaube an Jesus Christus kann uns vor der Hölle retten."

Für die Hausaufgabe mögliche Satzanfänge, die für Luthers Denken vor und nach dem Turmerlebnis vervollständigt werden müssen – z. B.:

- „Um vor Gott gut dazustehen, muss man …"
- „Die Liebe Gottes ist …"
- „Gott ist …"

Schritte zur gestaltpädagogischen Erarbeitung von Lk 15,11–32

1. Ein Bild von der Aufnahme des „verlorenen“ Sohnes beim barmherzigen Vater wird gezeigt:
   a. Wahrnehmung: „Ich sehe …“/„Mir fällt auf …“
   b. Identifikation: „Wenn ich … wäre, dann …“

2. Welche Geschichte aus der Bibel könnte das sein?

3. Die Bibelstelle Lk 15,11–32 wird von der Lehrkraft vorgelesen.

4. Der Text wird ausgeteilt und die Schülerinnen und Schüler bekommen den Auftrag, die Stelle – oder Auszüge daraus – in die Ich-Form umzuschreiben.

5. Im abschließenden Austausch darüber, wie es einem beim Umschreiben in die Ich-Form ergangen ist, wird automatisch das Gespräch darauf kommen, ob und in welchem Zusammenhang man selbst eine solche Erfahrung, z. B. mit den eigenen Eltern oder sogar mit Gott, gemacht hat.

6. Die Schülerinnen und Schüler werden aufgefordert, eine solche Erfahrung von sich einmal in Form eines rückblickenden Tagebucheintrags aufzuschreiben (mit dem wichtigen Hinweis, dass sie diesen zunächst für sich allein schreiben und nicht vorlesen müssen).

7. Falls sinnvoll, kann die folgende kurze Entspannung und Imagination eingeschoben werden:

Lege dich so entspannt auf den Boden,[1] dass du eine Weile liegen kannst, und spüre, wie du mit dem ganzen Körpergewicht auf dem Boden aufliegst und wie der Boden dich trägt. Stell dir vor, du liegst im warmen Sand am Meer: Du spürst, wie deine Fersen den Sand berühren und sich in ihn eingraben … auch deine Hüfte mit den Gesäßbacken mulden sich in den Boden ein … deine Schultern liegen breit und weich da … es ist, als würde von deinen Schultern ein Gewicht herunterrollen, die Arme entlang und sich im Schoß sammeln … das Zentrum deiner Bauchdecke wird ganz warm … und deine Arme liegen schwer und warm neben deinem Leib … dein Atem steigt und fällt, steigt und fällt wie ein Springbrunnen … nur über deine Stirn huscht ein kühler Hauch … deine Gedanken kommen und gehen wie die Wolken … alles darf kommen, alles wird auch wieder gehen. Deine Gedanken gehen wie von allein zu einer Situation, in der du dich glücklich gefühlt hast, weil da jemand war, der dich so angenommen hat, wie du bist – mit allen Grenzen und Schwächen, die zu dir gehören. Vielleicht hattest du auch etwas falsch gemacht und spürtest doch die Liebe und Annahme einer anderen Person. – Welche Person war das? Wie war das genau? Male dir die Situation genau aus: deine Gedanken, deine Gefühle … Spüre diesem Glücksgefühl, diesem Angenommen-sein, dem Nichts-leisten-Müssen, diesem unverdient Geliebt-sein noch einmal intensiv nach … und genieße es … Und wenn du möchtest, komme langsam wieder in diesem Raum hier an, bewege deine Finger, balle die Fäuste und lass wieder los, strecke dich und öffne die Augen.[2]

---

[1] Entspannungsübungen können sowohl in einem Meditationsraum/Raum der Stille als auch im Klassenraum durchgeführt werden. Dafür legen die SuS ihren Kopf in die verschränkten Arme auf den Tisch. Die Formulierung der einleitenden Sätze muss dann angepasst werden.

[2] Eine Alternative wäre ein Arbeitsblatt mit Fragen zur Stillarbeit: a) In welcher Situation hast du dich schon einmal glücklich gefühlt, weil da jemand war, dem du viel bedeutest? Mit wem und wie war das? – b) In welcher Situation warst du schon einmal glücklich darüber, dass du so bist, wie du bist (auch mit deinen Schwächen und Grenzen), weil da jemand war, der von dir nicht mehr verlangt hat, als du konntest? – c) In welcher Situation hast du dich erleichtert gefühlt, weil es jemanden gab, dem du erzählen konntest, was dich bedrückt, traurig gemacht oder geärgert hat? Wie und mit wem war das? – d) In welcher Situation hast du schon einmal gespürt, dass Gott dich gern hat, so wie du bist? Wie kam es dazu? (Fragen aus: Scheidler 1999, 26, Anm. 25).

M 5

Auszug aus der Gemeinsamen Erklärung des Lutherischen Weltbundes und der Katholischen Kirche über die Rechtfertigungslehre (1999)

(14) Das gemeinsame Hören auf die in der Heiligen Schrift verkündigte frohe Botschaft und nicht zuletzt die theologischen Gespräche der letzten Jahre zwischen den lutherischen Kirchen und der Römisch-Katholischen Kirche haben zu einer Gemeinsamkeit im Verständnis von der Rechtfertigung geführt. Es umfasst einen Konsens in den Grundwahrheiten; die unterschiedlichen Entfaltungen in den Einzelaussagen sind damit vereinbar.

(15) Es ist unser gemeinsamer Glaube, dass die Rechtfertigung das Werk des Dreieinigen Gottes ist. Der Vater hat seinen Sohn zum Heil der Sünder in die Welt gesandt. Die Menschwerdung, der Tod und die Auferstehung Christi sind Grund und Voraussetzung der Rechtfertigung. Daher bedeutet Rechtfertigung, dass Christus selbst unsere Gerechtigkeit ist, derer wir nach dem Willen des Vaters durch den Heiligen Geist teilhaftig werden. Gemeinsam bekennen wir: Allein aus Gnade im Glauben an die Heilstat Christi, nicht aufgrund unseres Verdienstes, werden wir von Gott angenommen und empfangen den Heiligen Geist, der unsere Herzen erneuert und uns befähigt und aufruft zu guten Werken.

(16) Alle Menschen sind von Gott zum Heil in Christus berufen. Allein durch Christus werden wir gerechtfertigt, indem wir im Glauben dieses Heil empfangen. Der Glaube selbst ist wiederum Geschenk Gottes durch den Heiligen Geist, der im Wort und in den Sakramenten in der Gemeinschaft der Gläubigen wirkt und zugleich die Gläubigen zu jener Erneuerung ihres Lebens führt, die Gott im ewigen Leben vollendet.

(17) Gemeinsam sind wir der Überzeugung, dass die Botschaft von der Rechtfertigung uns in besonderer Weise auf die Mitte des neutestamentlichen Zeugnisses von Gottes Heilshandeln in Christus verweist: Sie sagt uns, dass wir Sünder unser neues Leben allein der vergebenden und neu schaffenden Barmherzigkeit Gottes verdanken, die wir uns nur schenken lassen und im Glauben empfangen, aber nie – in welcher Form auch immer – verdienen können.

(18) Darum ist die Lehre von der Rechtfertigung, die diese Botschaft aufnimmt und entfaltet, nicht nur ein Teilstück der christlichen Glaubenslehre. Sie steht in einem wesenhaften Bezug zu allen Glaubenswahrheiten, die miteinander in einem inneren Zusammenhang zu sehen sind.

www.velkd.de/downloads/GER_Text.pdf; vgl. auch www.vatican.va/

Jeannette Eickmann

Eine multiperspektivische Lernsequenz (Jahrgänge 9 bis 10)

1. Kontext

Die vorliegende Lernsequenz befasst sich mit der biblischen Maria, der Mutter Jesu. Im konfessionell-kooperativen Religionsunterricht der Jahrgänge 9/10 sollen ökumenefördernde Aspekte der biblischen Frauenfigur im Vordergrund stehen, ohne die konfessionellen Unterschiede auszublenden – was im Fall der Maria schier undenkbar ist. Es kann davon ausgegangen werden, dass Schülerinnen und Schüler der Klassen 9/10 bereits vereinzelt in früheren Jahrgängen Wissen über die unterschiedliche Bedeutung der Maria für katholische und evangelische Christen erworben haben. Ziel in den höheren Jahrgängen ist es deshalb, ihre bereits vorhandenen Bilder von Maria in unterschiedlichen Anforderungssituationen neu zu verknüpfen und anwenden zu können.

Max Ernst: Die Jungfrau züchtigt den Jesusknaben vor Zeugen, 1926

Im Sinne kompetenzorientierten Religionsunterrichts ist das zu erwerbende Wissen zum einen Voraussetzung für das Handeln und Reflektieren in existenziell bedeutsamen Situationen, zum anderen steht der erneute Lerngegenstand für die Fähigkeit, es zu strukturieren, es mit Neuem zu verbinden und es bei der Bearbeitung von Fragen, Aufgaben und Problemen zu nutzen (vgl. Obst 2010, 136). Ziel dieser Unterrichtsbausteine ist einerseits die Schärfung des jeweils eigenen Konfessionsprofils, andererseits der interkonfessionelle Dialog: Voneinander lernen kann man nur, wenn man sich selbst kennt; aber Fremdes kennenzulernen eröffnet auch neue Blicke auf das Eigene. Es geht also darum, ‚Subjekt am Fremden' zu werden: „Lernen kann man nur am anderen und von anderen, wenn man eine Herkunft hat und diese am Fremden und an seinem Widerstand misst." (Steffensky 2005, 70)

Die Schülerinnen und Schüler lernen in der Begegnung mit Maria, ihren eigenen katholischen bzw. evangelischen Standpunkt zu verstehen und zu erklären; gleichzeitig werden sie dadurch befähigt, Verständnis für die jeweils andere Perspektive zu entwickeln und einander somit in aller Differenz respektvoll zu begegnen. Begegnungslernen als Wert an sich kommt hier also im doppelten Sinn zum Tragen: Zum einen gilt es, die Begegnung mit Maria als einer biblisch-tradierten Gestalt zu beobachten und zu reflektieren: Wie gehe ich auf sie zu? Wer begegnet mir? Verändert sich durch die Begegnung etwas in mir? Zum anderen ist es lohnenswert, zu schauen, ob sich durch den Austausch über die Begegnung mit der biblischen Frauengestalt der Blick auf die jeweils andere Konfession verändert. Führt die Anerkennung der Differenz zwischen beiden zu einem engeren Kontakt zwischen den Beteiligten? (Vgl. Heimbrock 2006, 182.)

Die Schülerinnen und Schüler werden im ersten Unterrichtsbaustein mit dem „Punk-Gebet" der russischen Band *Pussy Riot* konfrontiert, in dem sehr religionskritisch mit der biblischen Maria umgegangen wird; ihr wird die Macht zugesprochen, Putin anders handeln zu lassen – der Vorbildcharakter Marias wird trotz des ungewöhnlichen Stils deutlich. Die orthodoxen Kirchen verehren Maria als Mutter Gottes und als Jungfrau, sehen sie als sündlose Heilige, vertreten jedoch nicht die katholische Lehre von der unbefleckten Empfängnis. All diese Attribute sind für die evangelische Sicht nicht maßgebend (vgl. M 2 bis M 4). Derart herausgefordert sollen die Schülerinnen und Schüler selbstständig (mithilfe der/des Unterrichtenden) Unterrichtsschritte entwickeln, die sie zu einer abschließenden Stellungnahme befähigen: Darf man so über oder mit Maria sprechen? Dazu stellt die Lernsequenz verschiedene Materialien (Informationstexte, Bilder, Gedichte) zur Verfügung, die dazu dienen sollen, auf differenzierenden Anforderungsniveaus unterschiedliche Facetten Marias zu beleuchten. Die Auswahl der Materialien sollte die Lehrkraft jeweils nach der Erhebung der Lernausgangslage gemeinsam mit den Schülerinnen und Schülern treffen. Dementsprechend enthalten die Arbeitsblätter keine Arbeitsaufträge (außer M 1), damit selbst gewählte Arbeitsschwerpunkte berücksichtigt werden können. Ziel der intensiven Begegnung mit der biblischen Maria ist es, die Schülerinnen und Schüler in die Lage zu versetzen, aus konfessioneller Perspektive Antworten zu geben auf die Frage: Wer ist Maria für mich: Vorbild oder ‚Schwester im Glauben' oder eine Heilige?

Im Sinne biografischen Lernens geht es dabei ebenfalls um die Entwicklung eigener Wert- und Lebenshaltungen, die gerade auch in kritischer Auseinandersetzung mit fremden Biografien geschehen kann: In welchen Punkten fordert mich Maria heraus? Motiviert sie mich zum Anders-Denken? Münden soll die Auseinandersetzung deshalb in ein qualifiziertes eigenes Urteil über das Marienbild, das im „Punk-Gebet" von Pussy Riot entfaltet wird.

Unter den weiterführenden Anregungen finden sich Hinweise zur vertiefenden Auseinandersetzung mit einzelnen Aspekten der vorgeschlagenen Inhalte, die je nach Interessenlage der Schülerinnen und Schüler bearbeitet werden können.

2. Lerngegenstände/Inhalte

- Das Marienbild im „Punk-Gebet" von Pussy Riot
- Das Marienbild im Ave Maria
- Die Bedeutung der Maria für katholische und evangelische Christen
- Das Magnificat Lk 1,46–55
- Perspektiven auf Maria (Martin Luther, Kurt Marti, Dorothee Sölle)
- Marienbilder aus der darstellenden Kunst (Max Ernst, Karl Caspar)
- Heilige heute?!
- Konsequenzen für den interkonfessionellen Dialog
- Pussy Riots Marienbild und meine Begegnung mit Maria

3. Kompetenzerwerb

Im Hinblick auf die in den niedersächsischen Kerncurricula für das Gymnasium ausgewiesenen Kompetenzen dient die vorliegende Lernsequenz der Förderung von Kompetenzen des ausgewiesenen Themenbereichs „Kirchliche Mitverantwortung in Staat und Gesellschaft" (ev.) bzw. „Kirche in Auseinandersetzung mit Staat und Gesellschaft" (kath.). Für die Oberschule ist damit der Inhaltsbereich „Nach dem Glauben und der Kirche fragen" (kath./ev.) angesprochen.[1]

Aus den NRW-Kernlehrplänen für das Gymnasium können Kompetenzen aus den Inhaltsfeldern „Entwicklung einer eigenen religiösen Identität" (ev.) sowie „Kirche und andere Formen religiöser Gemeinschaft" (ev.) bzw. „Kirche als Nachfolgegemeinschaft" (kath.) geschult werden.[2]

Im Einzelnen:

Übergeordnete bzw. prozessbezogene Kompetenzen

Die Schülerinnen und Schüler ...

- nehmen grundlegende religiöse Ausdrucksformen wahr und beschreiben diese (ev./kath.),
- können über das evangelische bzw. katholische Verständnis des christlichen Glaubens Auskunft geben (ev./kath.),
- identifizieren und deuten religiöse Motive und Ausdrucksformen in der Kultur (ev./kath.),
- setzen sich mit anderen religiösen Überzeugungen und nicht religiösen Weltanschauungen begründet auseinander (ev./kath.),
- setzen sich aus der Perspektive des katholischen Glaubens mit anderen religiösen und weltanschaulichen Überzeugungen begründet auseinander (kath.),
- präsentieren religiös relevante Inhalte und Positionen medial und adressatenbezogen (ev./kath.).

Inhaltsbezogene Kompetenzen

Die Schülerinnen und Schüler ...

- stellen Konfessionsprofile dar (kath.),
- beschreiben religiöse Elemente in ihrer Lebenswelt und erläutern sie (ev.).

[1] Vgl. NI-KC GY Ev. Religion (S. 31) bzw. Kath. Religion (S. 26) sowie NI-KC ObS Kath. Religion (S. 22) bzw. Ev. Religion (S. 26 f.).
[2] Vgl. NRW-KLP GY Ev. Religion (S. 28 f., 32 f.) bzw. Kath. Religion (S. 29 f.).

4. Struktur des Unterrichtsvorhabens

	Thema/Inhalte und Lernschritte	Material	Kommentar
1	**Pussy Riots „Punk-Gebet" im Vergleich zum Ave Maria** • Nach Möglichkeit spielt L zu Beginn das „Punk-Gebet" vor (YouTube), bevor der Text (M 1) gelesen wird. Die Aufgabe unter dem Text stellt die Anforderungssituation dar. Gemeinsam wird zunächst erörtert, welche Informationen benötigt werden, um die Aufgabe lösen zu können. • Dazu ist es wichtig, … – in Erfahrung zu bringen, welche Rolle der Patriarch Kyrill I. in der Russisch-Orthodoxen Kirche spielt und wie seine Haltung zur Frau und zur Homosexualität eingeschätzt wird, – die Bedeutung der Maria für evangelische und katholische Christen genauer zu erforschen (M 2 bis M 4), – Gebetsformen und -anlässe zu kennen, – sich über die Grenzen zwischen Meinungs-/Religionsfreiheit und Gotteslästerung auszutauschen. • Im folgenden Unterrichtsprozess werden in heterogen zusammengesetzten Gruppen auf verschiedenen Anforderungsniveaus unterschiedliche Materialien bearbeitet, die aber alle zu einem Ergebnis führen: sowohl zu der begründeten Stellungnahme, wie aus konfessioneller Sicht über bzw. mit Maria gesprochen werden kann/soll/darf, als auch zu einer eigenen Sicht. • Die Präsentationen können unterschiedlich sein, z. B. schriftliche Stellungnahme verfassen, Artikel für die Schülerzeitung schreiben, Stuhltheater vorführen, Lernplakat erstellen, Pro-und-Kontra-Diskussion durchführen, Powerpoint-Präsentation erstellen, Flyer entwerfen, ein ev. bzw. kath. „Punk-Gebet" schreiben. • Mithilfe von M 2 zum Ave Maria sowie der weiteren Texte soll die unterschiedliche Sicht evangelischer und katholischer Christen auf Maria näher untersucht werden, um im Anschluss erste Vergleiche zum Marienbild im „Punk-Gebet" herstellen zu können. • Deutlich werden müssen die unterschiedlichen Sichtweisen auf Maria als Mittlerin.	M 1 M 2 M 3 M 4	• Differenzierungsmöglichkeit: Kurzreferate zu Kyrill I. und seiner Haltung zur Frau, zu Homosexualität, z. B. mithilfe des ZEIT-Artikels zu Putin und Kyrill I. (Nr. 34/2012) • Da für den nächsten Schritt die lateinische Formel „Gratia Plena" des Ave Maria benötigt wird, sollte sie bereits hier eingeführt werden. • Differenzierungsmöglichkeit: Beschäftigung mit den vier Mariendogmen des katholischen Lehramts: Maria als Gottesgebärerin (Konzil zu Ephesus, 431), als immerwährende Jungfrau (2. Konzil von Konstantinopel, 553), als die von der Erbsünde Bewahrte (Pius IX., 1854), als die leiblich in den Himmel Aufgenommene (Pius XII., 1950)
2	**Monika Funke Stern: AVE-SMS** • Das Bild „AVE-SMS" (M 5) stellt die Brücke vom Ave Maria zum Magnificat dar. Die SuS sollen an dieser Stelle ihre eigene Nähe bzw. Distanz zu Maria ausloten. • ausgiebige Bildbetrachtung nach dem Schema „Ich sehe …, ich fühle …, ich denke …" • Vertiefung des biblischen Kontexts (Lk 1,38) und des fehlenden Inhalts: Maria ist in „Empfangsbereitschaft" und wartet auf das Kommende. Wann werde ich mit Aufgaben konfrontiert, mit denen ich nicht gerechnet hätte? Nehme ich diese an, lehne ich diese ab? Wenn auch vermutlich niemand von uns vor eine solch gewichtige Aufgabe wie Maria gestellt wird, so bietet sich hier dennoch die Möglichkeit, den fehlenden Inhalt individuell zu füllen. • Die SuS setzen sich gestalterisch mit der Aufgabe auseinander: Material-Collage, Gedicht, kreatives Schreiben, Rap etc.	M 5 Material für Collagen, farbiges Papier	• Vgl. die exzellente Bildbeschreibung von Patrik Scherrer unter www.bildimpuls.de.

	Thema/Inhalte und Lernschritte	Material	Kommentar
3	**Das Magnificat (Lk 1,46–55)** • Nach einer Außensicht auf Maria bietet das Magnificat – der Lobgesang Mariens, mit dem sie nach der Ankündigung der Geburt durch den Engel Gabriel bei ihrer Tante Elisabeth Gott preist – nun die Möglichkeit, die Innensicht Marias verstehen zu lernen. Es wird in drei Übersetzungen dargeboten (Lutherübersetzung, Einheitsübersetzung, Hoffnung für alle), die vergleichend gelesen werden können, um Übereinstimmungen und Abweichungen herauszufinden. • Die Innensicht Marias sollen die SuS im Anschluss mit eigenen Worten formulieren: Von Gott erwählt zu werden, was bedeutet das für Maria? Von möglichen Ängsten und Zweifeln, die mit dieser Erwählung verbunden sein können, erzählt Maria nicht. • Diese Innensicht können die SuS – vorbereitet durch die Beschäftigung mit dem Bild „AVE-SMS" – in Worte fassen (z. B. auf Gedankenblasen), um die Ergebnisse anschließend mit den unterschiedlichen Auslegungen des Magnificats zu konfrontieren.	**M 6** Gedankenblasen	• Alternativ können auch nur die Luther- und die Einheitsübersetzung verglichen werden.
4	**Perspektiven auf Maria: Martin Luther, Kurt Marti und Dorothee Sölle** • Die SuS wenden sich den drei Gedichten (M 7 – M 9) arbeitsteilig zu. • Es gilt, Luthers Sicht auf Maria als Vorbild im Glauben herauszuarbeiten: Maria wurde auserwählt, Gottes Mutter zu werden, wie es auch das Konzil von Ephesus 431 formuliert hatte. In der Niedrigkeit Marias zeigt sich ihre eigentliche Größe und Würde. Luther wendet sich jedoch gegen eine von Christus wegführende Marienverehrung. • Lohnenswert ist eine Diskussion darüber, warum dieses Mariengebet Luthers Aufnahme in das katholische Gotteslob gefunden hat. • Das Gedicht von Kurt Marti bietet zum einen die Möglichkeit, zu den Strophen 2 – 4 an verschiedenen biblischen Stationen innezuhalten: Lk 2,41–52; Mk 3,31–35; Joh 19,25–27 beleuchten Situationen aus Marias Leben. Strophe 5 eignet sich eher dazu, Texte aus der Sicht Marias (z. B. auf Sprechblasen) verfassen zu lassen. • Mithilfe von Standbildern können diese Texte aus den „freeze-Positionen" heraus präsentiert werden. Zusätzlich können beobachtende SuS Fragen an die Darstellenden richten bzw. eigene Gedanken, Gefühle, Wünsche äußern. Die Standbilder können auch fotografiert, ausgedruckt und anschließend mithilfe von Zeitungsausschnitten und den eigenen Texten zu einer Collage ausgestaltet werden, um so einen Alltagsbezug klar herauszustellen. • Sölles Gedicht legt den Schwerpunkt auf den befreienden Charakter des Magnificats und das eigenständige Leben Marias als eine Art solidarische Frauenführerin. Die SuS formulieren Strophen für ihre eigene Lebenswirklichkeit, in denen ihre Wünsche und Hoffnungen, aber auch Zweifel und Fragen zum Ausdruck kommen. Als Hilfestellung kann zunächst eine Mindmap zum Thema Gerechtigkeit/Ungerechtigkeit (in der Welt, in unserem Land, in unserer Schule, in unserer Lerngruppe, in meinem Leben) erstellt werden, um Schreibanlässe für die einzelnen Strophen zu finden. • Abschließend kann mithilfe eines Schreibgesprächs in GA herausgearbeitet werden, welche neuen Vorstellungen die SuS über Maria gewonnen haben, welche Fragen bleiben, welche Probleme es aus konfessioneller Sicht mit manchen Assoziationen gibt etc.	**M 7** **M 8** **M 9** Bibeln Sprechblasen Fotoapparat, Drucker, Tageszeitungen große Pappen oder Tapetenrolle	• Das Mariengebet Luthers, das zu seiner Auslegung des Magnificats von 1521 gehört, hat Eingang gefunden in das neue katholische Gotteslob von 2013.

	Thema/Inhalte und Lernschritte	Material	Kommentar
5	**Marienbilder aus der darstellenden Kunst: Max Ernst/Karl Caspar** • Die beiden Bilder zeigen völlig unterschiedliche Mariendarstellungen. Ein unerwartetes Bild entwirft Max Ernst: eine das Jesuskind züchtigende Maria. Die Pietà zeigt Maria als schmerzensreiche Mutter mit dem toten Sohn und ist in vielen katholischen Kirchen zu finden. Parallel zu den Gedichten können sich SuS-Gruppen mit diesen beiden Bildern auseinandersetzen und ebenfalls biblische Texte dazu konsultieren: Ist die Züchtigung eine Folge der in Lk 2,41–52 oder Mk 3,31–35 beschriebenen Situationen? Joh 19,25–27 kann helfen, die Pietà-Darstellung zu verstehen. • Vielfältige Möglichkeiten der Bildbearbeitung bieten sich an: – Die SuS positionieren sich selbst im Bild und beschreiben aus dieser Perspektive die Szene. – Die SuS beschriften Sprechblasen und integrieren diese in das Bild. – Die SuS stellen das Bild möglichst genau nach, überlegen, wie es zu der Szene gekommen ist und wie sie sich weiterentwickeln könnte, und erstellen zwei weitere Standbilder. – Die SuS stellen das Bild möglichst genau nach und entwickeln Fragen, die sie den Personen auf dem Bild stellen möchten. Aus den Rollen heraus können Antwortversuche gemacht werden. • Ziel aller darstellenden und beschreibenden Varianten soll sein, weitere Charakterzüge der biblischen Maria herauszuarbeiten und sich der Frage weiter anzunähern: Welche Bedeutung hat Maria für mich als evangelische/r bzw. katholische/r Christ/-in? Ist sie auch für mich eine Heilige?	**M 10** **M 11** Bibeln	
6	**Heilige heute?!** • Um eine Positionierung anzubahnen, wird mit dem Bild „Zwei Heilige“ von Marc Fromm bewusst auf die Lebenswelt der SuS abgehoben. Marc Fromm wählt vermutlich absichtlich Madonna für den weiblichen Part aus: Madonna steht im Italienischen für die Mutter Jesu. Sehen so also moderne Heilige aus? Was macht Heilige heute aus? Welche Eigenschaften müssten ihnen zugesprochen werden? • Damit möglichst alle SuS zur aktiven Auseinandersetzung mit dieser Thematik motiviert werden und sich ein breites Spektrum an Meinungen offenbart, bieten sich als Hinführung Murmelphasen in verschiedenen SuS-Konstellationen bzw. andere kooperative Lernformen wie z. B. das Kugellager an. Zentrale Fragestellungen: Was bedeutet heilig für dich? Was ist dir heilig? Was macht einen Menschen heute zu einem Heiligen? • Die SuS verfassen dazu einen Text (E-Mail, Blog, Stellungnahme, Gedicht etc.), in dem sie ihre Haltung begründen.	**M 12**	• Vgl. auch hier die treffende Bildbeschreibung von Patrik Scherrer unter www.bildimpuls.de.
7	**Konsequenzen für den interkonfessionellen Dialog** • Nach der Präsentation dieser vermutlich sehr unterschiedlichen Positionierungen füllen die SuS die indianische Redewendung „In den Mokassins eines anderen gehen“ mit Leben (gerne auch leiblich ausprobieren). • Die SuS beziehen die Redewendung auf den interkonfessionellen Dialog und formulieren Regeln für eine respektvolle Begegnung.		• Die vollständige Redensart lautet: „Urteile nie über einen anderen, bevor du nicht einen Mond lang in seinen Mokassins gegangen bist.“

	Thema/Inhalte und Lernschritte	Material	Kommentar
8	**Pussy Riots Marienbild und meine Begegnung mit Maria** • Abschließend wird erneut auf das „Punk-Gebet" von Pussy Riot Bezug genommen. • Die SuS haben alle erforderlichen Informationen entweder selbst erarbeitet oder von anderen Gruppen präsentiert bekommen, sodass sie in der Lage sind, aus konfessioneller Perspektive Argumente zu dem im „Punk-Gebet" entworfenen Marienbild zu nennen und selbst Stellung zu beziehen: Wie habe ich mich Maria angenähert, wie hat sie sich mir gezeigt, was nehme ich aus der Begegnung mit, was lasse ich dort, was ist sie für mich (geworden), was ist sie für mich nicht (geworden)? • Abschließend schreiben die SuS eine Video-/Musik-Kritik zu Pussy Riots „Punk-Gebet", in der eigene und konfessionelle Akzente zum Tragen kommen.	M 1	

5. Weiterführende Anregungen

- Vergleich verschiedener Vertonungen des Ave Maria, z. B. von *E Nomine* oder *Beyoncé*
- Vergleich des Magnificats mit dem Lied „Wünsch' dir was" von der Musikband *Die Toten Hosen*
- kritische Analyse und Vergleich der beiden Videoclips der Katholischen und Evangelischen Kirche zu Maria, zu finden unter „Katholisch für Anfänger" (vgl. www.katholisch.de) und „E wie evangelisch" (vgl. www.ekd.de).

6. Verwendete Literatur

Grundschule Religion 31: Spurensuche nach dem Heiligen, Velber 2010.

Heimbrock, Hans-Günter, Begegnung und Antwort – Eine Skizze dialogischer Religionspädagogik, in: ZPT 2/2006, 180–191.

Kirchenleitung der VELKD (Hg.), Evangelischer Erwachsenenkatechismus: suchen – glauben – leben, 8. neu bearbeitete und ergänzte Aufl., Gütersloh 2010.

Obst, Gabriele, Kompetenzorientiertes Lehren und Lernen im Religionsunterricht, 3. aktualisierte Aufl., Göttingen 2010.

Pemsel-Maier, Sabine, Grundbegriffe der Dogmatik (Reihe: 99 Wörter Theologie konkret), München 2003.

Schäfers, Claudia, Art. Maria, Marienverehrung, in: LexRP 2 (2001), 1290–1294.

Schülerduden, Religion und Ethik. Herausgegeben und bearbeitet von der Redaktion Schule und Lernen, Mannheim 2005.

Seidel, Thomas A./Schacht, Ulrich (Hg.), Maria. Evangelisch, Leipzig 2011.

Sölle, Dorothee u. a., Große Frauen der Bibel in Bild und Text, Freiburg 1993.

Steffensky, Fulbert, Heimat verdummt, wenn man nur eine hat! Wie können die Konfessionen voneinander lernen?, in: E. Bizer u. a. (Hg.), Lernen durch Begegnung (JRP 21), Neukirchen-Vluyn 2005, 69–72.

7. Materialien

[siehe M 1–M 12]

Das „Punk-Gebet" der Band Pussy Riot

Am 21. Februar 2012 protestierte die Band Pussy Riot vermummt mit Strickmasken in der Moskauer Christ-Erlöser-Kathedrale mit ihrem „Punk-Gebet" gegen Wladimir Putin und den Patriarchen der Russisch-Orthodoxen Kirche Kyrill I. Daraufhin wurden zwei Musikerinnen wegen „Rowdytums" und Anstiftung zu religiösem Hass zu zwei Jahren Gefängnis verurteilt. Im Rahmen eines vom russischen Parlament verabschiedeten Amnestiegesetzes kamen die Musikerinnen Nadeschda Tolokonnikowa und Maria Aljochina im Dezember 2013 vorzeitig aus dem Straflager frei.

Punk-Gebet

Mutter Gottes, du Jungfrau, vertreibe Putin! Vertreibe Putin, vertreibe Putin!

Schwarzer Priesterrock, goldene Schulterklappen,
Alle Pfarrkinder kriechen zur Verbeugung,
Das Gespenst der Freiheit im Himmel
Homosexuelle werden in Ketten nach Sibirien geschickt.

Der KGB-Chef ist euer oberster Heiliger,
Er steckt die Demonstranten ins Gefängnis.
Um den Heiligsten nicht zu betrüben,
Müssen Frauen gebären und lieben.

Göttlicher Dreck, Dreck, Dreck! Göttlicher Dreck, Dreck, Dreck!

Mutter Gottes, du Jungfrau, werde Feministin,
Werde Feministin, werde Feministin!

Kirchlicher Lobgesang für die verfaulten Führer,
Kreuzzug aus schwarzen Limousinen.
In die Schule kommt der Pfarrer,
Geh zum Unterricht, bring ihm Geld.

Der Patriarch glaubt an Putin.
Besser sollte er, der Hund, an Gott glauben.
Der Gürtel der Seligen Jungfrau ersetzt keine Demonstrationen,
Die Jungfrau Maria ist bei den Protesten mit uns!

Mutter Gottes, du Jungfrau, vertreibe Putin! Vertreibe Putin, vertreibe Putin!

Pussy Riot, Punk-Gebet

Darf man so über bzw. mit Maria sprechen? Sammelt Argumente aus der Perspektive beider Konfessionen. Nehmt dann eigenständig Stellung zu dem Marienbild, das in dem „Punk-Gebet" von Pussy Riot zum Ausdruck kommt.

M 2

AVE MARIA, katholisch

Gegrüßet seist du, Maria, voll der Gnade.
Der Herr ist mit dir.
Du bist gebenedeit unter den Frauen,
und gebenedeit ist die Frucht deines Leibes, Jesus.

Heilige Maria, Mutter Gottes,
bitte für uns Sünder,
jetzt und in der Stunde unseres Todes. Amen.

Katechismus der Katholischen Kirche. Kompendium, Pattloch, München 2005, S. 214.

AVE MARIA, evangelisch

Gegrüßet seist du, Maria, voll der Gnade.
Der Herr ist mit dir.
Du bist gebenedeit unter den Frauen,
und gebenedeit ist die Frucht deines Leibes, Jesus.

Heilige Maria, Mutter Gottes, du Seelenbraut,
mit dir bitten wir Sünder,
um Gottes Kraft,
jetzt und in der Stunde unseres Todes. Amen.

Zitiert nach Seidel/Schacht (Hg.), Maria. Evangelisch, Evangelische Verlagsanstalt, Leipzig 2011, S. 40.

M 3

Artikel „Maria“ aus dem Schülerduden

Maria [von hebräisch Mirjam]: die Mutter Jesu Christi, im kirchlichen Sprachgebrauch auch Mutter Gottes (italienisch Madonna). Die wenigen historischen Angaben über Maria im Neuen Testament zeigen sie als Frau des Joseph aus Nazareth (Lk 2,4f.).
Das Matthäusevangelium erzählt von der Empfängnis Jesu „durch das Wirken des Heiligen Geistes“ und von Maria Jungfräulichkeit bis zur Geburt. Im Lukasevangelium finden sich Einzelheiten wie ihr Besuch bei Elisabeth, der Mutter Johannes' des Täufers. Im Johannesevangelium ist nur von der Mutter Jesu ohne Nennung des Namens die Rede.
Dem Neuen Testament zufolge hatte Maria zunächst wenig Verständnis für das öffentliche Auftreten Jesu; sie war aber bei der Kreuzigung dabei und gehörte nach seinem Tod zur christlichen Gemeinde.
Die reiche legendarische Ausgestaltung ihres Lebens erfolgte u. a. durch die Apokryphen; sie steht in enger Verbindung zur Marienverehrung. Im Koran wird Maria (Marjam) als Mutter Isas (Jesus) mehrfach erwähnt. Die 19. Sure schildert ihre Erwählung und bestätigt die Jungfrauengeburt.

Schülerduden. Religion und Ethik. Herausgegeben und bearbeitet von der Redaktion Schule und Lernen, Mannheim 2005, S. 218–219.

Die Bedeutung Marias für katholische und evangelische Christen

„Siehe, von nun an werden mich seligpreisen alle Kindeskinder“, jubelt Maria.
Was heißt es, Maria, die niedrige Magd, seligpreisen?
Es kann nichts anderes heißen, als das Wunder Gottes, das an ihr geschah, staunend anbeten;
an ihr ersehen, dass Gott das Niedrige ansieht und erhöht,
dass Gottes Kommen in diese Welt nicht die Höhen, sondern die Tiefen aufsucht,
dass Gottes Herrlichkeit darin besteht, das Geringe groß zu machen.

Maria seligpreisen heißt nicht, ihr Altäre bauen,
sondern mit ihr den Gott anbeten, der „große Dinge tut und dessen Name heilig ist“.
Maria seligpreisen heißt, mit ihr wissen,
dass „Gottes Barmherzigkeit währet für und für bei denen, die ihn fürchten“.

Maria seligpreisen heißt, mit ihr Gottes Wegen staunend nachsehen und nachdenken,
der seinen Geist wehen lässt, wo er will;
heißt, ihm gehorchen und mit Maria demütig sprechen:
„Mir geschehe, wie du gesagt hast.“

Dietrich Bonhoeffer, ev. Theologe (1906 – 1945)

Zitiert nach Seidel/Schacht (Hg.), Maria. Evangelisch, 5. Dietrich Bonhoeffer Werke, 17 Bde. u. 2 Erg.-Bde., Bd. 13, London 1933 – 1935, Gütersloher Verlagshaus, Gütersloh 1994.

Die Lehre vom Gottsein Jesu würde nicht angetastet,
wenn Jesus aus einer normalen menschlichen Ehe hervorgegangen wäre.

Joseph Ratzinger – Benedikt XVI. (Papst von 2005 – 2013)

Ratzinger, Joseph, Einführung in das Christentum. Vorlesungen über das Apostolische Glaubensbekenntnis, Kösel, München 1968, S. 225.

M 4

Evangelischer Erwachsenenkatechismus (Auszug):

Maria gehört als die Mutter Jesu in das Evangelium und ist keineswegs nur „katholisch". Das Neue Testament zeichnet die Nähe Marias zu Jesus mit menschlichem Realismus, verschweigt jedoch auch den Abstand zwischen beiden nicht. [...] Im Ringen um das Bekenntnis zu Jesus Christus hat die Alte Kirche sich auch mit der Mutter Jesu befasst. Um den Glauben an Jesus Christus als wahren Gott und wahren Menschen zu bekennen, hat sie die heilsgeschichtliche Stellung Marias mit dem Titel „Gottesgebärerin" (griech.: „theotokos") zum Ausdruck gebracht und sie als Mutter des Erlösers verehrt. Nachdem im Laufe des Mittelalters diese Verehrung so ausufernd war, dass sie das Vertrauen auf Jesus Christus bedrohte, haben die Reformatoren übertriebene Formen der Marienverehrung abgelehnt und betont, dass Jesus Christus der einzige Mittler zwischen Gott und den Menschen ist. Zugleich haben sie das Bekenntnis zu Maria als der Mutter Jesu und als Vorbild im Glauben bekräftigt.

Brumer, Andreas u.a. (Hg.), Evangelischer Erwachsenenkatechismus: suchen – glauben – leben, 8. neu bearbeitete und ergänzte Aufl. VELKD; Gütersloher Verlagshaus, Gütersloh 2010, S. 274f. © Random House.

Sabine Pemsel-Maier (katholische Theologin):

Maria als Glaubensgestalt war und ist nicht nur Gegenstand der theologischen Reflexion, sondern ebenso der konkret-praktisch gelebten Frömmigkeit und der Verehrung – nicht Anbetung. Die Art und Weise dieser Verehrung hat sich durch die Geschichte hindurch immer wieder gewandelt und ist auch ein Spiegel der jeweiligen Bedürfnisse der Glaubenden. Neben Wärme und emotionaler Zuwendung suchen Menschen bei ihr Schutz und persönliche Fürsprache bei Gott, wobei ihr oftmals besondere Barmherzigkeit gegenüber der „Gerechtigkeit" Gottvaters zugeschrieben wurde. Einerseits verkörperte Maria dabei die „Menschlichkeit" des Glaubens, gerade in ihrer Rolle als Mutter; viele fühlten sich ihr näher als dem so unendlich entfernt und transzendent erscheinenden Gott und auch Jesus Christus. Andererseits drohte in bestimmten Epochen die Menschlichkeit Marias in den Hintergrund zu treten und sie selbst göttliche Züge anzunehmen oder in ihrer Heilsbedeutsamkeit Jesus Christus gleichgestellt zu werden. Insbesondere das 19. Jahrhundert, das eine ausgeprägte Marienverehrung betrieb, war nicht frei davon. Auch heute gibt es in der Volksfrömmigkeit Formen der Marienverehrung, die theologisch nicht angemessen sind. Das Zweite Vatikanum hat hier klar Position bezogen, indem es Maria vor allem im Blick auf ihren Glauben und ihre Bedeutung für die Kirche in den Blick nimmt.

Pemsel-Maier, Sabine, Grundbegriffe der Dogmatik, Don Bosco, München 2003, S. 166f.

Monika Funke Stern: AVE-SMS (Verkündigung, 2007)

M 6

Das Magnificat (Lk 1,46–55)

Und Maria sprach: Meine Seele erhebt den Herrn,
und mein Geist freut sich Gottes, meines Heilandes;
denn er hat die Niedrigkeit seiner Magd angesehen. Siehe, von nun an werden mich seligpreisen alle Kindeskinder.
Denn er hat große Dinge an mir getan, der da mächtig ist und dessen Name heilig ist.
Und seine Barmherzigkeit währt von Geschlecht zu Geschlecht bei denen, die ihn fürchten.
Er übt Gewalt mit seinem Arm und zerstreut, die hoffärtig sind in ihres Herzens Sinn.
Er stößt die Gewaltigen vom Thron und erhebt die Niedrigen.
Die Hungrigen füllt er mit Gütern und lässt die Reichen leer ausgehen.
Er gedenkt der Barmherzigkeit und hilft seinem Diener Israel auf,
wie er geredet hat zu unsern Vätern, Abraham und seinen Kindern in Ewigkeit.
(Lutherbibel 1984)

Da sagte Maria: Meine Seele preist die Größe des Herrn,
und mein Geist jubelt über Gott, meinen Retter.
Denn auf die Niedrigkeit seiner Magd hat er geschaut. Siehe, von nun an preisen mich selig alle Geschlechter.
Denn der Mächtige hat Großes an mir getan und sein Name ist heilig.
Er erbarmt sich von Geschlecht zu Geschlecht über alle, die ihn fürchten.
Er vollbringt mit seinem Arm machtvolle Taten: Er zerstreut, die im Herzen voll Hochmut sind;
er stürzt die Mächtigen vom Thron und erhöht die Niedrigen.
Die Hungernden beschenkt er mit seinen Gaben und lässt die Reichen leer ausgehen.
Er nimmt sich seines Knechtes Israel an und denkt an sein Erbarmen,
das er unsern Vätern verheißen hat, Abraham und seinen Nachkommen auf ewig.
(Einheitsübersetzung der Heiligen Schrift)

Da begann Maria, Gott zu loben: „Von ganzem Herzen preise ich den Herrn.
Ich bin glücklich über Gott, meinen Retter.
Mich, die ich gering und unbedeutend bin, hat er zu Großem berufen. Zu allen Zeiten wird man mich glücklich preisen,
denn Gott hat große Dinge an mir getan, er, der mächtig und heilig ist!
Die Barmherzigkeit des Herrn bleibt für immer und ewig, sie gilt allen Menschen, die ihn ehren.
Er streckt seinen starken Arm aus und fegt die Hochmütigen mit ihren stolzen Plänen hinweg.
Er stürzt Herrscher von ihrem Thron, und Unterdrückte richtet er auf.
Die Hungrigen beschenkt er mit Gütern, und die Reichen schickt er mit leeren Händen weg.
Seine Barmherzigkeit hat er uns, seinen Dienern, zugesagt, ja, er wird seinem Volk Israel helfen.
Er hat es unseren Vorfahren versprochen, Abraham und seinen Nachkommen hat er es für immer zugesagt.“
(Hoffnung für alle)

M7

Martin Luther: Mariengebet

O du selige Jungfrau und Mutter Gottes,
wie bist du so gar nichts,
gering und verachtet gewesen.
Und Gott hat dich doch so überaus gnädig
und freigebig angesehen
und große Dinge in dir gewirkt.
Du bist von ihnen keines je würdig gewesen.
Und die reiche, überschwängliche Gnade Gottes in dir
ist über alle deine Verdienste weit und hoch.
O wohl dir!
Selig bist du von der Stunde an bis in Ewigkeit,
die du einen solchen Gott gefunden hast!

Luther, Martin, Das Magnificat, verdeutscht und ausgelegt, 1521, WA 7; S. 544–604. Zitiert nach Seidel/Schacht (Hg.), Maria. Evangelisch, Evangelische Verlagsanstalt, Leipzig 2011, S. 211.

M8

Kurt Marti: und maria sang

[...]

2. und maria konnte kaum lesen
und maria konnte kaum schreiben
und maria durfte nicht singen
noch reden im bethaus der juden
wo die männer dem mann-gott dienen
dafür aber sang sie
ihrem ältesten sohn
dafür aber sang sie
den töchtern den anderen söhnen
von der großen gnade und ihrem
heiligen umsturz

3. dennoch
erschrak sie
am tage
da jesus die werkstatt
und ihre familie verließ
um im namen gottes
und mit dem feuer des täufers
ihren gesang
zu leben

4. und dann
ach dann
bestätigten sich
alle ängste
aufs schlimmste:
versteinert stand sie
und sprachlos
als jesus
am galgen
vergeblich
nach gott schrie

5. später viel später
blickte maria
ratlos von den altären
auf die sie
gestellt worden war
und sie glaubte
an eine verwechslung
als sie
– die vielfache mutter –
zur jungfrau
hochgelobt wurde

und sie bangte
um ihren verstand
als immer mehr leute
auf die knie fielen
vor ihr

und angst
zerpresste ihr herz
je inniger sie
– eine machtlose frau –
angefleht wurde
um hilfe um wunder

am tiefsten
verstörte sie aber
der blasphemische kniefall
von potentaten und schergen
gegen die sie doch einst
gesungen hatte voll hoffnung [...]

Marti, Kurt, Abendland: Gedichte, Luchterhand, Darmstadt und Neuwied 1984.

M 9

Dorothee Sölle: Magnificat

Es steht geschrieben, dass Maria sagte:
meine seele erhebt den herren
und mein geist freut sich gottes meines heilandes
denn er hat die niedrigkeit seiner magd angesehen
siehe von nun an werden mich seligpreisen alle
kindeskinder

heute sagen wir das so:
meine seele sieht das land der freiheit
und mein geist wird aus der verängstigung herauskommen
die leeren gesichter der frauen werden mit leben erfüllt
und wir werden menschen werden
von generationen vor uns, den geopferten, erwartet

Es steht geschrieben, dass Maria sagte:
denn er hat große dinge an mir getan, der da mächtig ist
und dessen name heilig ist
und seine barmherzigkeit währt von geschlecht zu
geschlecht

heute sagen wir das so:
die große veränderung, die an uns und durch uns geschieht
wird mit allen geschehen – oder sie bleibt aus
barmherzigkeit wird geübt werden, wenn die abhängigen
das vertane leben aufgeben können
und lernen selber zu leben

Es steht geschrieben, dass Maria sagte:
er übt macht mit seinem arm und zerstreut
die hochmütigen
er stößt die gewaltigen von ihren thronen
und die getretenen richtet er auf

heute sagen wir das so:
wir werden unsere besitzer enteignen und über die,
die das weibliche wesen kennen,
werden wir zu lachen kriegen
die herrschaft der männchen über die weibchen wird
ein ende nehmen
aus objekten werden subjekte werden
sie gewinnen ihr eigenes besseres recht

Es steht geschrieben, dass Maria sagte:
hungrige hat er mit gütern gefüllt
und die reichen leer hinweggeschickt
er denkt der barmherzigkeit und hat sich israels
seines knechts angenommen

heute sagen wir das so:
frauen werden zum mond fahren und in den parlamenten entscheiden
ihre wünsche nach selbstbestimmung werden in erfüllung gehen
und die sucht nach herrschaft wird leer bleiben
ihre ängste werden gegenstandslos werden
und die ausbeutung ein ende haben.

Sölle, Dorothee, Meditation über Lukas 1,46–55, in: Dies. u. a., Große Frauen der Bibel in Bild und Text, Herder, Freiburg 1993, S. 290.

Max Ernst: Die Jungfrau züchtigt das Jesuskind vor drei Zeugen: André Breton, Paul Éluard und dem Maler (1926)

M 11

Karl Caspar: Pietà (1911)

Karl Caspar, Pietà, 1911. Lithographie 35 x 42 cm

Marc Fromm: „Zwei Heilige“ (2007)

Klementine Berg/Heide Rosenow/Sabrina Steinmeier/Julia Tepe

Eine projektartige Lernsequenz zu Passion und Auferstehung (Jahrgänge 9 bis 10)

1. Kontext

Die Frage nach der Bedeutung des Leidens und Sterbens Jesu berührt das Zentrum des christlichen Glaubens an den gekreuzigten und auferstandenen Christus. Jesu Weg durch das Leiden hindurch zum neuen Leben ist Ausdruck der „Betroffenheit Gottes über das Leiden der Menschen" (H.-U. Wittwer) sowie Ausdruck der christlichen Hoffnung, dass die Erfahrung des Todes nicht das letztlich Bestimmende bleiben muss.
Aktuelle Untersuchungen zeigen, dass diese Kernaussagen christlichen Glaubens, insbesondere die Bedeutung des Kreuzestodes Jesu, für Jugendliche nur noch schwer zugänglich sind. Äußerungen wie „Warum stirbt Jesu so elendig am Kreuz? Was geht mich denn das Leiden dieses Mannes an?" machen die Schwierigkeiten der Schülerinnen und Schüler deutlich, einen Zugang zu einer persönlichen Auseinandersetzung mit der Passionsgeschichte und somit zu christologischen Kernaussagen zu finden.
Gründe für eine solche im Laufe der Schuljahre zunehmende „Verarmung des Nachdenkens über das Kreuzgeschehen" (Kraft/Roose 2011, 117) sind sicher in der Tatsache zu suchen, dass erlösungstheologische Deutungen des Kreuzesgeschehens entweder mit heranreifendem kritischen Bewusstsein nicht mehr ohne Weiteres hingenommen oder grundsätzlich als irrelevant für das eigene Leben erachtet werden (vgl. Wiedenroth-Gabler 2011, 48). Dennoch sind diese Deutungen in den Kerncurricula durchgängig als anzustrebende Kompetenz ausgewiesen (vgl. bspw. die niedersächsischen Kerncurricula für Katholische Religion in den Schuljahrgängen 5 bis 10 der Realschule, Hauptschule und Oberschule). Wie kann den Schülerinnen und Schülern also ein persönlicher Zugang zu der Frage nach der Bedeutung des Leidens und Sterbens Jesu für den christlichen Glauben ermöglicht werden?

Das vorliegende Unterrichtsvorhaben greift die alte christliche Tradition des Kreuzweg-Gehens auf. Die bis ins Mittelalter reichende, später katholischerseits weitergeführte Tradition des Kreuzweg-Gehens, seit 1958 vom Jugendkreuzweg mit dem Ziel konfessionelle Grenzen zu überwinden wieder aufgenommen und als ökumenischer Kreuzweg neu belebt, ermöglicht im Sinne einer Teilhabe das Mit-Fühlen und ggf. sogar das Mit-Leiden mit dem menschlichen Jesus. Das Gehen des Kreuzweges betrifft dabei den ganzen Menschen, es greift hinein in das Geschehen und führt zu einer ganzheitlichen Begegnung mit dem Leidensgeschehen, sodass auch eigene Leiderfahrungen erkannt und einbezogen werden. Das Mit-Erleben des Passionsweges, an dessen Ende nicht nur der Tod, sondern ein neuer Anfang steht, kann die Hoffnung auf das Mitgehen Gottes im Leid (Compassion) stärken, kann „Hoffnung, Kraft und Motivation vermitteln, [an] die Zukunft des Reiches Gottes zu glauben" (H.-U. Wittwer).
Welche besonderen Zugänge kann nun diese traditionelle, katholisch geprägte Frömmigkeitsform gerade Schülerinnen und Schülern im 9. bzw. 10. Schuljahrgang bieten? Im Mittelpunkt des Unterrichtsvorhabens steht eine handlungsorientierte, durch selbstständiges kreatives Arbeiten in Gruppen geprägte Projektphase, in der die Schülerinnen und Schüler in Anknüpfung an die katholische Kreuzwegtradition einzelne Kreuzwegstationen gestalten und in Form einer gemeinsam inszenierten Begehung elementar nacherleben. Im Sinne korrelativen Vorgehens wird der eigene Lebensweg zum Ausgangspunkt, sodass die Vergegenwärtigung der Leidensgeschichte Jesu eigene Leiderfahrungen (z. B. verlassen sein, verurteilt werden, ohnmächtig sein) entdecken und zum Ausdruck bringen lässt. Auf dem Wege persönlichen Erlebens setzen sich die Schülerinnen und Schüler auf elementare Weise mit der Frage nach der Bedeutung des Leidens Jesu auseinander und können eigene Vorstellungen von christlicher Hoffnung, die aus dem Glauben an die Auferstehung erwachsen, entwickeln und zum Ausdruck bringen. Somit liegt dem Unterrichtsvorhaben das religionsdidaktische Anliegen zugrunde, eine traditionelle, für die Glaubenspraxis von Schülerinnen und Schülern und Lehrkräften derzeit mehr und mehr bedeutungslos gewordene konfessionelle Ausdrucksform im Rahmen eines konfessionell-kooperati-

ven Religionsunterrichts neu zu entdecken und den Schülerinnen und Schülern der 9. bzw. 10. Jahrgangsstufe einen persönlichen Zugang zur Frage nach der christlichen Deutung des Leidens und Sterbens Jesu zu ermöglichen.

2. Lerngegenstände/Inhalte

- Symbol ‚Weg'
- Eigene Erfahrungen mit Freude und Leid
- Biblische Passionserzählungen
- Handlungsorientierte Projektarbeit: Gestaltung von Kreuzwegstationen
- Performative Inszenierung des Kreuzweges
- Kreuzwegtradition

3. Kompetenzerwerb

Im Hinblick auf die in den niedersächsischen Kerncurricula für die Realschule und die Oberschule ausgewiesenen Kompetenzen bietet die vorliegende Lernsequenz Lernmöglichkeiten bzgl. der inhaltlichen Bereiche „Nach Jesus Christus fragen" (ev./kath.) sowie „Nach dem Glauben und der Kirche fragen" (ev./kath.).[1]
Aus den NRW-Kernlehrplänen für die Realschule werden Kompetenzen aus den Inhaltsfeldern „Christlicher Glaube als Lebensorientierung" (ev.) sowie „Kirche und andere Formen religiöser Gemeinschaft" (ev.) bzw. „Jesus der Christus" (kath.) sowie „Kirche als Nachfolgegemeinschaft" (kath.) geschult.[2]

Im Einzelnen:

Übergeordnete bzw. prozessbezogene Kompetenzen

Die Schülerinnen und Schüler ...
- nehmen religiösen Traditionen, Strukturen und Elemente wahr und beschreiben sie (kath.),
- erkennen und beschreiben Situationen, in denen existenzielle Fragen des Lebens bedeutsam werden (kath./ev.),
- kennen, unterscheiden und deuten Grundformen religiöser Sprache sowie religiöser und kirchlicher Praxis (kath.),
- erschließen und deuten zentrale biblische Texte (kath./ev.),
- nehmen die Perspektive von Menschen in anderen Lebenssituationen und anderen religiösen Kontexten ein und setzen sie in Bezug zum eigenen Standpunkt (kath.),
- drücken Aspekte des christlichen Glaubens ästhetisch-künstlerisch aus (kath./ev.),
- übertragen biblische Texte durch kreative Gestaltung in die eigene Lebenswelt (kath./ev.),
- haben an Ausdrucksformen christlichen Glaubens erprobend teil und reflektieren ihren Gebrauch (ev.).

Inhaltsbezogene Kompetenzen

Die Schülerinnen und Schüler ...
- geben die Passionsgeschichte wieder und werten Tod und Auferstehung Jesu als zentrale Inhalte des katholischen/christlichen Glaubens (kath./ev.),
- analysieren/erörtern die Wirkung des Glaubens an das Leiden, den Tod und die Auferstehung Jesu Christi auf die Jünger und Christen bis in die Gegenwart (kath./ev.).

4. Struktur des Unterrichtsvorhabens

	Thema/Inhalte und Lernschritte	Material	Kommentar
1	**„Das Leben – ein Weg"** • Die SuS sitzen im Kreis, L legt Wegbilder aus, die SuS beschreiben diese. • L liest M 1 vor. • Die SuS notieren spontane Assoziationen und legen diese zu den Bildern. • Die SuS übertragen die auf den Bildern dargestellten Wege auf Lebenssituationen. • Mögliche L-Impulse: – Gibt es Momente in eurem Leben, die euch an einen geraden, sonnigen Weg erinnern? – In welchen Situationen seid ihr einen steinigen, unebenen oder dunklen Weg gegangen? • Die SuS setzen sich mit dem eigenen Lebensweg, mit Höhen und Tiefen intensiv auseinander, indem sie ihn bildlich gestalten.	Wegbilder nach Belieben, z. B. Fotos, Postkarten **M 1**	• deutlich unterscheidbare Wegedarstellungen (helle, dunkle, gerade, steinige, Weggabelungen etc.)

[1] Vgl. NI-KC ObS Ev. Religion (S. 22 f., 26 f.) bzw. Kath. Religion (S. 20, 22) sowie entsprechend in den Kerncurricula zur RS.
[2] Vgl. NRW-KLP RS Ev. Religion (S. 29 f., 32 f.) bzw. Kath. Religion (S. 27 ff.).

	Thema/Inhalte und Lernschritte	Material	Kommentar
2	**„Der Weg Jesu – ein besonderer Weg?"** ● Anhand von Bildmaterial, M 2 und den entsprechenden Bibeltexten wiederholen die SuS in Form einer arbeitsteiligen GA die Passionsgeschichte selbstständig. ● Verteilen der Materialien an die Gruppen ● Betrachten und Beschreiben des Bildes ● Finden passender Stichworte (Nomen) zum Bild (z. B. Verspottung) und Begründung der Wahl ● Zuordnung der Bilder und Begriffe an der Tafel ● Zuordnung der Bibeltexte und gemeinsames Festlegen der Reihenfolge ● gemeinsame Formulierung einer Überschrift ● Ergebnis: Die SuS beschreiben inhaltlich den Leidensweg Jesu. ● L präsentiert ein Plakat vom Jugendkreuzweg. ● Die SuS äußern allgemeines Vorwissen zu Kreuzwegen.	Kreuzwegbilder (DIN A4) **M 2** Papierstreifen, Kreuzwegbilder in Plakatgröße z. B. vom JKW 2011	● Auswahl der Bilder/Stationen je nach Lerngruppe, sie sollten jedoch stets Anknüpfungspunkte zum Leben der SuS haben ● Siehe S. 90, Abschnitt 5 zu Arbeitsmaterialien/Bildern und Textauswahl. ● Die Texte dienen zugleich als qualitative Differenzierung für die Sortierung der Bilder.
3	**Projektarbeit: Gestaltung der Kreuzwegstationen** ● L stellt Verlauf und Ziel der Projektphase vor. ● Die SuS finden sich in Gruppen zusammen. ● Verteilen von M 3 ● Die SuS arbeiten selbstständig und eigenverantwortlich in ihren Gruppen: – erneute Betrachtung und Besprechung des Bildes, – Nachstellung der Szene (Standbild oder Rollenspiel), – Übertragung der Szene auf das Leben der SuS, – Planung und Gestaltung der Station, sodass diese von den Mitschülern „erlebt" werden kann, – Schreiben eines Elfchens zur Station.	**M 3**	● Materialien zur Gestaltung der Stationen sollten vornehmlich von den SuS selbst besorgt werden, um durch die Vorgabe die Ideen der SuS nicht zu steuern. Je nach Lerngruppe kann L jedoch mögliche Materialien bereithalten.
4	**„(Kreuz-)Wege gehen"** ● Aufbau der Stationen durch die SuS ● gemeinsames Begehen des Kreuzweges (die Gruppen übernehmen die Gestaltung ihrer jeweiligen Station) ● mögliche SuS-Ergebnisse: Inszenierungen zu den einzelnen Kreuzwegstationen, Standbilder, szenische Darstellungen o. Ä. Beispiele: – *Station 3*: Gehen einer Strecke mit einem Rucksack, gefüllt mit schweren Steinen – *Station 5*: Mitschüler unterstützt den Gehenden, holt Steine aus dem Rucksack und legt sie auf den zurückliegenden Weg. Steine sind mit Schlagworten beschriftet (Angst, schlechte Noten, Mobbing, Tod eines Nahestehenden, Leistungsdruck, Streit …). ● Beschreibung der Eindrücke und Erfahrungen bei der Kreuzwegbegehung		● Bei der Inszenierung des Kreuzweges sollte in Absprache mit den SuS ausreichend Platz zur Verfügung stehen (Flure, Pausenhalle, Schulhof …). ● Blitzlichtrunde
5	**„Mein Weg – Sein Weg – Unser Weg?"** ● persönliche Auseinandersetzung mit der Kreuzweggestaltung/ Verknüpfung mit dem eigenen Lebensweg ● Verteilen von M 4 ● Formulieren persönlicher Gedanken und Gefühle zu einzelnen Stationen und Verknüpfung mit dem eigenen Leben ● Austausch in Kleingruppen über Gedanken und Gefühle zu einzelnen Stationen ● Hausaufgabe: Interview zum Thema Kreuzweg (M 5)	**M 4** **M 5**	● Der persönlich gestaltete Lebensweg kann hier als Hilfe genutzt werden. ● Die Gruppenbildung sollte an dieser Stelle sympathiegeleitet erfolgen, um den SuS einen persönlichen Austausch zu ermöglichen.

	Thema/Inhalte und Lernschritte	Material	Kommentar
6	**„Auf den Spuren der Tradition des Kreuzweges“** • gemeinsamer Austausch • Mögliche L-Impulse: – Welche Station des Leidensweges Jesu hat dich besonders berührt? Warum? – Welche Station von unserem Kreuzweg hat dich besonders berührt? Warum? – Was nimmst du für dich persönlich aus unserem Kreuzweg-Projekt mit? – Könntest du dir vorstellen, noch einmal einen Kreuzweg zu gehen? Begründe. – Was weißt du über Kreuzwege? – Warum gehen Menschen einen Kreuzweg? • Präsentation eines Zeitungsartikels mit anschließendem kurzen UG • Möglicher L-Impuls: Fast 150 Jugendliche sind diesen Kreuzweg gemeinsam gegangen! Welche Gründe könnten sie haben? • Vorstellen und Beurteilen der Interview-Ergebnisse in Gruppen und schließlich im Plenum • Mögliche Ergebnisse: Die SuS erkennen, – dass nur noch wenigen und vornehmlich älteren Menschen die Kreuzwegtradition bekannt ist. – dass es konfessionelle Unterschiede gibt. • Erarbeitung eines Sachtextes zur Kreuzwegtradition • abschließendes UG	z. B. **M 6** **M 7**	• z. B. Kugellager-Methode • Der Zeitungsartikel sollte möglichst einen regionalen Bezug aufweisen.
7	**Möglichkeiten zur Weiterarbeit** • Kreuzwegbegehung mit anderen Klassen unter Anleitung der SuS • Gestaltung von Plakaten, die den Leidensweg Jesu und den eigenen Kreuzweg veranschaulichen (bspw. mit Bildern und Fotos vom Kreuzweg der SuS, mit den Elfchen …) • Präsentation/Ausstellung des Kreuzweges (der Plakate) in der Schule/in der Kirche mit Kreuzwegabbildungen • Besuch einer katholischen Kirche • Aufsuchen eines Kreuzweges in der Umgebung		

5. Weiterführende Anregungen

Die Gestaltung ausgewählter Stationen des traditionellen Kreuzweges (s. Baustein 2) bleibt der freien Auswahl der Lehrerinnen und Lehrer überlassen. Die folgende Bildauswahl bzw. der Hinweis auf entsprechende Zusatztexte soll deshalb ein Vorschlag für eine mögliche Umsetzung sein oder als Anregung für eine individuelle Ausgestaltung dienen.

Kreuzweg-station	Titel	Bild
1	Einzug in Jerusalem	„Prolog: Aus seiner Sicht – Jerusalem" (JKW 2011)[1]
2	Verurteilung – Spott und Hohn	„1. Station: Aus seiner Sicht – Ölberg" (JKW 2011)
3	Jesus trägt das Kreuz	„Jesus nimmt das Kreuz" (Sieger Köder)[2]
4	Jesus fällt unter dem Kreuz	„Jesus fällt zum dritten Mal unter dem Kreuz" (Sieger Köder)
5	Simon von Cyrene hilft Jesus, das Kreuz zu tragen	„Simon von Cyrene" (Sieger Köder)
6	Kreuzigung	„4. Station: Aus seiner Sicht – Kreuzigung" (JKW 2011)
7	Auferstehung	„Emmaus" (Janet Brooks-Gerloff)

Eine umfassende Textauswahl bietet ein Kreuzwegprojekt aus der Lernwerkstatt des RPI Loccum, dokumentiert unter: www.rpi-loccum.de/material/lernwerkstatt/vorangegangene-ausstellungen/lwst_Passion (10.10.14).

6. Verwendete Literatur

Aus seiner Sicht. Ökumenischer Kreuzweg der Jugend 2011 (unter: www.jugendkreuzweg-online.de, 31.07.14).

Böhme, Edith/Fricke, Claudia, David, ein Mensch vor Gott. Arbeitshilfen zum Umgang mit religiösen Symbolen und Bildern in der Sekundarstufe I, Donauwörth 2005.

Kraft, Friedhelm/Roose, Hanna, Von Jesus Christus reden im Religionsunterricht, Göttingen 2011.

Wiedenroth-Gabler, Ingrid, „Können Kreuz und Auferstehung auf Christus hin deuten?" Kompetenzanforderungen im Religionsunterricht kritisch überprüft, in: Braunschweiger Beiträge für Theorie und Praxis von RU und KU, H. 1/2011, 46–52.

Wittwer, Hans-Ulrich, Kreuz und Kreuzweg. Projekte in BBS und KU/Zur Geschichte und Theologie von Kreuzwegen (unter: www.aro-aurich.de/aro/kreuzwege, 10.10.14).

7. Materialien

[siehe M 1–M 7]

[1] Aus seiner Sicht. Ökumenischer Kreuzweg der Jugend 2011 (unter: www.jugendkreuzweg-online.de, 31.07.14).
[2] Aus dem „Bensberger Kreuzweg" von Sieger Köder (vgl. www.nikolaus-und-joseph.de, 10.10.14).

M 1

Wege

In unserem Leben gehen wir viele Wege mit unterschiedlichen Zielen.

Wir gehen Hinwege und Rückwege, manchmal entscheiden wir uns für Umwege, geraten auf Irrwege und finden vielleicht doch einen Ausweg.

Am besten kommen wir auf breit ausgebauten Straßen vorwärts, doch manchmal bevorzugen wir verschlungene, geheimnisvolle Pfade.

Ein anderes Mal möchten wir träumen und wählen einen Weg durch den grünen Wald, entlang an einem plätschernden Bach oder schlendern über eine blühende Sommerwiese.
Dann wieder ist unser Weg gefährlich. Er führt durch einsame Gegenden, entlang an tiefen Schluchten, ein Weg, auf dem wir uns verlassen und allein fühlen, den wir am liebsten vermeiden möchten. Doch treffen wir auf einen Freund oder eine Freundin, fällt uns das Vorwärtskommen leichter. Wir fühlen uns unterstützt und bestärkt.

Jeder Mensch, ob groß oder klein, geht seinen eigenen Lebensweg – oft einen wechselvollen Weg. Mal ist er steinig und verschlungen, wir stoßen auf Hindernisse, Nebel verschleiert unsere Sicht, ein anderes Mal zeigt er sich sonnig und führt an bunten Blumen vorbei. Manchmal kommen wir auch an eine Weggabelung, dann müssen wir uns entscheiden: Welche Richtung sollen wir einschlagen? Wohin führt mein Weg?

Böhme, Edith/Fricke, Claudia, David, ein Mensch vor Gott. Arbeitshilfen zum Umgang mit religiösen Symbolen und Bildern in der Sekundarstufe I, Donauwörth 2005, S. 18 © AAP.

M 2

Der Weg Jesu – ein besonderer Weg?

1. Betrachtet gemeinsam euer Bild und beschreibt es.

2. Nennt eure Eindrücke zu dem Bild und haltet sie in Form passender Nomen auf einem Papierstreifen schriftlich fest.

3. Tauscht euch über eure Wahl aus, indem ihr Begründungen nennt.

M 3

Projekt: Unser Kreuzweg

Das Ziel unseres Projekts soll es sein, den Leidensweg Jesu – seinen Kreuzweg – für uns heute erfahrbar zu machen.
Durch die Übertragung ausgewählter Stationen des Kreuzweges in die heutige Zeit soll es uns erleichtert werden, den Weg Jesu (nach-) zu gehen und (nach-) zu empfinden, wie sich Jesus vermutlich dabei gefühlt hat, um die Passionsgeschichte besser zu verstehen.

- Betrachtet zunächst noch einmal intensiv euer Bild und sprecht darüber.
- Stellt die Szene nach. Wie fühlen sich die einzelnen Personen? Findet passende Stichworte (möglichst Adjektive) und schreibt sie auf.
- Gibt es Situationen und Erfahrungen, die euch aus eurem Leben dazu einfallen?
- Gestaltet nun eure Kreuzwegstation so, dass eure Mitschülerinnen und Mitschüler sie selbst miterleben können. Ihr habt freie Hand bei der Auswahl der Materialien.
- Schreibt anschließend ein Elfchen zu eurer Station.

Mein Weg – Sein Weg – Unser Weg

Welche Kreuzwegstation(en) hat/haben dich besonders berührt? Wähle aus und ergänze.

	Station 1	Station 2	Station 3	Station 4	Station 5	Station 6	Station 7
Sein Weg – Der Kreuzweg Jesu	Einzug in Jerusalem	Verurteilung	Jesus trägt das Kreuz	Jesus fällt unter dem Kreuz	Simon von Cyrene hilft Jesus, das Kreuz zu tragen	Kreuzigung	Auferstehung
So hat Jesus sich vermutlich gefühlt.							
Unser Weg – Unser Kreuzweg	Geliebt sein – Gefeiert werden	Spott und Hohn	Jeder hat sein Kreuz zu tragen	Durchhalten	Ich bin nicht allein	Gewalt gegen die eigene Person	Ein neuer Anfang
So habe ich mich dabei gefühlt./ Das habe ich dabei gedacht.							
Mein Weg – Situationen in meinem Leben, in denen ich mich ähnlich gefühlt habe							

M 5

Kreuzweg? – Was? Wer? Wo? Warum?

Befragt Passanten auf der Straße zur Tradition des Kreuzweges. Folgender Leitfaden unterstützt euch dabei:

<table>
<tr><td colspan="2">Begrüßung – Vorstellung der eigenen Person – Erklärung des Vorhabens – Bitte um Erlaubnis, einige Fragen zum Thema Kreuzweg stellen zu dürfen</td></tr>
<tr><td colspan="2">Kennen Sie/Kennst du einen Kreuzweg?</td></tr>
<tr><td>Ja</td><td>Nein</td></tr>
<tr><td>Wo? Woher?</td><td rowspan="3">Haben Sie/Hast du eine Vermutung, was ein Kreuzweg sein könnte?</td></tr>
<tr><td>Warum gehen Ihrer/deiner Meinung nach Menschen einen Kreuzweg?</td></tr>
<tr><td>Sind Sie/Bist du selbst schon einmal einen Kreuzweg gegangen?</td></tr>
<tr><td>Gehören Sie/Gehörst du einer Konfession bzw. Kirchengemeinde an?

katholisch? ☐ evangelisch? ☐</td><td>Gehören Sie/Gehörst du einer Konfession bzw. Kirchengemeinde an?

katholisch? ☐ evangelisch? ☐</td></tr>
<tr><td>Wie alt sind Sie/bist du?</td><td>Wie alt sind Sie/bist du?</td></tr>
<tr><td colspan="2">Dank für die Zeit und Offenheit aussprechen – Verabschiedung</td></tr>
</table>

Fast 150 Jugendliche gehen ökumenischen Kreuzweg

Konfirmanden und Firmlinge erwandern Stationen des Leidens Christi

Fast 150 Konfirmanden und Firmlinge mit ihren Betreuern haben sich gemeinsam auf einen rund vierstündigen ökumenischen Kreuzweg begeben. Die Teilnehmer aus den katholischen Gemeinden Wetzlar sowie der evangelischen Kirchengemeinde Wetzlar und der Kirchengemeinde Oberbiel sind in der katholischen St. Markus-Kirche gestartet. Anhand von Bildern, die der Künstler Bernd Zimmer gestaltet hat, bedachten die Jugendlichen an acht Stationen das Leben und Sterben von Jesus Christus. Begrüßt wurden sie von Diakon Janusz Sojka von der St. Markus-Gemeinde. Er führte in die Bilder von Zimmer ein, die an Berliner U-Bahn-Stationen entstanden sind. Zunächst ging es um Dunkel und Lasten, später in der Heilig-Geist-Kirche um Hilfe und Klage. In der Klosterkirche auf dem Altenberg bedachten die Teilnehmer Texte und Bilder zu den Themen Würde und Verbrechen. Endstation war die Kirche in Oberbiel, wo auf die Jugendlichen ein Imbiss wartete. Auf ihrem Weg führten die Konfirmanden und Firmlinge ein über zwei Meter hohes Holzkreuz mit sich. Mehrere Regenschauer beeinträchtigten den Marsch.

Lothar Rühl; www.kirchenkreis-braunfels.de/ekkb_ekkw_archiv/2007/aktuell_2007/html/fast_150_jugendlichen_gehen_ok.html (10.10.14).

M 7

Auf den Spuren der Kreuzwegtradition

„Kreuzwege“ sind Stationen, die die Leidensgeschichte Jesu erzählen. Es gibt Kreuzwege in allerlei Formen und unterschiedlichen Alters. Oft sind sie mehrere Hundert Jahre alt und oftmals gemalt, geschnitzt oder in Stein gemeißelt. Neben dem traditionellen Kreuzweg lassen sich heute auch moderne Kreuzwege sowohl in Kirchenräumen als auch im Freien, z. B. in Parks oder entlang einer Straße, entdecken. Die Anzahl der Kreuzwegstationen variiert zwischen sieben oder vierzehn Stationen.

In den meisten katholischen Kirchen sind vierzehn Kreuzwegbilder an den Seitenwänden gut sichtbar angebracht. Mehr oder weniger kunstvoll stellen sie einzelne Szenen aus der Leidensgeschichte Jesu dar, angefangen von der Verurteilung durch Pilatus bis zur Grablegung. Während der Kreuzwegandacht gehen Gläubige einzeln oder in Gruppen durch die Kirche und bleiben vor jedem Bild stehen, sie machen „Station“, wie man sagt, und betrachten jede Szene im Gebet. Heute findet man die Bilder oder „Stationen“ oft eng nebeneinander gehängt. Manchmal wird der Kreuzweg überhaupt nur in der Kirchenbank sitzend oder kniend gebetet. Das war nicht immer so. Seinen Ursprung hat der Kreuzweg im religiösen Leben der Christen in Jerusalem. Diese machten sich schon im Altertum immer wieder auf den Weg, um betend und singend die Orte des Leidens und Sterbens ihres Herrn nachzugehen und dabei mitzuerleben.

Im frühen Mittelalter nahmen an diesen Prozessionen Pilger und Pilgerinnen aus dem Abendland teil. Später baute man für jene Christen, die nicht ins Heilige Land pilgern konnten, Kalvarienberge in ihrer Heimat oder richtete – gleichsam als Miniaturausgabe – Kreuzwegstationen in den Kirchen ein. Inhalt und Zahl der Stationen variierten im Lauf der Geschichte. Nach der Reformation wurden aus den evangelischen Kirchen die Darstellungen des Kreuzweges entfernt. Das Kreuzweg-Gehen blieb in den katholischen Gemeinden lebendig.

Diese Tradition des Kreuzweg-Gehens gerät heute bei den Christen mehr und mehr in Vergessenheit. Denn gerade heute ist es schwer zu verstehen, worin die Bedeutung des Anschauens und Nachempfindens der Darstellungen des Leidens Jesu liegen könnte.

Die Bilder des Kreuzweges zeigen uns eine dunkle Seite des Menschseins, die nicht heil, nicht von Schönheit und Erfolg geprägt ist. Sie zeigen, dass Jesus als Mensch leidet und dabei von Gott am Ende doch nicht verlassen wird. So fügen moderne Künstler dem Kreuzweg manchmal eine fünfzehnte Station, ein Auferstehungsbild, an.

Der ökumenische Kreuzweg der Jugend knüpft an diese lange Tradition an und führt sie weiter. Seit 1958 treffen sich jedes Jahr kurz vor dem Osterfest überall in Deutschland katholische und evangelische Jugendliche, um gemeinsam die Passion Jesu mit ihrem eigenen Leben in Verbindung zu bringen. Texte und eindrucksvolle Bilder zum Kreuzweg geben dabei gute Anregungen zum Nachdenken.

Der ökumenische Jugendkreuzweg möchte Grenzen überwinden; Grenzen der Konfessionen, die der Generationen, die der Gleichgültigkeit gegenüber dem Leiden in der Welt.
So unterschiedlich die Kreuzwege Jahr für Jahr sind – Intention ist immer, den Glauben für das eigene Leben zu erschließen. Aufzuzeigen: Das hat was mit mir zu tun.

Aber warum ökumenischer Kreuzweg? In der Zeit der Reformation kam es zur Stürmung von Bildern, genauer gesagt, die sich bildende Evangelische Kirche schaffte die meisten Bilder ab. Es kam dadurch nicht nur zu großen Verlusten an künstlerischem und kulturellem Gut, sondern – und dies erscheint für unsere heutige Zeit besonders bedeutsam – zum Verlust von Wegen, die es erlauben, Glaubensinhalte emotional und sinnlich begreifbar zu machen.

Beim Sturm auf katholische Kirchenräume wurden unter anderem auch die bildlichen Darstellungen des Kreuzweges zerstört und damit auch die Andacht des Kreuzweges aus der Erinnerung der evangelischen Christen gelöscht.

Umso wichtiger erscheint es heute, dass auch die evangelischen Kirchen und die gesamte Ökumene aus dem Schatz der verschiedenen christlichen Kirchen die Wege und Methoden wieder suchen und aufgreifen müssen, die den Christen helfen, die Geschichten Christi nicht nur intellektuell, sondern auch mit dem Herzen begreifbar und nachvollziehbar zu machen. – Wege, die wegführen vom kalten, sachlichen Verstand, hin zu Mitgefühl, Mitleid, Nächstenliebe. Wege, die auch die Sinne mit einschließen. Glaube wird ja nicht nur aus dem Verstand heraus gelebt, sondern soll auch tief eingegraben sein im menschlichen Herzen.

Texte in Teilen übernommen von bzw. angelehnt an www.jugendkreuzweg-online.de/kreuzweg/beschreibung/170-was-ist-denn-ein-jugendkreuzweg (Autor: Markus Hartmann © DBK), www.kreuzweg-ulm.de/geschichte.html (Kath. Pfarramt St. Andreas © Kreuzweg Ulm), www.sweet-dreamworld.de/kreuzweg.htm und www.oekumene2001.de/kreuzweg01.htm (Autor: Hermann Kopp © Ökumene 2001) (30.07.14).

Gruppenarbeit

1. Stellt in Stichworten die Anfänge und die Geschichte der Kreuzwegtradition dar.

2. Beschreibt, warum Menschen bis heute Kreuzwege begehen.

3. Erklärt, warum für viele evangelische Christen das Kreuzweg-Gehen etwas Neues bedeutet. Bezieht eure Befragungsergebnisse mit ein.

4. Informiert euch im Internet darüber, ob in eurer Stadt/eurer Gemeinde in diesem Jahr ein (ökumenischer) Jugendkreuzweg stattfindet.

Jutta Paeßens

Eine anthropologisch-ethische Lernsequenz (Jahrgänge 10 bis 12)

1. Kontext

Der Slogan „no future" ist nicht mehr angesagt unter den Jugendlichen. Medienberichte und Erzählungen von Computerspielnächten, gewaltbereiten jungen Menschen o. Ä. hinterlassen in der Gesellschaft oftmals den Eindruck, dass die Jugend nicht an die Zukunft denkt, sondern lediglich das Leben in vollen Zügen genießt. Dabei schließt das eine das andere nicht aus: Jugendliche genießen und machen sich durchaus intensive Gedanken über die eigene Zukunft und die der Welt. Was wird aus mir? Was wird aus meinem Umfeld? Was wird aus der Welt? Was die Zukunft bringt, wissen wir nicht – und das ist auch gut so. Trotzdem ergibt es Sinn, über unsere Zukunft ausgehend vom Bestand visionär nachzudenken, weil diese Überlegungen u. a. auch relevant sind für unsere aktuelle Lebensgestaltung (vgl. Gärtner 2013, 228). Die Schülerinnen und Schüler sollen sich in dieser Lernsequenz als Zukunftsforscher betätigen und über Zukunftspläne, Wertvorstellungen etc. für die Perspektive „Deutschland 2030" philosophierend nachdenken.

Neuere empirische Studien konstatieren beispielsweise unter den befragten Jugendlichen deutlich sinkende hedonistische Tendenzen, Gemeinschaftssinn und einen ansteigenden Stellenwert der Familie. 76 Prozent der Jugendlichen stellten laut Shell-Jugendstudie 2010 für sich fest, dass man eine Familie braucht, um sinnvoll und glücklich leben zu können. Dabei geht es nicht nur um die Hoffnung auf Gründung einer eigenen Familie, sondern auch um die Herkunftsfamilie. Diese biete gerade in Zeiten gestiegener Anforderungen in Schule, Ausbildung und den ersten Berufsjahren Rückhalt und emotionale Unterstützung.

Die Stärkung des Lebensmodells Familie ist ein Anliegen des im Juli 2013 erschienenen Positionspapiers der Evangelischen Kirche in Deutschland (EKD) „Zwischen Autonomie und Angewiesenheit. Familie als verlässliche Gemeinschaft". Dies gilt ebenso für die Rede Kardinal Kaspers über „Das Evangelium von der Familie" vor dem Konsistorium der Kardinäle am 21. Februar 2014. Die Aktualität – bezogen auch auf die Zukunftshoffnungen von Jugendlichen – und die katholischer- und evangelischerseits in der Öffentlichkeit intensiv geführte Diskussion sind Impulsgeber für den Planungsbaustein zum Zukunftstrend „Die neue Lust auf Familie". Gerade in diesem Baustein zeigt sich die Chance eines konfessionell-kooperativen Religionsunterrichtes, wenn es durch die Anlage des Lernprozesses gelingt, die konfessorische und konfessionelle Kompetenz der Lernenden zu schulen (vgl. Woppowa im vorliegenden Band, S. 12 f.). Sehr deutlich wird in diesem Beispiel die Notwendigkeit der Schulung der Positionierungs- und Entscheidungsfähigkeit in strittigen Fragen, die das eigene Leben und das der Gesellschaft betreffen, da es nicht *die* katholische und nicht *die* evangelische Position gibt. Hier gilt es, kundig zu werden in den lehramtlichen und biblischen Grundlagen zur Familie sowie auszugsweise in den aktuell vorgebrachten Diskussionsargumenten, um sich selbst begründet positionieren zu können. Umso mehr gilt dies bei einem solchen Thema, zu dem der EKD-Ratsvorsitzende Nikolaus Schneider bemerkt: „Wer über Familie schreibt, schreibt über Fragen, die die Menschen bis ins Tiefste treffen." (Zit. nach Foitzik 2013, 433.) Die schlagkräftigen Diskussionsbeiträge reichen von Vorwürfen der „Umcodierung der Ehe" (so der Titel bei Sievernich 2013), über die eher kulturpessimistische Verurteilung von „Beliebigkeit und Relativierung von Ehe und Familie" (Kardinal Meisner) bis hin zu einer konstruktiven Aufnahme der Orientierungshilfe: „Die in verbindlicher Vielfalt in der Bibel aufgehobenen Zeugnisse des gelebten Lebens vieler Menschen in vielen Zeiten und unter verschiedenen Bedingungen sind immer wieder darauf zu befragen, was sie je heute besagen. Darüber ist immer wieder und immer

neu zu diskutieren. In diesem Sinn ist die Orientierungshilfe ein der Bibel entsprechender Versuch, zu fragen, wie Familien in ihren vielfältigen Formen heute zu stärken sind und wie in ihnen zwischen Autonomie und Angewiesenheit ein menschenwürdiges Leben in Liebe, gegenseitiger und generationsübergreifender Verantwortung, Verlässlichkeit und Treue gestaltet werden kann.“ (Ebach 2013, 12)
Im Rahmen dieser Lernsequenz werden neben einzelnen Merkmalen des kompetenzorientierten Unterrichts – wie die Erhebung der Lernausgangslange oder die Anwendung des Gelernten – auch methodische Elemente eingeübt. Hier sei exemplarisch die strukturierte Kontroverse oder die kriteriengeleitete Stellungnahme genannt.

2. Lerngegenstände/Inhalte

- Zukunftsforschung
- Grundzüge des biblisch-christlichen Menschenbildes
- Christliche Zukunftshoffnung
- Vielfalt der Lebensformen – Beziehungsethik

3. Kompetenzerwerb

Im Hinblick auf die niedersächsischen Kerncurricula für den oberen Bereich der gymnasialen Sekundarstufe werden mit der vorliegenden Lernsequenz in erster Linie Kompetenzen aus den Bereichen „Das Handeln des Menschen in der Verantwortung vor sich, vor den Mitmenschen und vor Gott (Ethik)“ (kath.) bzw. „Ethik“ (ev.) geschult. Darüber hinaus werden beispielsweise auch Kompetenzen aus dem der gymnasialen Oberstufe zugeordneten Bereich „Der Mensch – berufen zu Freiheit und Hoffnung“ (kath.) oder „Christliche Ethik vor den Herausforderungen der Gegenwart“ (kath.) angesprochen. Vernetzungen zur Reich-Gottes-Botschaft (Christologie) und zum Selbstverständnis der Kirche (Ekklesiologie) sind ebenfalls gut möglich.[1]
Aus den NRW-Kernlehrplänen werden damit Kompetenzen aus den Inhaltsfeldern „Entwicklung einer eigenen religiösen Identität“ (ev.) bzw. „Menschsein in Freiheit und Verantwortung“ (kath.) sowie für die gymnasiale Oberstufe „Der Mensch in christlicher Perspektive“ (kath./ev.) berührt.[2]

Im Einzelnen:

Übergeordnete bzw. prozessbezogene Kompetenzen

Die Schülerinnen und Schüler ...
- beschreiben Situationen, in denen existenzielle Fragen des Lebens auftreten (kath./ev.),
- nehmen einen eigenen Standpunkt zu religiösen und ethischen Fragen ein und vertreten diesen begründet (kath./ev.).

Inhaltsbezogene Kompetenzen

Die Schülerinnen und Schüler ...
- deuten die biblischen Erzählungen der Urgeschichte als Ausdruck der Bestimmung des Menschen zwischen Freiheit und Verantwortung (ev.),[3]
- beschreiben personale und gemeinschaftsbezogene Visionen von gelingendem Leben (kath.),
- bewerten eine biblische bzw. lehramtliche Aussage zu einem anthropologischen oder ethischen Problem (kath.),
- bringen die Aufforderung zur sinnvollen Gestaltung des Lebens, die sich aus dem Schöpfungsauftrag und der Heilszusage an den Menschen ergibt, gestalterisch zum Ausdruck (ev.).

4. Struktur des Unterrichtsvorhabens

	Thema/Inhalte und Lernschritte	Material	Kommentar
1	**„Deutschland 2030 – wie wollen wir in Zukunft leben?“** • Die SuS formulieren Gedanken zu Erwartungen, Zukunftshoffnungen bzw. Zukunftsängsten. • Ideenbörse Zukunft per Metaplantechnik: Orientierung, Werte, Vorstellungen vom Leben in Deutschland 2030 • Vergleich mit Statistiken, ggf. Ergänzung des Metaplans • Festhalten/Beschreiben von Auffalligkeiten, z. B. der steigende Stellenwert der Familie, sinkende hedonistische Tendenzen bei Jugendlichen	M 1 M 2 M 3	• Bild als stummer Impuls ohne Titel; anschließend Vergleich der SuS-Beobachtungen mit Bildtitel • Alternativ zum Coverbild: gut nutzbare YouTube-Videos zu „Zukunft 2030“, z. B. Tagesschau der Zukunft vom 28.05.2030 • Erhebung der Lernausgangslage • für methodische Hinweise zum Metaplan vgl. Mittendrin 9/10, S. 12

1 Vgl. NI-KC GY Kath. Religion (S. 24 f.) bzw. Ev. Religion (S. 19, 28) sowie NI-KC GY Oberstufe Kath. Religion (S. 19, 23).
2 Vgl. NRW-KLP GY Kath. Religion (S. 26) bzw. Ev. Religion (S. 28 f.) sowie NRW-KLP GY Oberstufe Kath. Religion (S. 25 f.) bzw. Ev. Religion (S. 20 f.).
3 In der vorliegenden Lernsequenz nur als Wiederholung eingeplant. Hier bietet sich allerdings auch eine intensivere Auseinandersetzung mit den entsprechenden Bibelstellen an, um die in der 10. Jahrgangsstufe vorgesehene Schulung eines angemessenen Umgangs mit der Bibel weiterhin zu üben.

	Thema/Inhalte und Lernschritte	Material	Kommentar
2	**„Deutschland 2030 – was sagen die Zukunftsforscher?"** • Untersuchung von Zukunftstrends in Projektgruppen; die SuS suchen sich aus den vorgestellten Zukunftstrends für Deutschland 2030 einen Trend für ihre Erarbeitung aus. • Zielformat: inhaltlich und grafisch gestaltete Doppelseite für die Zeitschrift „Chrismon" in der Rubrik „junge leute" Je nach Zeit ist auch die Begrenzung der Erarbeitung auf den Zukunftstrend „Neue Lust auf Familie" möglich; dann empfiehlt sich aber eine Öffnung der möglichen Zielformate: Doppelseite bei „Chrismon", Videoclip, Flyer, Beitrag für die Schülerzeitung etc.	M 4	• Exemplarisch wird der Zukunftstrend: „Die neue Lust auf Familie" mit dem ganzen Kurs untersucht (s. Baustein 3); erst danach Arbeit in den Projektgruppen. • Für das Zielformat sollten den SuS Beispiele aus der Zeitschrift „Chrismon" – Rubrik „junge leute" zur Verfügung gestellt werden. • ggf. die gelungenste Doppelseite bei der Zeitschriftenredaktion von „Chrismon" einreichen
3	Beispiel für die Untersuchung eines Zukunftstrends: **„Die neue Lust auf Familie inklusive pluraler Beziehungskisten?"** • Familienbilder als Gesprächsanlass über plurale Beziehungen in unserer Gesellschaft heute; Sammlung der verschiedenen Lebensmodelle • Rückbezug zu Zukunftsvorstellungen aus Baustein 1; Herausarbeiten möglicher Gründe für die verschiedenen Beziehungskonstellationen • Vergleich mit der Schulbuchseite „Wandel und neue Lebensformen" • Zur Vertiefung der Diskussionsbeiträge Erarbeitung einer Theologenmeinung • Fazit: Es gibt zwei mögliche Perspektiven: neue Lebensformen an Ehe und der Zwei-Eltern-Kind-Familie messen oder Vielfalt der Lebensformen als Faktum zur Kenntnis nehmen und sich dazu positionieren (siehe Kontext). • Wie gehen die Kirchen damit um? **Exkurs:** Wiederholung biblisch-christliches Menschenbild • Positionen der EKD und der Katholischen Kirche zum Verständnis von Familie wahrnehmen, beschreiben und erörtern • Einführung in das Positionspapier der EKD „Zwischen Autonomie und Angewiesenheit: Familie als verlässliche Gemeinschaft stärken" (2013) mit Erschließung von Textauszügen • Die SuS erklären die Bedeutung des Sakraments Ehe. • Die SuS arbeiten die lehramtliche katholische Position zur Homosexualität heraus. • strukturierte Kontroverse zu „Stärkung der Ehe und Familie kontra Anerkennung der Vielfalt von Familienformen" • Anwendung: Entwurf einer Stellungnahme für „The European. Das Debattenmagazin"	Text „Wandel und neue Lebensformen" sowie Grafik zu Lebensmodellen, aus: Mittendrin 9/10, S. 72 M 5 M 6 M 7 z. B. Auszüge aus YOUCAT. Jugendkatechismus der Kath. Kirche (2010) Nr. 260 ff. M 8 (Methodenblatt „Strukturierte Kontroverse") M 9 M 10 M 11 M 12	• Hierfür sind im Vorfeld verschiedene Bilder/Fotos zu recherchieren, die dann den SuS vorgelegt und von ihnen diskutiert werden sollen. • Notwendig ist hierbei die Abbildung einer entsprechenden Vielfalt: Mehrgenerationenfamilie, gleichgeschlechtliche Partner, Klein-/Großfamilie, Alleinerziehende etc. • Erarbeitung von M 5a/b in zwei Schritten: – Konkretisierungen zu Aussagen von Hilpert formulieren und Austausch im Plenum – Erschließung des ganzen Hilperttextes und Vergleich • Zu M 7: Texterschließung per Gruppenpuzzle mit Expertengruppen • Internetrecherche zu Homosexualität, z. B.: Katechismus der Katholischen Kirche (1992) Nr. 2357–2359; Erklärung PERSONA HUMANA (1975) Nr. 8; Papst Franziskus zum Umgang mit Homosexuellen etc. • Die strukturierte Kontroverse ist eine komplexe und stark vorstrukturierte Methode des kooperativen Lernens, die die SuS effektiv im Perspektivwechsel, Argumentieren und Urteilen fördert. • Alternative: M 12
4	• Arbeit in den Projektgruppen mit Entwurf der Doppelseite für „Chrismon" • Präsentation der „junge leute"-Seiten innerhalb der Klasse • ggf. Präsentation in der Schule per Ausstellung oder Workshoparbeit mit Parallelklassen	M 4	• vorherige Absprache über Kriterien der Bewertung des Zielformates treffen

5. Weiterführende Anregungen

„‚Deutschland 2030' – deine Zukunft wartet nicht!" kann als Halbjahres- oder sogar Ganzjahresplanung genutzt werden, indem nach der Metaplanarbeit verschiedene weitere Schwerpunkte mit den Schülerinnen und Schülern festgelegt werden, die im Laufe des Schuljahres in anderen Einheiten zum Tragen kommen.
Hier böte sich beispielsweise bezogen auf anthropologische/ethische Konpetenzen an: „Vom Klimawandel zur Verhaltensänderung – Umwelt 2030".

6. Verwendete Literatur

Brüning, Ludgar/Saum, Tobias, Erfolgreich unterrichten durch Kooperatives Lernen. Bd. 2. Neue Strategien zur Schüleraktivierung, Essen 2009.

Ebach, Jürgen, Mehr als biologische Beziehungen, in: Frankfurter Rundschau v. 26.08.2013, 12.

EKD, Zwischen Autonomie und Angewiesenheit. Familie als verlässliche Gemeinschaft stärken. Eine Orientierungshilfe des Rates der Evangelischen Kirche in Deutschland, Gütersloh ²2013.

Foitzik, Alexander, Kulturkampf um Ehe und Familie, in: Herder Korrespondenz 67 (2013), 433.

Gärtner, Claudia, Ringen mit der Zukunft, in: Sensus Religion. Vom Glaubenssinn und Sinn des Glaubens – Unterrichtswerk für die Oberstufe, München 2013.

Hilpert, Konrad, Zentrale Fragen christlicher Ethik. Für Schule und Erwachsenenbildung, Regensburg 2009.

Kasper, Walter Kardinal, Das Evangelium von der Familie. Die Rede vor dem Konsistorium, Freiburg 2014.

Mittendrin 9/10. Lernlandschaften Religion, hg. v. W. Michalke-Leicht u. a., München 2013.

Opaschowski, Horst W., Deutschland 2030. Wie wir in Zukunft leben, München 2013.

16. Shell-Jugendstudie Jugend 2010 (vgl. www.shell.de/about-shell/our-commitment/shell-youth-study.html, 10.10.14).

Sievernich, Michael, Umcodierung der Ehe, in: Stimmen der Zeit 231 (2013), 649 f.

7. Arbeitsmaterialien

[siehe M 1 – M 12]

M 1

Vision 2030

Hilfekarte Zukunftsvisionen

Was halten Sie persönlich im Leben für besonders wichtig und erstrebenswert?

Gute Freunde haben, enge Beziehungen zu Menschen
Für die Familie da sein, sich für die Familie einsetzen
Eine glückliche Partnerschaft
Unabhängigkeit, sein Leben weitgehend selbst bestimmen können
Soziale Gerechtigkeit
Gute, vielseitige Bildung
Kinder haben
Gepflegtes Aussehen
Viel Spaß haben, das Leben genießen
Erfolg im Beruf
Menschen helfen, die in Not geraten
Immer Neues lernen
Möglichst viel Eigenverantwortung, nicht mehr Staat als nötig
Abwechslungsreiches Leben, neue Erfahrungen
Die Welt, andere Länder und Kulturen kennenlernen
Naturerfahrungen, viel in der Natur sein
Hohes Einkommen, materieller Wohlstand
Sozialer Aufstieg
Verantwortung für andere übernehmen
Kreativ sein
Bei anderen beliebt sein
Starke Erlebnisse haben, Abenteuer, Spannung
Viel leisten
Sich um Tiere kümmern, viel mit Tieren zusammen sein
Auseinandersetzung mit Sinnfragen des Lebens
Religion, feste Glaubensüberzeugung
Risikobereitschaft
Kunstverständnis, sich viel mit Kunst beschäftigen
Aktive Teilnahme am politischen Leben, politisch aktiv sein

Auswahl der Aspekte im Leben aus einer Umfrage der Allensbacher Markt- und Werbeträgeranalyse, kurz AWA genannt, in den Jahren von 2011 bis 2013
Diese ermittelt auf breiter statistischer Basis Einstellungen, Konsumgewohnheiten und Mediennutzung der Bevölkerung in Deutschland.

„Für die Familie da sein" schnitt mit 71 % als wichtigster Aspekt der Befragten ab.

M 3

Vergleich der eigenen Zukunftsvorstellungen mit Statistiken in Auswahl

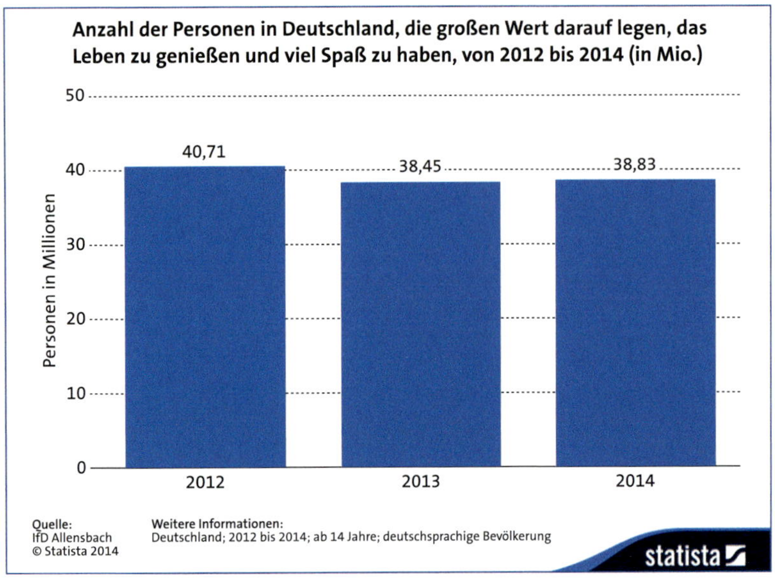

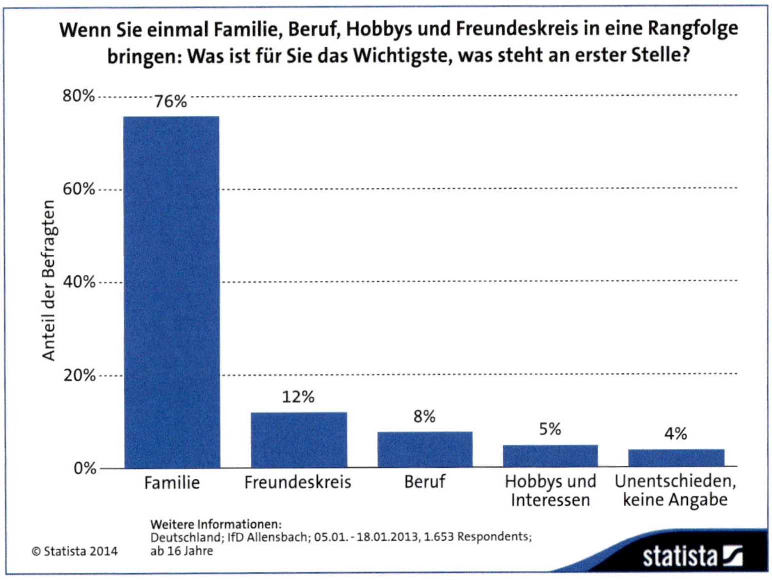

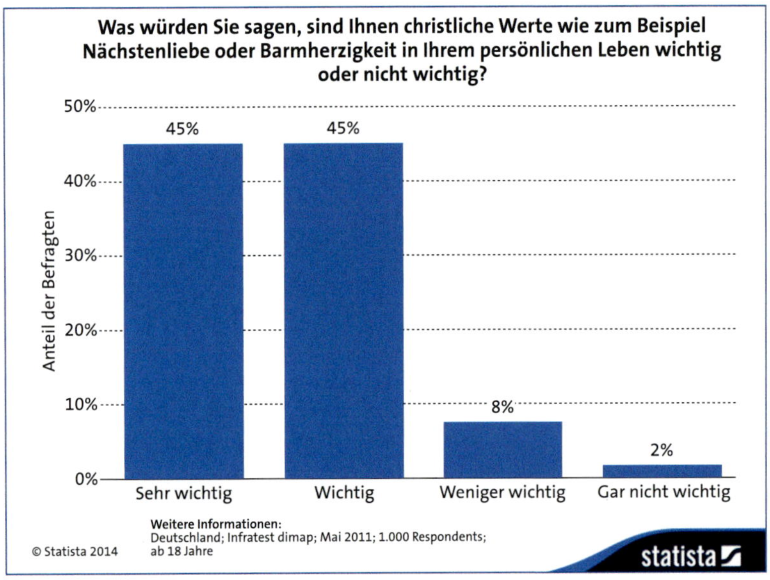

Vergleicht eure Ideen zur Zukunft „Deutschland 2030 – wie wollen wir leben?" mit den abgebildeten Grafiken und ergänzt euch überzeugende Aspekte.

(weitere lohnende Vergleichsstatistiken auf www.statista.de)

M 4

Zukunftstrends

junge leute

Mit dem Zukunftstrend 3 wollen wir uns gemeinsam mit der ganzen Klasse auseinandersetzen.
Wählt in eurer Gruppe einen weiteren Zukunftstrend aus, mit dem ihr euch in einer Projektarbeit näher beschäftigen möchtet.
Am Ende unserer Auseinandersetzung mit „Deutschland 2030 – wie wollen wir in Zukunft leben?" soll ein Beitrag für die Zeitschrift „Chrismon" entstehen, in dem ihr eine Doppelseite für die Rubrik „junge leute" inhaltlich und grafisch gestaltet.

Welche Zukunftstrends zeichnen sich bereits jetzt ab?

ZUKUNFTSTREND 1 – 0,5 x 2 x 3: DIE GLOBALISIERUNG DER ARBEITSWELT

In letzter Konsequenz bedeutet Globalisierung auch Verteilung der Arbeit rund um den Globus, also Arbeitsplatz-Export, ja Arbeitsplatz-Abbau. Und für die übrigen verbleibenden Vollzeitbeschäftigten gilt: Ihre Arbeit wird immer intensiver und konzentrierter, zeitlich länger und psychisch belastender, dafür aber auch – aus der Sicht der Unternehmen – immer produktiver und effektiver. Die neue Arbeitsformel für die Zukunft lautet: 0,5 x 2 x 3, d. h., die Hälfte der Mitarbeiter verdient doppelt so viel und muss dafür dreimal so viel leisten wie früher.

ZUKUNFTSTREND 2 – LEBEN IST DIE LUST ZU SCHAFFEN: DIE LEISTUNGSEXPLOSION DER JUNGEN GENERATION

Die Bundesbürger vertreten die Auffassung, dass die Leistungsgesellschaft die Wirklichkeit am treffendsten beschreibt: Die Leistungsgesellschaft lebt. Sie schafft erst die Voraussetzungen für eine lebenswerte Zukunft. Die Leistungsorientierung des Lebens nimmt vor allem bei der Jugend fast explosionsartig zu. Beinahe erdrutschartig ist inzwischen der Anteil der Hedonisten, die „nur" ihr Leben genießen wollen, zurückgegangen.

ZUKUNFTSTREND 3 – DER „ZWEITE" DEMOGRAFISCHE WANDEL: DIE NEUE LUST AUF FAMILIE

Der Trend zur Individualisierung des Lebens hat seinen Zenit überschritten. Die Mehrheit der jungen Leute entdeckt den Wert von Verlässlichkeit wieder. Für den wachsenden Trend zur Beständigkeit spricht auch, dass die Ehen wieder stabiler werden und es auch weniger Scheidungen gibt. In Zukunft wird die Familie kein Auslaufmodell mehr sein. Wenn sich die Einstellungsänderungen der jungen Generation weiter stabilisieren, werden sich die unter 34-Jährigen Zug um Zug vom Singledasein und der Kinderlosigkeit verabschieden (= „Zweiter" demografischer Wandel).

M 4

ZUKUNFTSTREND 4 – DIE FRAUEN KOMMEN MIT MACHT: DIE ARBEITSWELT WIRD WEIBLICHER

Die männlichen „Helden der Arbeit“ verlieren bald ihre Privilegien. Frauen bekommen zunehmend größere Berufschancen, weil sie immer besser qualifiziert sind und die Männer teilweise übertreffen. Bundesweit erzielen Mädchen und junge Frauen schon heute bessere Schulabschlüsse als ihre männlichen Kollegen. Zur Frage der Vereinbarkeit von Beruf und Familie gesellt sich die Frage der Vereinbarkeit von Frauen- und Männerrollen. Rollenwechsel sind angesagt: Wer „spielt“ in Zukunft die Hauptrolle des Versorgers und wer die Nebenrolle des Zuverdieners?

[...]

ZUKUNFTSTREND 8 – GESUNDHEITSORIENTIERUNG ALS ZUKUNFTSRELIGION: WOHLBEFINDEN IM ZENTRUM DER LEBENSPLANUNG

Die Gesundheit wird zum Megamarkt der Zukunft. In der immer älter werdenden Gesellschaft boomen dann Bio- und Gentechnologien, Pharmaforschung und Forschungsindustrien gegen Krebs, Alzheimer und Demenz sowie gesundheitsnahe Branchen, die Care, Vitalität und Revitalisierung anbieten. Die Gesundheit bekommt in Zukunft fast Religionscharakter und das Gesundheitswesen nimmt beinahe die Form einer Kirche an. Die Gesundheit stellt den wichtigsten Wert im Leben dar.

ZUKUNFTSTREND 9 – GUT LEBEN STATT VIEL HABEN: NACHHALTIGER WOHLSTAND ALS LEBENSZIEL

Die Wohlstandsformel in Bertolt Brechts Dreigroschenoper – „Nur wer im Wohlstand lebt, lebt angenehm“ – wird neu bewertet. Wohlstand wird zu einer Frage des sozialen Wohlergehens. In Zukunft kann Wohlstand auch bedeuten, weniger Güter zu besitzen und doch besser zu leben. Eine Neubesinnung auf das Beständige findet statt. Und das ist immer weniger eine Frage des Geldes. Die Deutschen wollen – vor die Alternative gestellt – lieber glücklich als reich sein.

ZUKUNFTSTREND 10 – SEHNSUCHT NACH DEM SINN: „GENERATION V“ SETZT AUF VERTRAUEN

Im gleichen Maße, wie das Vertrauen in die Wirtschaft und die Politik sinkt, wächst seither das Vertrauen im mitmenschlichen Bereich. Die Deutschen rücken enger zusammen. Und Hilfsbereitschaft steht ganz hoch im Kurs. Die drei V „Vertrauen, Verantwortung und Verlässlichkeit“ werden als persönliche Eigenschaften immer mehr gewünscht und gelebt. So gesehen zeichnet sich in Konturen das Bild einer neuen „Generation V“ ab. Ein illusionsloser Optimismus breitet sich aus: Die Mehrheit der Deutschen macht trotz anhaltender Krisen das Beste aus ihrem Leben, „blickt optimistisch in die Zukunft“ (81 %) und will wieder „mehr zusammenhalten“ (88 %).

Auszug aus einem Vortrag von Prof. Dr. Horst W. Opaschowski (Zukunftswissenschaftler; Berater für Wirtschaft und Politik), s. auch: Opaschowski, Horst W., Wir werden es erleben. Zehn Zukunftstrends für unser Leben von morgen, Darmstadt 2002.

Hinweise eines Theologen im Diskurs um Ehe – Familie – plurale Beziehungsformen

Arbeitet zu zweit und notiert eure Gedanken/Ideen/Konkretisierungen zu den Hinweisen des Theologen Konrad Hilpert.

Für die Theologie ist der Bereich der Beziehungen zwischen Menschen – und seien sie noch so vielfältig – von unverzichtbarer Bedeutung. Denn der Mensch […]

Mit dem positiven Blick auf die veränderte Beziehungslandschaft verbinden sich für mich vier Anliegen:
Das erste ist eine *ganzheitliche Auffassung* von dem, was die überwiegende Zahl der Menschen als gute Beziehung empfindet oder ersehnt.

Das zweite Anliegen ist, ein stärkeres Augenmerk auf die *Erwartungen* zu richten, die mit Beziehungen heute oft verknüpft werden.

Das dritte Anliegen betrifft das *Zuordnungsverhältnis von Beziehung und Ehe.* Es gilt, Ernst damit zu machen, dass auch die Ehe eine Form von Beziehung ist und nicht einfach das andere zu den Beziehungen. Insbesondere gilt das Ethos, das für Beziehungen gilt, etwa […]

Ein viertes Postulat schließlich besteht darin, den *Wegcharakter* und die Prozessualität von Beziehungen stärker zu realisieren.

Hilpert, Konrad, Zentrale Fragen christlicher Ethik, Pustet, Regensburg 2009, S. 144–148.

M 5b

Hinweise eines Theologen im Diskurs um Ehe – Familie – plurale Beziehungsformen

Für die Theologie ist der Bereich der Beziehungen zwischen Menschen – und seien sie noch so vielfältig – von unverzichtbarer Bedeutung. Denn der Mensch ist ja nicht ein in sich ruhendes, sondern von seiner Struktur her ein soziales Wesen und in vielfacher Weise auf andere angewiesen. Was wir sind, sind wir immer durch und mithilfe anderer. Beziehungen sind jedoch nicht nur faktisch Element der anthropologischen Realität und Gegenstand von Bedürfnissen, sondern sie sind in den Augen der Theologie auch Muster und Medien des Erkennens Gottes, der Selbstmitteilung Gottes an die Menschen und der Mitwirkung des Menschen am Heilswirken Gottes. Sowohl das Glücken, die Überwindung des Andersartigen des anderen, das Getragensein als auch Krisen, Versöhnung und Neubeginn innerhalb einer Lebensgemeinschaft können Orte sein, wo Gottes Handeln im Lebenslauf Einzelner erfahren werden kann und der Einzelne mehr Mensch wird, weil er sich als Subjekt mit einer Identität angenommen erfährt.

[...] Die Theologische Ethik muss die Veränderungen im Feld der Lebensformen und ihre gesellschaftlichen Ursachen wahrnehmen und sich ihnen, wann immer sie von Ehe und Familie spricht, stellen.

Wie aber kann sich die Theologische Ethik zu den vielfältigen neuen Lebensformen positionieren? Zwei Perspektiven bieten sich an: Die eine misst diese neuen Lebensformen von vornherein an der Ehe und problematisiert sie als mit Defiziten behaftete Abweichungen; deren Bewertung kann dann zwischen wohlwollender Inkaufnahme und dem Vorwurf schwer schuldhaften Vergehens schwanken. Die zweite Perspektive nimmt die Vielfalt der Lebensformen als Faktum zur Kenntnis, würdigt das Werthaltige, das Menschen in ihnen zu verwirklichen suchen, gibt aber auch Raum, um die unschönen und bitteren Erfahrungen, die Enttäuschungen und Verletzungen zu thematisieren, die in den diversen Lebensformen erlebt werden.

Mit dem positiven Blick auf die veränderte Beziehungslandschaft verbinden sich für mich vier Anliegen:

Das erste ist eine *ganzheitliche Auffassung* von dem, was die überwiegende Zahl der Menschen als gute Beziehung empfindet oder ersehnt. In einer guten Beziehung geht es nie ausschließlich und zumindest nicht anhaltend an erster Stelle um Sex, Körperkontakt und sexuelle Befriedigung. Vielmehr geht es auch und zentral um Nähe, Vertrauen, Geborgenheit und Treue, ferner um Übereinstimmungen in dem, was man tut und worüber man sich freut; und es geht um die Gewissheit, dass der Partner zu mir hält, auch wenn es mir nicht so gut geht. Heute geht es bei guten Beziehungen aber auch zentral darum, wie Unabhängigkeit mit den spezifischen Erfordernissen der Beziehung vereinbart und in Balance gehalten wird. [...]

Das zweite Anliegen ist, ein stärkeres Augenmerk auf die *Erwartungen* zu richten, die mit Beziehungen heute oft verknüpft werden. Beziehungen, auch Ehen, werden heute auf Liebe gegründet und erhalten erst später – falls überhaupt – eine institutionalisierte Form. [...] Feste Beziehungen ergeben sich nicht von selbst, sondern brauchen Pflege. Ethische Reflexion hat deshalb auch zu thematisieren, was außer Gefühlen einer Beziehung Bestand geben kann. Die Gestaltung von Beziehungen innerhalb der Familie kann heute zusätzlich dadurch belastet werden, dass die Erwartungen an den Partner und an das Kind durch Qualitätsmaßstäbe, die aus Medien und wissenschaftlichen Expertisen geschöpft sind, hochgesteigert werden. Solche Idealisierungen und emotionale Übersteigerungen bedürfen im Interesse der Lebbarkeit kritischer Nüchternheit, weil sie andernfalls das Leiden an den Beziehungen vergrößern und sogar zu ihrer Zerrüttung führen können. [...] Es ist ein genuin theologisches Anliegen, im Bewusstsein zu halten, dass die Sehnsucht nach Liebe und Anerkennung das, was Menschen generell und der geliebte Partner im Besonderen „bringen", über das hinausreicht, was Menschen erbringen, schenken und bewahren können.

Das dritte Anliegen betrifft das *Zuordnungsverhältnis von Beziehung und Ehe.* Es gilt, Ernst damit zu machen, dass auch die Ehe eine Form von Beziehung ist und nicht einfach das andere zu den

Beziehungen. Insbesondere gilt das Ethos, das für Beziehungen gilt, etwa der gegenseitige Respekt vor dem anderen in seiner Andersartigkeit, der Verzicht auf Gewalt, die Wahrhaftigkeit im Handeln, Versprechen und Reden, das Verbot, den Partner auszubeuten oder ihn zum bloßen Instrument eigener Interessen zu machen, usw. selbstverständlich auch für die Ehe und in der Ehe. [...]

Ein viertes Postulat schließlich besteht darin, den *Wegcharakter* und die Prozessualität von Beziehungen stärker zu realisieren. Auch Ehe und Familie sind offensichtlich nicht starre und abgeschlossene Lebensformen, sondern komplexe Realitäten und Geflechte, in denen Beziehungen wachsen oder abnehmen, sich tiefer entwickeln oder sich verflachen. [...]

Zum einen stehen alle Lebensformen, also auch Ehe und Familie, unter dem Kriterium, dass sie dem Menschen gerecht werden und hilfreich sein sollen. Sie alle sind darauf hin zu prüfen, „ob sie in sich Veränderungen zulassen und die Entfaltung der je individuellen Persönlichkeit ermöglichen; ob sie zu jenem Maß an Solidarität bereit sind, in sich und durch sich für Schwache und Schutzbedürftige Lebensraum zur Verfügung zu stellen; ob sie mit ihren Lebensressourcen auch für die Lebensmöglichkeiten kommender Generationen und für die Tragfähigkeit zukünftiger Lebensgemeinschaften einstehen." [Stefan Dinges in: Handbuch Praktische Theologie, Bd. 2, S. 97]

Der andere Gesichtspunkt ist der, dass eine Gesellschaft ein Leitbild des Zusammenlebens der Generationen wie auch der Geschlechter braucht, etwa für die Erziehung der nachwachsenden Generationen, die zwar unter Umständen eine Vielzahl von Beziehungsformen erleben und leider oft auch Brüche, die aber auch so etwas wie eine fokussierende Zielvorstellung und eine klare Vision für ihre eigene Zukunft benötigen. Auf jeden Fall gelten die grundlegenden Prinzipien und Kriterien, die genannt wurden, ohne Einschränkung.

Hilpert, Konrad, Zentrale Fragen christlicher Ethik, Pustet, Regensburg 2009, S. 144–148.

1. Arbeite aus dem Text heraus, …
- inwiefern Beziehungen für die Theologie von großer Bedeutung sind.
- welche Perspektiven bzw. Kriterien der Autor bezüglich Ehe und Familie einfordert.

2. Vergleicht eure Überlegungen mit denen von Hilpert und erstellt ein Tafelbild mit der Überschrift „Hinweise des Kurses und des Theologen Konrad Hilpert zum Diskurs um Ehe, Familie und plurale Beziehungsformen".

M 6

Grundzüge des biblisch-christlichen Menschenbildes

Grundzüge des biblisch-christlichen Menschenbildes

- Der Mensch ist von Gott geschaffen und ist damit ein von Gott gewolltes und geliebtes Wesen. (Gen 1)
- Als Ebenbild Gottes wird jedem Menschen eine unverlierbare Würde zugesprochen, die uneingeschränkt respektiert und vor dem Zugriff des vermeintlich Stärkeren geschützt werden muss. (Gen 1)
- Der biblische Herrschaftsauftrag macht den Menschen in besonderer Weise dafür verantwortlich, die geschaffene Welt im Sinne Gottes zu bewahren und behutsam zu gestalten. (Gen 1)
- Der Mensch ist von Gott als soziales Wesen geschaffen, sodass er erst im Für- und Miteinander zu sich selbst finden kann. (Gen 2; Soll-Zustand)
- Der Mensch ist als Ebenbild Gottes berufen, Partner und Medium Gottes in seinem Schöpfungswerk zu sein, d. h., er ist in einzigartiger Weise frei und vor Gott verantwortlich für sein Handeln. (Gen 1)
- Der Mensch kann in seiner Freiheit vor Gott schuldig werden. Der Mensch neigt dazu, seine Grenzen nicht anzuerkennen. (Gen 3 und 6–9; Ist-Zustand)
- Der Mensch kann Täter sein. Der Mensch kann Opfer sein. (Gen 4)
- Durch die Gemeinschaft mit Jesus Christus erneuert sich die Gottesebenbildlichkeit des Menschen; die Beziehung Gottes zum Menschen als Zuspruch und Anspruch wird in Jesu Botschaft deutlich (z. B. Seligpreisungen).
- Der Glaube an Tod und Auferstehung Jesu lässt hoffen auf die Auferweckung jedes Menschen und auf ein Leben nach dem Tod. Der Mensch kann darauf vertrauen, auch über den Tod hinaus bei Gott aufgehoben zu sein.

RelliS 2/13, Nr. 8, Üben im Religionsunterricht, Schöningh Verlag, Paderborn 2013, Material-CD.

EKD-Orientierungshilfe zur Familie (2013) – Kapitel „Theologische Orientierung“

Angesichts der Vielfalt biblischer Bilder und der historischen Bedingtheit des familialen Zusammenlebens bleibt entscheidend, wie Kirche und Theologie die Bibel auslegen und damit Orientierung geben. Ein normatives Verständnis der Ehe als „göttliche Stiftung“ und eine Herleitung der traditionellen Geschlechterrollen aus der Schöpfungsordnung entspricht nicht der Breite des biblischen Zeugnisses. Wohl aber kommt bereits in der Schöpfungsgeschichte zum Ausdruck, dass Menschen auf ein Gegenüber angewiesen sind, an dem sich die eigene Identität entwickelt. In diesem Sinne ist die Ehe eine gute Gabe Gottes, die aber, wie das Neue Testament zeigt, nicht als einzige Lebensform gelten kann. Die den Kindern Gottes zugesagte gleiche Würde jeder und jedes Einzelnen jenseits von Geschlecht und Herkommen und die erfahrbare Gemeinschaft in Christus in all ihrer Unterschiedlichkeit fordert die vorfindlichen Ordnungen immer neu heraus. Deswegen versteht die Reformation die Ehe als „weltlich Ding“; sie ist kein Sakrament, sondern eine Gemeinschaft, die unter dem Segen Gottes steht. Ihre Aufgabe besteht in der Bewahrung und Weitergabe des Lebens in den vielfältigen Formen der Sorge für andere über die Generationen hinweg. Die kirchlichen Segenshandlungen sind ein Zeichen für liebevolle Zuwendung, für Kontinuität und immer neue Aufbrüche im Bund Gottes mit seinem Volk und damit eine Ermutigung, in allen Veränderungen einen gemeinsamen Weg zu wagen. Angesichts von Brüchen und Versagen sind sie zugleich Ausdruck der Rechtfertigung des Menschen allein aus Gnade. Protestantische Theologie unterstützt das Leitbild der an Gerechtigkeit orientierten Familie, die in verlässlicher und verbindlicher Partnerschaft verantwortlich gelebt wird.

[...]

Dabei konnte leicht übersehen werden, dass die Bibel im Alten und Neuen Testament **das familiale Zusammenleben in einer großen Vielfalt** beschreibt: Nach heutigen Begriffen gibt es Patchwork-Konstellationen wie bei Abraham, Sarah und Hagar mit ihren Kindern, zusammenlebende Geschwister wie bei Maria und Martha und tragende Beziehungen zwischen Familienmitgliedern verschiedener Generationen wie bei Rut, Orpa und Noomi. Von den vielfältig beschriebenen Formen des Zusammenlebens sind aus heutiger Sicht einige leichter, andere schwerer nachvollziehbar: Die gleichzeitige Sorge eines Mannes für zwei Frauen und ihre Kinder wie bei Jakob mit Lea und Rahel erscheint heute vielleicht weniger befremdlich als noch unserer Eltern- oder Großeltern-Generation, dagegen können wir den Druck auf Frauen, Mutter eines „Stammhalters“ zu werden, immer weniger nachvollziehen. Dass im alten Israel mit der Heirat ein patriarchales Eigentumsverhältnis konstituiert wurde, wobei mehrere Frauen Eigentum eines Mannes sein konnten, gehört zu den vergessenen Teilen der jüdisch-christlichen Geschichte; manches davon kehrt wieder in den Auseinandersetzungen mit anderen Kulturen und Religionen. Klar ist jedenfalls: Im Mittelpunkt der biblischen Familiengeschichten steht weniger die persönliche Liebesbeziehung oder das individuelle Glück als der Erhalt und das Wachstum der Familie und ihres Besitzes und das Miteinander der Generationen. (Absatz Nr. 40)

[...]

In den Texten des Neues Testaments wird deutlich: Das **Miteinander in Ehe und Familie** ist wichtig, ist aber **nicht die einzig mögliche Lebensform.** Das Leben Jesu selbst ist voller eindrücklicher Beispiele für diese Überzeugung: Im Licht der baldigen Erwartung des künftigen Gottesreiches entscheidet er sich für ein eheloses Leben und ruft seine Jüngerinnen und Jünger auf, ihre Familien zurückzulassen, um mit ihm zu gehen (u. a. Mk 1,19). In dieses Bild passt auch die schroffe Zurückweisung, mit der Jesus seinen Eltern schon als Junge im Tempel (Lk 2,48–50), dann später noch einmal seiner Mutter und den eigenen Brüdern begegnet (Lk 8,19–21). Auch wenn es den Erwartungen eines exklusiven Verhältnisses von Eltern und Kindern, Geschwistern und Familien widerspricht, lässt sich daran ablesen, dass wir jenseits der engeren ehelichen und familiären Beziehungen in einer größeren Gemeinschaft, der Gemeinschaft in Gott, leben. Diese Überschreitungen familiärer Exklusivität gewinnen in der Geschichte der Kirche immer wieder neu Gestalt: in der Geschwisterlichkeit von Gemeinden, der Familiaritas von Klöstern, dem Aufbau ganz neuer Lebensgemeinschaften oder dem Patenamt, das keinesfalls nur nach dem Tod der Eltern Bedeutung gewann, wie viele meinen, sondern den biologischen Eltern eine soziale und geistliche Elternschaft zur Seite stellte, um Kinder in die Familie Gottes einzuführen. (Absatz Nr. 44)

[...]

Die Frage nach der **Segnung homosexueller Paare** und der Gleichstellung homosexueller Partnerschaften, die sich darin ausdrückt, bewegt die Evangelische Kirche seit Langem und ist nach wie vor umstritten. Im Kern geht es bei diesem Thema um das evangelische Verständnis der kirchlichen Trauung angesichts neuer Lebensformen. Es geht aber auch um die Frage, wie biblische Texte – zum Beispiel der Schöpfungsbericht – auszulegen sind und welche Rolle dabei die historische und gesellschaftliche Einordnung spielt. Deutet man die biblischen Aussagen, in denen Homosexualität als Sünde gekennzeichnet wird (3. Mose 18,22; 20,13; Röm 1,26–27), als zeitlos gültig, kann man zu der Meinung kommen, eine ho-

M 7

mosexuelle Partnerschaft sei mit einer heterosexuellen keinesfalls vergleichbar. Allerdings gibt es auch biblische Texte, die von zärtlichen Beziehungen zwischen Männern sprechen. Fragt man jenseits dieser einzelnen Textstellen nach dem, was menschliche Beziehung in Gottes Schöpfung ausmacht, dann ist zu konstatieren: Der Mensch wird von Anfang an als Wesen beschrieben, das zur Gemeinschaft bestimmt ist (1. Mose 2,18). Durch das biblische Zeugnis hindurch klingt als „Grundton" vor allem der Ruf nach einem verlässlichen, liebevollen und verantwortlichen Miteinander, nach einer Treue, die der Treue Gottes entspricht. Liest man die Bibel von dieser Grundüberzeugung her, dann sind gleichgeschlechtliche Partnerschaften, in denen sich Menschen zu einem verbindlichen und verantwortlichen Miteinander verpflichten, auch in theologischer Sicht als gleichwertig anzuerkennen. Nutzen homosexuelle Menschen heute die rechtliche Möglichkeit der eingetragenen Partnerschaft, dann erklären sie, wie heterosexuelle Menschen, bei der Eheschließung öffentlich ihren Willen, sich dauerhaft aneinander zu binden und füreinander Verantwortung zu tragen. Manches heterosexuelle Paar entscheidet sich bewusst gegen Kinder oder bleibt aus anderen Gründen kinderlos und gestaltet seine Generationenbeziehungen dennoch schöpferisch und verantwortlich. Dass homosexuelle Paare gemeinsam keine Kinder zeugen können, kann deshalb kein Grund sein, ihnen den Segen zu verweigern. Tatsächlich leben viele homosexuelle Paare als Familie mit Kindern aus früheren Beziehungen oder mit Kindern, die durch eine Samenspende gezeugt wurden. **Es zählt zu den Stärken des evangelischen Menschenbilds, dass es Menschen nicht auf biologische Merkmale reduziert**, sondern ihre Identität und ihr Miteinander in vielfältiger Weise beschreibt. Hinter der Vielfalt, die wir in familiären und partnerschaftlichen Beziehungen erleben, stehen gesamtgesellschaftliche Veränderungsprozesse. Die Erleichterung von Trennungen und Scheidungen, das Entstehen von Patchworkfamilien, homosexuellen Partnerschaften mit und ohne Kinder bringen **offene Fragen** mit sich. Zu den Veränderungsprozessen, mit denen Menschen persönlich konfrontiert sind, gehören neue Aufbrüche genauso wie Konflikte. Dass Menschen in solchen Situationen um Segen und Begleitung bitten, wenn der christliche Glaube in ihrem Leben eine Rolle spielt, ist verständlich und zu begrüßen. Die Diskussionsprozesse in einigen evangelischen Landeskirchen sind Ausdruck des geistlichen Ringens um das evangelische Verständnis von Familie und Partnerschaft angesichts des gesellschaftlichen Wandels und eines erweiterten Familienbegriffs auch im Recht. (Absatz Nr. 51)

Zwischen Autonomie und Angewiesenheit. Familie als verlässliche Gemeinschaft stärken. Eine Orientierungshilfe des Rates der Evangelischen Kirche in Deutschland (EKD), Gütersloher Verlagshaus, Gütersloh ^{2}2013, S. 54–71.

1. Erarbeite die in der Orientierungshilfe verwendete theologische Argumentation zum familialen Zusammenleben. Achte dabei auch auf biblische Bezüge.

2. Stelle dar, inwiefern diese Argumentation Einfluss hat auf die Frage nach der „Segnung homosexueller Paare".

3. Erläutere das hier skizzierte evangelische Menschenbild und nimm dazu Stellung.

Methodenblatt: Strukturierte Kontroverse zu „Stärkung der Ehe und Familie kontra Anerkennung der Vielfalt von Familienformen"

Einteilung der Klasse in Vierergruppen

Schritt 1: Einzelarbeit – Vorbereitung der Argumentation

- mithilfe von M 9 (ggf. auch zusätzliche Internetrecherche und vorbereitende Hausaufgabe)
- Die SuS A und B sammeln für sich Argumente für die Stärkung der Ehe und Familie im Positionspapier der EKD bzw. in katholischen Stellungnahmen.
- Die SuS C und D sammeln für sich Argumente für die Anerkennung/Gleichschaltung aller Familienformen.

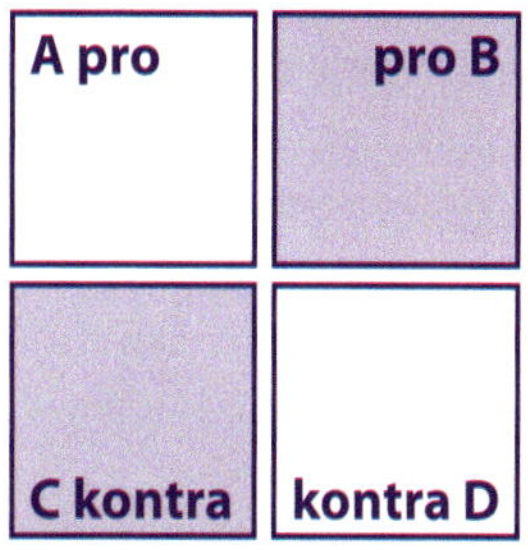

Schritt 2: Partnerarbeit – Vorbereitung der Argumentation

- A und B sowie C und D stellen sich gegenseitig ihre gefundenen Argumente vor und einigen sich auf eine gemeinsame Argumentation/Argumentenliste.
- für Schritt 3 Kopien anfertigen

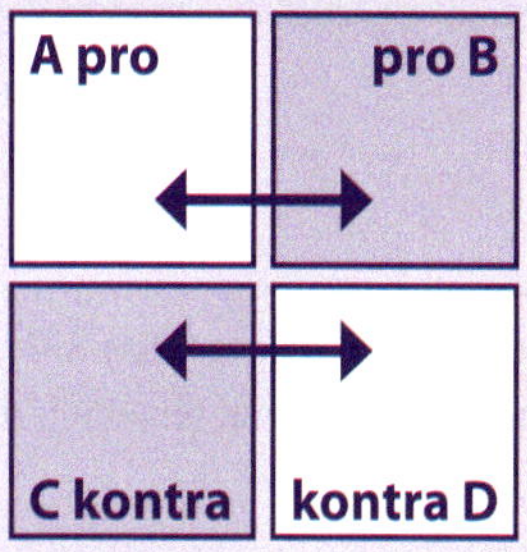

Schritt 3: Gruppenarbeit – Vorstellung der Argumentation

- Je ein(e) S eines Paares stellt die gemeinsame Argumentation ohne Unterbrechung vor. Danach können Verständnisfragen geklärt werden.
- Ab hier klare Zeitvorgaben durch L notwendig!

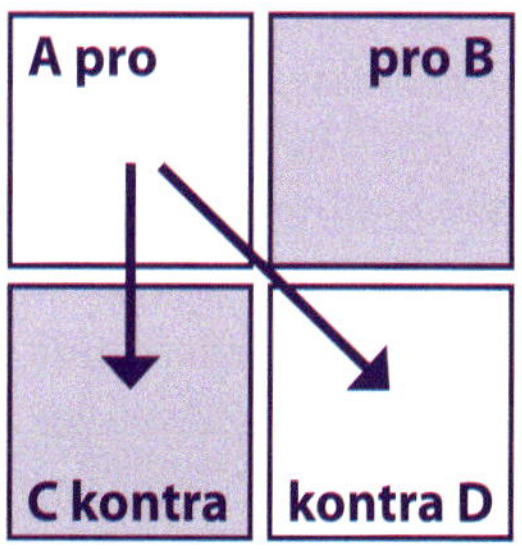

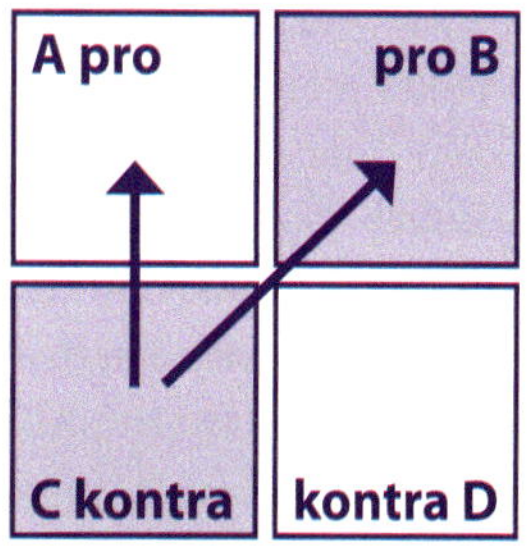

Schritt 4: Gruppenarbeit – Diskussion der Argumentation

- Die Paare diskutieren über die eingebrachten Argumente, wobei jeweils nur die Position vertreten werden darf, der man zugeordnet ist.

Schritt 5: Wechsel der Positionen

- In dieser Phase werden die Positionen gewechselt, dies wird deutlich gemacht durch den Tausch der Sitzplätze.
- Die Schritte 1 und 2 wiederholen sich, jedoch nun mit der anderen Position. Also: Einarbeitung in mögliche Argumente und Austausch in Partnerarbeit

Schritt 6: Wechsel der Tischgruppe

- Im Uhrzeigersinn wechseln die sogenannten „Kontra-Paare" an den nächsten Tisch.
- Die beiden Paare stellen sich ihre Argumentationen vor. Hier ergeben sich ggf. weitere überzeugende Argumente, die man in der vorherigen Tischgruppe noch nicht hatte.

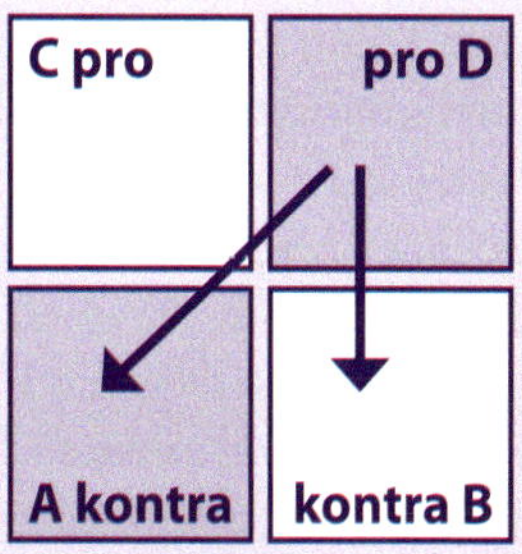

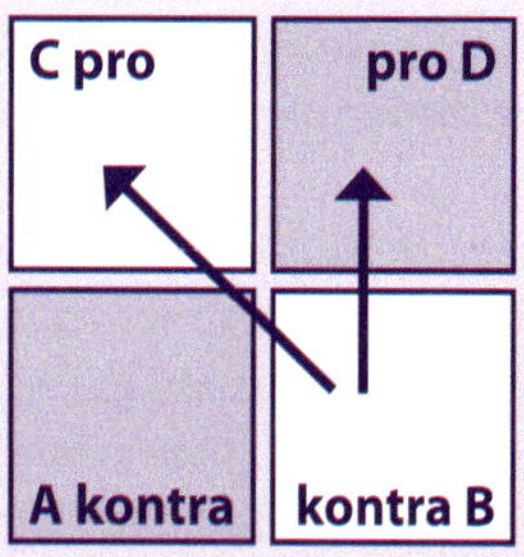

Schritt 7: Freie Diskussion und persönliche Stellungnahme

- Zurück in den Stammgruppen wird frei diskutiert und abschließend die persönliche Position formuliert.

Methodenreflexion im Plenum

Methodenblatt in Anlehnung an Brüning, Ludger/Saum, Tobias, Erfolgreich unterrichten durch Kooperatives Lernen. Bd. 2. Neue Strategien zur Schüleraktivierung, NDS, Essen 2009, S. 31/32.

M 9

Strukturierte Kontroverse, Vorbereitung der Argumentation

A) Podcast zur EKD Orientierungshilfe

http://chrismon.evangelisch.de/video/die-ekd-und-ihre-orientierungshilfe-zum-familienbild-gut-gemacht-sagt-arnd-brummer-19271#comment-7992 (10.10.14)

B) Leserkommentar zum Podcast zur EKD Orientierungshilfe – eingetragen von Josef G. am 7. August 2013 – 15:53 Uhr

Die Ehe – ein Auslaufmodell? Die Finanz- und Wirtschaftskrise hat eines deutlich gemacht: Eine Gesellschaft ohne Werte kann auf die Dauer nicht funktionieren. Wir sind uns also einig, dass wir Werte brauchen. Dass dies aber gar nicht so einfach ist, wird gleich deutlich, wenn ich die Ehe zwischen Mann und Frau als besonderen Wert bezeichne. Bestimmte Aktivisten versuchen, in der Öffentlichkeit und in den Medien einer Nivellierung das Wort zu reden. Alles ist gleich, die Ehe von Mann und Frau, die Beziehung zwischen Schwulen und Lesben, je bunter das Patchwork, umso besser. Man fragt sich, warum schwule Paare mit Vehemenz eine „normale" Familie mit Kindern anstreben. Sie sollten es ernst nehmen, dass sie von Natur aus eine andere Berufung haben. Verantwortung und verlässliche Sorge für einen Erwachsenen zu übernehmen ist gleichwertig der Sorge um Kinder. Wer frei ist von Kindererziehung, hat mehr Zeit für Aufgaben in Gesellschaft, Politik und Ehrenamt. Er hat Zeit, sich auf dem unerschöpflich weiten Feld der Kultur zu engagieren. Alle diese Aufgaben stehen in nichts der Bedeutung der Kindererziehung nach. Natürlich ist es äußerst verhängnisvoll, wenn die Kath. Kirche zwar die gleichgeschlechtliche Veranlagung anerkennt, aber den praktischen Lebensvollzug dann mit dem Bannstrahl der Sünde belegt. Dies ist lebensfremd und legalistisch. Damit wird ja die Berufung von Lesben und Schwulen wieder total abgewertet. Die Evangelische Kirche hat in jüngster Zeit ein Thesenpapier mit dem Namen „Zwischen Autonomie und Angewiesenheit, Familie als verlässliche Gemeinschaft stärken" veröffentlicht. Positiv ist das Bemühen, die heutige Lebenssituation vieler Menschen vorurteilsfrei zu beschreiben. Es dürfte heute von der Wissenschaft her unbestritten sein, dass es verschiedene Veranlagungen beim Menschen gibt, heterosexuelle und gleichgeschlechtliche. Wenn ich dies anerkenne, dann muss das auch Folgen für die Gesetzgebung und das Zusammenleben der Menschen haben. Aber anstatt diese Andersartigkeit zu akzeptieren, wird versucht, die traditionelle Familie gleichzusetzen mit einer schwulen Familie. Es ist Propaganda, wenn im Fernsehen zwei Väter gezeigt werden, die sich mit adoptierten Kindern fürsorglich beschäftigen. Wenn es viele solche Familien gäbe, dann wären dort auch Missstände zu beobachten wie in heterosexuellen Verbindungen. Ich gehe von meiner Erfahrung aus. Sie lehrt mich, dass Kinder, die eine stabile Beziehung in einer stabilen Ehe erfahren haben, selber sich im Leben leichter orientieren können. Sie lernen in der Regel besser, ihre Beziehung zu anderen Kindern ist konfliktfreier und sie bringen mehr Bereitschaft zu Toleranz und Selbstbeherrschung mit. In ihrem späteren Leben sind sie auch eher zu einer stabilen Beziehung fähig. [...] Die Evangelische Kirche weist mit ihrem Papier in die richtige Richtung. Es geht darum, vorurteilsfrei die Andersartigkeit von Menschen anzuerkennen. Aber diese Unterschiede verlangen eben, dass ich kein Gleichheitszeichen zwischen den verschiedenen Formen des Zusammenlebens mache, sondern sie in ihrer Verschiedenartigkeit anerkenne. Ich kann eine heterosexuelle Familie nicht mit einer schwulen Familie gleichsetzen.

http://chrismon.evangelisch.de/comment/18382#comment-18382 (10.10.14)

C) Statement eines katholischen Christen

Ich arbeite für die Katholische Kirche. Und ich bin homosexuell. Geht das? Ja, das geht!

Von Freunden und Bekannten werde ich häufig gefragt: Wie kannst du für die Katholische Kirche arbeiten, die sich doch mit der Anerkennung von Homosexuellen so schwertut? Da haben sie natürlich eine berechtigte Frage gestellt. Ich kann für mich persönlich allerdings sagen, dass ich noch nie eine Benachteiligung in meinem Job erfahren habe. Ich kann meine Arbeit genauso ausführen wie meine heterosexuellen Kolleginnen und Kollegen auch. In meinem direkten Arbeitsumfeld ist es sogar bekannt, dass ich in einer Beziehung lebe, und ich kann in den Pausengesprächen ganz offen darüber erzählen. Und von der Leitung des Bistums hat mich noch nie jemand danach gefragt, es spielt einfach keine Rolle.

Aber ich will die Augen auch nicht verschließen: Die Regeln und die öffentlichen Äußerungen der Kirche empfinde ich schon als schmerzhaft. Ich fühle mich in meiner Person und in meiner Beziehung nicht voll angenommen. Eine offizielle eingetragene Partnerschaft ist wegen der arbeitsrechtlichen Regeln der Kirche für mich weiterhin nicht möglich, obwohl ich schon 20 Jahre in einer festen Beziehung lebe, länger als viele Ehen in Deutschland halten! Als studierter Theologe kann ich das nicht nachvollziehen, meiner Meinung nach bietet die Bibel Zeugnisse vieler verschiedener Lebensformen. Gerade das Neue Testament und die Zeugnisse Jesu lassen für mich keinen Vorzug für die Ausschließlichkeit der Ehe zwischen Mann und Frau erkennen. Ganz davon abgesehen: Gott hat mich – und mit mir ungefähr jeden 10. Mann und jede 10. Frau auf der Welt – so geschaffen. Was kann daran schlecht sein?!

Ich sehe erfreut, dass wir beim Thema Homosexualität vielleicht vor einem Umbruch in der Kirche stehen, zumindest wird jetzt offen darüber geredet. Dass Papst Franziskus im Sommer 2013 in einem öffentlichen Interview das Wort „schwul" verwendet und sich wertschätzend äußert, empfinde ich persönlich schon als deutliche Wende in der Kirche. Und auch das Familienpapier der EKD vom Frühsommer 2013 hat viele Diskussionen angestoßen. Ich sehe aber auch ganz realistisch, dass die Katholische Kirche nicht nur die Situation in Deutschland, sondern die der Weltkirche im Blick haben muss. In sehr vielen Teilen der Welt ist Homosexualität weiterhin gesellschaftlich nicht anerkannt, häufig sogar geächtet und unter Strafe gestellt. Die Kirchenleitung muss aber bei einem möglichen Umdenken in dieser Frage alle mit ins Boot nehmen. Dies wird wohl noch ein langer, ja sehr langer Prozess werden. Ob wir das bis 2030 schaffen?

Aber ich lasse mich nicht entmutigen. Ich habe mich ja freiwillig dazu entscheiden, in der Kirche zu arbeiten. Niemand hat mich gezwungen und ich kannte die Bedingungen. Dabei habe ich mich erst spät und ganz bewusst für diesen beruflichen Weg entschieden. Ich habe nämlich zunächst etwas ganz anderes studiert und gearbeitet, im Bereich der freien Wirtschaft. Aus inhaltlichen Gründen habe ich mich dann entschieden, ein Berufsfeld in der Kirche auszuüben: Ich möchte meinen christlichen Glauben ganz leben, im Berufs- und Privatleben. Ich bin überzeugt, damit eine sehr sinnvolle Tätigkeit auszuüben, für mich persönlich und für unsere Gesellschaft. Daneben bringe ich mich auch ehrenamtlich in der Kirche ein. Ich finde es sehr wichtig, dabei zu bleiben und sozusagen „von innen" zu wirken. Einen anderen Job zu wählen oder gar aus der Kirche auszutreten kommt für mich nicht infrage. Dafür sind mir die Anliegen der Kirche, im sozialen Handeln und in den Glaubensfragen, viel zu wichtig.

D) Die Wüstenväter Ägyptens beispielhaft für heute

Wer glaubt, aufgrund des Evangeliums ein Recht zu haben, über alles und jeden ein Urteil zu fällen, der sei an eine Stelle aus der Bergpredigt erinnert, wo Jesus seine Hörer ermahnt, nicht zu urteilen. Denn mit dem Maß, mit dem wir richten, werden wir gerichtet. Dass diese Lehre Jesu durchaus ganz lebenspraktisch und konkret umgesetzt werden kann, zeigt ein Blick in die Anfänge der christlichen Spiritualität. Besonders Ägyptens Wüstenväter erinnerten sich immer wieder an dieses jesuanische Diktum, wenn es darum ging, Verhaltensweisen im Umgang mit Mitbrüdern zu finden [...]. Sie wussten: Je höher das Ideal, desto tiefer die Fallhöhe. [...] So rigoros die Wüstenväter in ihrer Lebenspraxis waren, so zurückhaltend waren sie in der Verurteilung derer, die dem Ideal nicht entsprachen. [...] Als ein Mönch an der Wohnstatt eines anderen vorbeikam und mitbekam, dass der Bruder Unzucht trieb, überlegte er, was zu tun sei. Er hielt kurz inne und entschied, sich jeglichen Urteils zu enthalten. Und dies mit der interessanten Begründung: „Wenn Gott, der sie gebildet hat, sie nicht mit Feuer verbrennt, wer bin dann ich, dass ich sie tadle?" [...] Urteilslosigkeit führt zur Beruhigung des Herzens und macht sanftmütig. Vielleicht wäre es im Kontext der aktuellen innerkirchlichen Diskussion zum Thema Ehe, Familie und Sexualität hilfreich, sich an der Lebenspraxis der Wüstenväter zu orientieren, die sich weigerten, von der Norm abweichende Lebensentwürfe per se zu verurteilen. Papst Franziskus scheint dieser Gedanke und die damit verbundene Haltung nicht ganz fremd zu sein, wenn man seine Antwort betrachtet, die er im Sommer einem Journalisten auf die Frage nach dem Umgang der Kirche mit der Homosexualität gab. Damals sagte er: „Wenn eine Person homosexuell ist und Gott sucht – wer bin ich, um über sie zu richten?"

Ceming, Katharina, Wer bin ich, dass ich richten könnte?, in: Publik Forum Nr. 6, 2014, S. 29.

M 9

E) Auszug aus Kardinal Kaspers Rede vor dem Konsistorium

Das familiäre Leben will gepflegt werden gemäß den drei Schlüsselworten des Heiligen Vaters: Bitte, Danke, Entschuldigung. Man muss Zeit füreinander haben und den Sabbat bzw. Sonntag miteinander feiern, immer wieder Nachsicht, Vergebung und Geduld üben; immer wieder neu sind Zeichen des Wohlwollens, der Wertschätzung, der Zärtlichkeit, der Dankbarkeit und der Liebe nötig. Das gemeinsame Gebet, das Sakrament der Buße und die gemeinsame Feier der Eucharistie sind eine Hilfe, um das Band der Ehe, das Gott um die Ehepartner gelegt hat, immer wieder neu zu festigen. [...]

Die Bibel schließt mit der Vision von der eschatologischen Hochzeit des Lammes (Offb 19,7.9). Ehe und Familie werden damit zu einem eschatologischen Symbol. Bei der irdischen Hochzeitsfeier wird die eschatologische Hochzeit vorausgefeiert. Deshalb soll sie glanzvoll und festlich begangen werden. Als eschatologische Antizipation wird die irdische Hochzeit zugleich relativiert. Jesus selbst lebte – was für einen Rabbi ungewöhnlich war – ehelos; [...] Dadurch dass die freigewählte Ehelosigkeit zu einem eigenen anerkannten Stand wird, ist auch die Ehe kein gesellschaftlicher Zwang mehr, sondern eine freie Wahl. Ehe und Ehelosigkeit werten sich gegenseitig auf und stützen einander, oder sie geraten beide miteinander in die Krise, wie wir es leider gegenwärtig erfahren.

In dieser Krise stehen wir. Das Evangelium von der Ehe und der Familie ist vielen nicht mehr verständlich. Vielen scheint es in ihrer Situation nicht lebbar zu sein. Was tun? Mit guten Worten allein ist wenig auszurichten. Jesus zeigt uns einen realistischeren Weg. Er sagt uns, dass jede/r Christ/-in, ob verheiratet oder ehelos, ob vom Partner verlassen oder als Kind und Jugendlicher ohne Kontakt zur eigenen Familie aufgewachsen, nie einsam und verloren ist. Er/Sie ist in einer neuen Familie von Brüdern und Schwestern zu Hause (Mt 12,48–50; 19,27–29). Das Evangelium von der Familie wird in der Hauskirche konkret; in ihr kann es neu lebbar werden. Sie gewinnt heute ganz neu an Aktualität. [...]

Hauskirchen sind eine ecclesiola in ecclesia, eine Kirche im Kleinen innerhalb der Kirche im Großen. Sie machen die Kirche vor Ort mitten im Leben präsent. [...] Sie müssen sich für die Notleidenden aller Art, für die einfachen und kleinen Leute öffnen. Sie sollen wissen, dass das Reich Gottes den Kindern gehört (Mk 10,14).

Die Familien brauchen die Kirche, und die Kirche braucht die Familien, um mitten im Leben und in den modernen Lebensmilieus präsent zu sein. Ohne die Hauskirchen ist die Kirche der konkreten Lebenswirklichkeit entfremdet. Nur durch die Familien kann die Kirche dort zu Hause sein, wo die Menschen zu Hause sind. Das Verständnis der Kirche als Hauskirche ist darum grundlegend für die Zukunft der Kirche und für die neue Evangelisierung. Die Familien sind die ersten und die besten Boten des Evangeliums von der Familie. Sie sind der Weg der Kirche.

Wenn man die Bedeutung der Familien für die Zukunft der Kirche bedenkt, dann erscheint die rasant zunehmende Zahl von zerbrochenen Familien umso mehr als Tragödie. [...] In dieser Situation werden die Seelsorger alles ihnen Mögliche tun, um zur Heilung und Versöhnung der in die Krise geratenen Ehe und Familie beizutragen. Jeder weiß aber auch, dass es Situationen gibt, in denen sich jeder vernünftige Versuch, eine Ehe zu retten, als vergeblich erweist. [...] Was kann die Kirche in solchen Situationen tun? Sie kann keine Lösung neben oder entgegen dem Wort Jesu anbieten. Die Unauflöslichkeit einer sakramentalen Ehe und die Unmöglichkeit, zu Lebzeiten des anderen Partners eine zweite sakramentale Ehe zu schließen, ist ein verbindlicher Teil der Glaubenstradition der Kirche, die man nicht unter Berufung auf eine oberflächlich verstandene billige Barmherzigkeit aufheben oder aufweichen kann. Gottes Treue ist jedoch letztlich die Treue Gottes zu sich selbst und zu seiner Liebe. Weil Gott treu ist, ist er auch barmherzig. Barmherzigkeit und Treue gehören zusammen. Deshalb kann es keine menschliche Situation geben, die absolut aussichtslos und ausweglos wäre. Da mag ein Mensch noch so tief fallen, er fällt nie tiefer als in Gottes Barmherzigkeit.

Kasper, W. Kardinal, Das Evangelium von der Familie. Die Rede vor dem Konsistorium, Herder, Freiburg 2014, S. 42–53.

M 10

Stellungnahme

Verfasse einen Beitrag für das Debatten-Magazin „The European“ zu unserer Auseinandersetzung mit der Zukunft der Familie und der Anerkennung pluraler Beziehungsformen.
Tipp: Achte auf unsere Kriterien für eine Stellungnahme.

M 11

Redaktionssitzung zu den Stellungnahmen

1. Stellt euch gegenseitig eure Stellungnahmen vor und markiert zunächst grün, welche Aspekte bei euch beiden vorkommen, und rot die unterschiedlichen Aspekte.

2. Bewertet nun beide Stellungnahmen nach folgenden bereits bekannten Kriterien:

	☺	🙂	😐	☹
Die Stellungnahme ist geschickt eingeleitet und weckt beim Leser Interesse.				
Deine Stellungnahme ist klar gegliedert vom wichtigsten zum unwichtigsten Argument oder umgekehrt (Absätze nach Argumentationsblöcken).				
Deine Argumente sind vielseitig und überzeugend.				
Deine Argumente sind mit Beispielen o. Ä. veranschaulicht.				
Du hast deine Meinung zusammenfassend dargestellt. Sie ergibt sich folgerichtig aus deiner Argumentation.				
Du hast eine sachliche Sprache verwendet.				
Du hast auf deinen Satzbau und die Vermeidung sprachlicher Fehler geachtet.				

3. Überarbeite deine Stellungnahme zur nächsten Stunde; notiere dir dazu ggf. auch noch Argumente deiner Partnerin bzw. deines Partners, die du in deine Stellungnahme noch nicht hast einfließen lassen.

M 12

Eine Tür ist genug

http://eine-tuer.de: evangelische Online-Kampagne zur Vielfalt von Lebensentwürfen

STARTSEITE » EINE TÜR IST GENUG

EINE TÜR IST GENUG

Gefällt mir | +1 | Tweet | i

EINE TÜR IST GENUG

GEPOSTET VON FRAUKE AM 24. FEBRUAR 2014 IN EINE TÜR IST GENUG | 26 KOMMENTARE

LIEBE IST KEIN ABO

GEPOSTET VON FRAUKE AM 24. FEBRUAR 2014 IN BEZIEHUNGSGESCHICHTEN | KEINE KOMMENTARE

LOLA TANZT

GEPOSTET VON FRAUKE AM 21. FEBRUAR 2014 IN BEZIEHUNGSGESCHICHTEN | 4 KOMMENTARE

LIEBE BRAUCHT AUCH: ENTSCHEIDUNG

GEPOSTET VON FRAUKE AM 21. FEBRUAR 2014 IN BEZIEHUNGSGESCHICHTEN | KEINE KOMMENTARE

BERUF ODER LIEBE?

GEPOSTET VON JENS JANSON AM 21. FEBRUAR 2014 IN BEZIEHUNGSGESCHICHTEN | KEINE KOMMENTARE

DER PLAN WAR ANDERS

GEPOSTET VON FRAUKE AM 21. FEBRUAR 2014 IN BEZIEHUNGSGESCHICHTEN | 3 KOMMENTARE

Entwerft einen Beitrag für obige Online-Kampagne, in dem ihr eure Diskussionsbeiträge kreativ verarbeitet. Bezieht dabei auch die biblisch-christlichen Aussagen zu Gott und zum Menschen mit ein.

Michaela Maas

Eine Lernsequenz zur Auseinandersetzung mit der Präimplantationsdiagnostik (Jahrgänge 10 bis 12)

1. Kontext

Die Präimplantationsdiagnostik (PID) bezeichnet ein Verfahren, das mithilfe der In-Vitro-Fertilisation (IVF) eine genetische Untersuchung der Eizelle bereits vor der Befruchtung bzw. der Zellen des durch künstliche Befruchtung gezeugten Embryos vor der Einpflanzung (Implantation) in die Gebärmutter ermöglicht. Dieses Verfahren, das in einigen anderen Ländern Europas erlaubt ist, war in Deutschland bis 2011 grundsätzlich verboten.
Am 7. Juli 2011 wurde im Deutschen Bundestag über ein neues Präimplantationsgesetz abgestimmt, dem der Bundesrat am 23. September 2011 zustimmte. Dieses Gesetz beinhaltet, dass zwar grundsätzlich die PID verboten ist, in Ausnahmefällen aber angewendet werden darf. Die Anwendung darf dann erfolgen, wenn die Möglichkeit besteht, dass das Kind mit einer schwerwiegenden Erbkrankheit auf die Welt kommt, da die Eltern dazu eine genetische Veranlagung besitzen, oder eine Tot- oder Fehlgeburt wahrscheinlich ist.

Die Stellungnahmen der Kirchen zu diesem neuen Gesetz unterscheiden sich. Während die Katholische Kirche die PID grundsätzlich ablehnt, da sie im Embryo einen Menschen von Anfang an sieht, dessen Würde geschützt werden muss, halten innerhalb der Evangelischen Kirche Deutschlands (vgl. Stellungnahme der EKD) einige, aber nicht alle Mitglieder des Rates eine Zulassung der PID dann für ethisch vertretbar, wenn bei den Eltern eine genetische Veranlagung vorliegt, sodass „mit sehr hoher Wahrscheinlichkeit der Embryo schon während der Schwangerschaft lebensunfähig ist“. Bei dieser Auffassung ist die Unterscheidung von Bedeutung, „dass es nicht um die Frage von Krankheit und Gesundheit, von behindert und nicht behindert, von ‚lebenswert‘ und ‚nicht lebenswert‘ geht, sondern um Lebensfähigkeit und Lebensunfähigkeit“. Das Schreiben der EKD geht damit nicht so weit wie das Gesetz des Bundestages zur PID. Einige Mitglieder folgen aber dem Gesetzesentwurf in Bezug auf eine Tot- und Fehlgeburt.
Da es sich um eine Lernsequenz für den konfessionell-kooperativen Religionsunterricht handelt, soll der Schwerpunkt auf die Frage gelegt werden, was die Kirchen unterscheidet bzw. was auch innerevangelisch im Positionspapier der EKD umstritten ist, nämlich ob die PID angewendet werden darf, wenn ein Embryo nicht lebensfähig ist. Dahinter steckt die Überlegung, Menschen Leid zu ersparen, die bereits durch die traumatische Erfahrung einer Tot- oder Fehlgeburt gegangen sind. Es bleibt aber die Frage: Wird die Würde des Menschen angetastet, wenn die PID auch in einem solchen Fall zugelassen wird? Prämisse für diese Frage ist, dass der Embryo von Anfang an ein Mensch ist, auch außerhalb des Mutterleibes, wenn Ei- und Samenzelle im Reagenzglas verschmelzen. Die offizielle Position der Katholischen Kirche (vgl. Dignitas Personae 2008) ist eindeutig gegen PID und IVF gerichtet, während innerhalb der Evangelischen Kirche unterschiedliche Positionen vertreten werden. Dennoch warnt auch der Rat der EKD vor den „möglichen sozialen und medizinischen Folgen und [...] vor einer schleichenden Ausweitung der PID“ (Kopp 2011). Wenn die PID auf eine „frühestmögliche Selektion und nicht die Therapie kranken und behinderten Lebens gerichtet“ (A. Schröder, in: Ethik-ette 2011, 20) ist, entsteht die Befürchtung, dass die gesellschaftliche „Akzeptanz für kranke und behinderte Menschen“ (A. Schröder, in: Ethik-ette 2011, 20) infrage gestellt wird.
Da viele Schulen einen interreligiösen Dialog pflegen, empfiehlt es sich, die Schülerinnen und Schüler die Positionen zur PID aus Sicht der monotheistischen Religionen erarbeiten zu lassen. Im Judentum werden „Prä-Embryonen außerhalb der Gebärmutter nicht als vollumfängliches Leben angesehen“ (J. Sievers, in: Ethik-ette 2011, 26). Im (sunnitischen) Islam wird die Verschmelzung von Ei- und Samenzelle als Beginn des menschlichen Lebens angesehen, Uneinigkeit besteht aber „in der Frage, ob hier bereits absolute Schutzrechte vorliegen. Diese werden von der Mehrheit der Gelehr-

ten an die Beseelung gekoppelt“ (T. Eich, in: Ethik-ette 2011, 11). Mit Blick auf das Thema Inklusion liegt es weiterhin nahe, Erfahrungen von Menschen mit Behinderungen einzubeziehen bzw. sich mit der Sichtweise von Behindertenverbänden auseinanderzusetzen, um sich schließlich eine eigene Meinung zu folgenden Fragen bilden zu können:

- Wird die Würde des Menschen durch die PID verletzt?
- Kann die PID Leid für Eltern und Kinder vermeiden?
- Haben wir das Recht auf ein gesundes Kind?
- Wer entscheidet darüber, ob ein Leben lebensfähig oder lebensunfähig ist?
- Wird das Leben behinderter Menschen durch die PID infrage gestellt?

2. Lerngegenstände/Inhalte

- Gemeinsamkeiten und Unterschiede in den Sichtweisen auf die PID in Katholischer und Evangelischer Kirche
- Beginn des menschlichen Lebens aus Sicht der Konfessionen und Religionen
- Grundlagen und Konsequenzen der PID
- Die Würde des Menschen
- Das christliche Menschenbild
- Umgang mit Leid und Behinderung in der Gesellschaft

3. Kompetenzerwerb

Im Hinblick auf die niedersächsischen Kerncurricula für die gymnasiale Oberstufe werden mit der vorliegenden Lernsequenz in erster Linie Kompetenzen aus den Bereichen „Christliche Ethik vor den Herausforderungen der Gegenwart“ (kath.) bzw. „Ethik“ (ev.) geschult. Bezüge zu „Der Mensch – berufen zu Freiheit und Hoffnung“ (kath.) oder „Anspruch, Gestalt und Handeln der Kirche vor dem Horizont der Moderne“ (kath.) können sich darüber hinaus aus der behandelten Sache ergeben.[1]
Aus den entsprechenden NRW-Kernlehrplänen werden damit Kompetenzen aus dem Inhaltsfeld „Verantwortliches Handeln aus christlicher Motivation“ (ev./kath.) berührt.[2]

Im Einzelnen:

Übergeordnete bzw. prozessbezogene Kompetenzen

Die Schülerinnen und Schüler ...

- stellen Gemeinsamkeiten von Konfessionen und Religionen sowie deren Unterschiede dar und bewerten sie aus der Perspektive des katholischen Glaubens (kath.),
- nehmen im Kontext der Pluralität einen eigenen Standpunkt zu religiösen und ethischen Fragen ein und vertreten ihn argumentativ (kath./ev.),
- begründen die Menschenwürde theologisch und bringen sie als Grundwert in aktuellen ethischen Konflikten zur Geltung (ev.).

Inhaltsbezogene Kompetenzen

Die Schülerinnen und Schüler ...

- beschreiben die Pluralität moralischer Überzeugungen als persönliche und gesellschaftliche Herausforderung (kath.),
- entfalten biblische, theologische und lehramtliche Aussagen als Grundlage christlicher Ethik (kath.),
- stellen biblisch-theologische Grundlagen christlicher Ethik dar (ev.),
- erörtern anhand eines exemplarischen Konfliktes ethische Problemstellungen (ev.).

4. Struktur des Unterrichtsvorhabens

	Thema/Inhalte und Lernschritte	Material	Kommentar
1	**Mein Kind ist vielleicht nicht lebensfähig!** • Die SuS setzen sich mit beiden Positionen von M 1 auseinander sowie mit der Möglichkeit, dass das Kind lebensfähig ist, und treffen eine begründete Entscheidung.	M 1	• PA und EA • Die SuS recherchieren das „Ullrich-Turner-Syndrom“ und setzen sich mit folgenden Themen auseinander: Abtreibung; Leben mit der Ungewissheit, ob das Kind lebensfähig sein wird; Leben mit möglichen Behinderungen des Kindes. • Die SuS schreiben einen Brief an das Kind im Mutterleib und begründen ihre Entscheidung.

[1] Vgl. NI-KC GY Oberstufe Kath. Religion (S. 23) bzw. Ev. Religion (S. 26 f.).
[2] Vgl. NRW-KLP GY Oberstufe Kath. Religion (S. 29 f.) bzw. Ev. Religion (S. 22 f.).

	Thema/Inhalte und Lernschritte	Material	Kommentar
2	**Was kann man mithilfe der PID herausfinden?** ● Die SuS arbeiten heraus, was man mithilfe der PID feststellen kann: – Krankheiten, – Behinderungen, – Geschlecht, – zu erwartende Fehlgeburt, – ob ein Embryo als Gewebespender für ein erkranktes Familienmitglied infrage kommt. **Wie wird eine PID durchgeführt?** ● Voraussetzung für eine PID ist eine IVF. Was darunter zu verstehen ist, muss geklärt werden, um im Anschluss daran erarbeiten zu können, wie eine PID durchgeführt wird (vgl. dazu Ethik-ette 2011, S. 11–17).	M 2	● PA, GA ● ggf. Tafelbild erstellen ● Die biologischen Voraussetzungen können ggf. im fächerübergreifenden Unterricht mit dem Fach Biologie erarbeitet oder durch ein Referat vorgestellt werden.
3	**Gesetzeslage** ● Die SuS arbeiten heraus, wann eine PID nicht rechtswidrig ist und welche zusätzlichen Bedingungen zur Durchführung erfüllt werden müssen.		● EA ● Die SuS recherchieren den Inhalt des aktuellen Gesetzes zur PID.
4	**Positionen der Katholischen Kirche und der Evangelischen Kirche** ● Die SuS erarbeiten die Positionen der Kirchen zur PID. Folgende Stichworte sind zum Verständnis von Bedeutung: – christliches Menschenbild, – Leid, – Lebensfähigkeit und Lebensunfähigkeit, – Gewissen/persönliche Gewissensentscheidung, – Behinderung. ● Die katholische und evangelische Position unterscheiden sich in Bezug auf die Lebensunfähigkeit des Embryos.	M 3 Alternative: „Dignitas personae" (S. 29–31) M 4	● GA ● Methode zur Texterschließung: reziprokes Lesen (vgl. z. B. Brüning/Saum 2009, S. 102–106) ● Inhalte und Unterschiede z. B. auf Plakaten festhalten ● Als Alternative ist auch die Bearbeitung der Texte unter bestimmten Fragestellungen möglich.
5	**PID als Alternative zur natürlichen Zeugung?** ● Die SuS sollen sich mit der katholischen und evangelischen Position zur PID anhand eines Beispiels auseinandersetzen.	M 5	● GA ● Erarbeitung und Darstellung eines Beratungsgesprächs unter Berücksichtigung der evangelischen bzw. katholischen Position zur PID
6	**Schutz des Embryos aus moraltheologischer Sicht** ● Bearbeitung der Fragen und Findung eines eigenen Standpunktes ● Der Text gibt Begründungen, warum ein Embryo aus moraltheologischer Sicht von Anfang an Mensch ist und darum geschützt werden muss.	M 6	● EA
7	**Podiumsdiskussion** ● In einer Podiumsdiskussion mit festgelegten Rollen soll es um die Aussage gehen: PID – geöffnete Türen – Leben ohne Leid? ● Ausgangspunkt der Diskussion bildet die Position einiger Mitglieder des Rates der EKD, dass bei Lebensunfähigkeit die PID erlaubt sein soll. ● Mithilfe einer Karikatur bereiten sich die SuS in Gruppen auf ihre Rolle in der Podiumsdiskussion vor und diskutieren die Aussage: „PID … geöffnete Türen". ● Obige Aussage soll aus Sicht von Ärzten, Vertretern der Kirchen, Betroffenen, Zuschauern, aber auch aus Sicht der beiden anderen monotheistischen Religionen Judentum und Islam erörtert werden. ● Weiterhin soll bzgl. des Themas Inklusion der Standpunkt von Menschen mit Behinderung bzw. von Behindertenverbänden eingebracht werden (vgl. z. B. Ethik-ette 2011, S. 33–36). ● Am Ende der Diskussion soll es um die Aussage/Frage gehen: „PID – Leben ohne Leid!?"	M 7	● GA ● Einigen Gruppen muss weiterführende Literatur zur Verfügung gestellt werden, z. B. um die Sichtweise des Judentums oder des Islams zu erarbeiten (vgl. dazu die angegebene Literatur).
8	**Abschlussgespräch** ● Es empfiehlt sich, nach der Podiumsdiskussion ein Abschlussgespräch durchzuführen, um die eigene Rolle und ggf. persönliche Betroffenheiten zu reflektieren.		● ggf. dem Gespräch eine kurze Phase der Selbstreflexion mit einigen Impulsfragen voranstellen

5. Weiterführende Anregungen

Gretenkord, Ilse, Die Präimplantationsdiagnostik und die ethischen Grenzen des Menschenmöglichen, in: RAAbits Religion Sek I/II, Stuttgart 2010.

Hille, Haker, Hauptsache gesund? Ethische Fragen der Pränatal- und Präimplantationsdiagnostik, München 2011.

Huber, Wolfgang, Der gemachte Mensch. Christlicher Glaube und Biotechnik, Berlin 2002.

Lange, Meinolf, „Wie soll ich mich denn da entscheiden?" Methodenblätter als Hilfe bei der ethischen Urteilsbildung, in: Rellis 2/2013, Nr. 8, 46–51.

6. Verwendete Literatur

Brüning, Ludger/Saum, Tobias, Erfolgreich unterrichten durch Kooperatives Lernen. Bd. 1. Strategien zur Schüleraktivierung, Essen 2009.

Deutscher Ethikrat (Hg.), Stellungnahme Präimplantationsdiagnostik, Berlin 2011.

Ethik-ette e.V. (Hg.), Informationen zur ethischen Bildung 1/2011. PID – Präimplantationsdiagnostik, Regensburg 2011 (als pdf-Datei abrufbar unter: www.ethik-ette.de).

Kongregation für die Glaubenslehre, Instruktion DIGNITAS PERSONAE über einige Fragen der Bioethik (= Verlautbarungen des Apostolischen Stuhls 183), hg. v. Sekretariat der Deutschen Bischofskonferenz, Bonn 2008.

Kopp, Eduard, „Leben lässt sich vor Leid nicht schützen", in: chrismon.de. Das evangelische Online-Magazin v. 15.02.2011 (abrufbar unter: chrismon.evangelisch.de).

Stellungnahme der Deutschen Bischofskonferenz zur Präimplantationsdiagnostik (PID) v. 17.03.2011 (abrufbar unter: www.dbk.de).

Stellungnahme des Rates der Evangelischen Kirche in Deutschland zur Präimplantationsdiagnostik (PID) v. 15.02.2011 (abrufbar unter: www.ekd.de).

7. Materialien

[siehe M 1 – M 7]

„Mein Kind ist vielleicht nicht lebensfähig!"

Frau X. ist in der 13. Schwangerschaftswoche, als der Arzt feststellt, dass ihr Kind am sogenannten Ullrich-Turner-Syndrom leidet. Er prognostiziert ihr, dass es mit einer Wahrscheinlichkeit von 98 Prozent nicht lebensfähig sein wird und bereits im Mutterleib versterben wird. Eine Möglichkeit sei deshalb, das Kind bereits vorher abtreiben zu lassen. Frau X. und ihr Mann geraten in einen großen Gewissenskonflikt.

Sollen sie ihr Kind abtreiben lassen?
Oder sollen sie einfach den natürlichen Tod ihres Kindes im Mutterleib abwarten?

Vielleicht gehört ihr Kind aber auch zu den zwei Prozent, die die Schwangerschaft überleben.

Sind sie bereit, ein Kind mit dem Ullrich-Turner-Syndrom anzunehmen?

Herr und Frau X. holen sich zu allen Möglichkeiten Informationen ein und durchlaufen eine sehr schwere Zeit. Gemeinsam treffen sie schließlich eine Entscheidung.

1. Recherchiere, was das Ullrich-Turner-Syndrom ist, und benenne, welche Konsequenzen diese Diagnose haben kann. Berücksichtige bei deiner Recherche, wie das Ullrich-Turner-Syndrom während der Schwangerschaft festgestellt werden kann.

2. Setze dich mit den einzelnen Entscheidungsalternativen auseinander und diskutiere diese in einer Kleingruppe.

3. Stell dir vor, du wärst in der Situation des Ehepaars X. Triff eine Entscheidung und schreibe aus der Sicht des betroffenen Vaters/der betroffenen Mutter einen Brief an dein ungeborenes Kind, in dem du ihm deine Entscheidung erörterst.

M 2

Was kann man mithilfe der PID herausfinden?

Von einer präimplantativen genetischen Diagnostik (PID) spricht man, wenn bei einem Embryo gezielt nach einem genetischen Merkmal oder Chromosomenbild gesucht wird, für das bei der betroffenen Familie ein erhöhtes Risiko vorliegt und das zu einer Fehlgeburt oder zu einer Krankheit oder Behinderung des Kindes führen würde. Von PID spricht man aber auch, wenn nach erwünschten Merkmalen gesucht wird, wie zum Beispiel nach einem bestimmten Geschlecht des Embryos oder nach Genen des Immunsystems, die Auskunft darüber geben können, ob der Embryo sich zu einem geeigneten Gewebespender für ein erkranktes Familienmitglied entwickeln könnte. Von einem präimplantativen genetischen Screening (PGS) spricht man, wenn nach chromosomalen Veränderungen beim Embryo gesucht wird, ohne dass ein spezifisches Risiko bekannt ist. Es kann im Rahmen von Unfruchtbarkeitsbehandlungen vorgenommen werden, um im Falle eines unspezifisch erhöhten Risikos von Chromosomenstörungen (z. B. aufgrund des fortgeschrittenen Alters der Frau) oder nach wiederholten Fehlgeburten oder erfolglosen Versuchen künstlicher Befruchtung die Wahrscheinlichkeit einer Schwangerschaft zu erhöhen oder auch nicht erbliche chromosomale Schäden zu erkennen, die zu einer Krankheit oder Behinderung führen.

Präimplantationsdiagnostik. Stellungnahme, hg. v. Deutschen Ethikrat, Berlin 2011, S. 13; vgl. www.ethikrat.org.

1. Benenne, was mithilfe der PID festgestellt werden kann.

2. Zeige mögliche ethische und gesellschaftliche Konsequenzen der PID auf.

Stellungnahme der Deutschen Bischofskonferenz zur Präimplantationsdiagnostik (PID) v. 17.03.2011

Aus christlicher Sicht ist jeder Mensch von allem Anfang an Person und besitzt damit die Würde des ganzen Menschen: Ob Mann oder Frau, jung oder alt, krank oder gesund macht keinen Unterschied. Die Unantastbarkeit der Würde des Menschen zieht die volle und uneingeschränkte Schutzwürdigkeit menschlichen Lebens in jeder seiner Existenzphasen nach sich. Damit ist auch die Frage nach dem Status des Embryos beantwortet: Mensch von Anfang an.

„Die Würde kommt jedem Menschen in gleicher Weise zu. Sie hängt nicht vom Plan der Eltern, vom gesellschaftlichen Stand, von der Bildung oder vom physischen Entwicklungsstand ab" (Kongregation für die Glaubenslehre, Instruktion Dignitas personae: Über einige Fragen der Bioethik, 2008).

In Übereinstimmung mit den Ergebnissen der embryonalen Forschung geht die Katholische Kirche davon aus, dass mit der Vereinigung von menschlicher Ei- und Samenzelle ein neues menschliches Leben entstanden ist. Daraus ergibt sich konsequent, dass die Präimplantationsdiagnostik (PID) unter keinen Umständen zugelassen werden kann, da diese Technik aus sich heraus mit Selektion und damit der Tötung von menschlichem Leben einhergeht. Wird die Schutzwürdigkeit menschlichen Lebens auf einen späteren Zeitpunkt verschoben, entsteht ein ethischer Freiraum, der nicht nur Fremdinteressen und Verwertungswünschen, sondern auch der Willkür Tür und Tor öffnet. [...]

Die Haltung der Katholischen Kirche

Bei der Beurteilung der PID hat die Katholische Kirche deutlich die Konfliktsituationen von Ehepaaren und Eltern vor Augen, die Angst vor einem (weiteren) Kind mit schwerer Behinderung haben, vor einer (weiteren) Fehl- oder Totgeburt oder einer drohenden Kinderlosigkeit. Der Wunsch nach einem gesunden Kind ist nachvollziehbar und überaus verständlich. Alle ethisch verantwortbaren Möglichkeiten, diesen Wunsch zu erfüllen, unterstützt die Katholische Kirche ausdrücklich.

Für die Katholische Kirche steht bei der Frage einer Zulassung der PID die große Sorge um das Schutzbedürfnis derer, die ihren eigenen Willen noch nicht äußern können, im Vordergrund. PID ist ethisch deswegen nicht zu rechtfertigen, weil die Auswahl eines mutmaßlich gesunden Kindes notwendig mit der Selektion und Verwerfung von Embryonen einhergeht. Die Medizin und die ärztliche Kunst können ein gesundes Kind selbst durch das Verfahren der PID nicht garantieren. Auch ein behindertes Kind ist ein von Gott geschenktes Kind. Auch ein behindertes Kind hat ein Recht auf Leben. Weder Ärzte noch Forscher noch Eltern dürfen in eine Situation gebracht werden, in der sie gezwungen sind, zwischen lebenswertem und nicht lebenswertem Leben unterscheiden zu müssen.

Hinsichtlich der Positionen, die PID in eng begrenzten Fällen nach zu benennenden Kriterien zulassen wollen, ist zu fragen, wie solche Kriterien, nach welchem Maßstab und von wem festgelegt werden sollen. Jeder Katalog von Krankheiten wäre nicht nur diskriminierend gegenüber Menschen, die mit diesen Krankheiten oder Behinderungen leben, sondern würde infolge diagnostischer Fortschritte ständig erweitert. Auch das Argument, PID könne bei einer bereits im Mutterleib voraussichtlich prognostizierbaren Lebensunfähigkeit erlaubt sein, beinhaltet Aussagen über den Lebenswert, die notwendig willkürlich bleiben müssen und ethisch nicht tragfähig sind. Vollkommen ungeklärt ist in diesem Zusammenhang auch die Frage nach dem Umgang mit Nebenbefunden, die zwangsläufig auftauchen werden, wenn Embryonen „nur" auf bestimmte Kriterien untersucht werden.

Daher plädiert die Katholische Kirche für ein klares Verbot der PID durch den Gesetzgeber.

Stellungnahme der Deutschen Bischofskonferenz zur Präimplantationsdiagnostik (PID), Pressemitteilung 2011; Text gekürzt, vgl. www.dbk.de.

M 4

Stellungnahme des Rates der Evangelischen Kirche in Deutschland zur Präimplantationsdiagnostik (PID) v. 15.02.2011

„Deine Augen sahen mich, als ich noch nicht bereitet war ..." (Psalm 139,16)

Kinder sind Geschenke Gottes. [...] Der Rat der EKD sieht den schweren Konflikt, den Ehepaare ertragen müssen, die sich trotz Veranlagung für eine schwerwiegende Erbkrankheit ein Kind wünschen. Es ist ein tief im Menschen verankerter Wunsch, ein gesundes Kind bekommen zu wollen. Gleichzeitig ist es für viele Eltern selbstverständlich, dass sie auch ein Kind mit eingeschränkten Lebensmöglichkeiten als ihr Kind annehmen. [...] Ein Leben mit Behinderung ist in die ganze Bandbreite der Ebenbildlichkeit Gottes eingeschlossen. Staat, Gesellschaft und Kirche sind verpflichtet, Gleichberechtigung zu verwirklichen und Teilhabe am gesellschaftlichen Leben ausnahmslos allen Menschen zu ermöglichen. Menschen, die heute bereits mit einer Behinderung leben, dürfen nicht den Eindruck bekommen, sie gehörten zu einer Gruppe von Menschen, die „vermeidbar" gewesen wäre oder in Zukunft vermieden werden soll.

Der Rat der EKD sieht auch die Befürchtung und Enttäuschung derjenigen Eltern, deren genetische Veranlagung es wahrscheinlich macht, dass ihre Kinder nicht lebensfähig sind. Die Erfahrung von Fehl- oder Totgeburten kann erdrückend, oft traumatisch werden. Wir trauern mit den Eltern von „Schmetterlingskindern" [...]. Das gilt auch für Fehl- oder Totgeburten nach künstlicher Befruchtung. [...]

Die Zumutbarkeit der Prozedur der Herstellung von befruchteten Embryonen muss erörtert werden. Denn die In-Vitro-Fertilisation (IVF) und die Präimplantationsdiagnostik (PID) bringen nur begrenzte Chancen und erhebliche Belastungen mit sich, über die nur wenig gesprochen wird. Das Prozedere ist für Frauen extrem kräftezehrend und beschwerlich, die hormonelle Belastung ist hoch und Spätschäden sind nicht ausgeschlossen. Der Kummer enttäuschter Hoffnung bleibt, denn nur jede fünfte Frau wird nach einer IVF schwanger [...]. Hinzu kommt, dass die PID die Chancen auf Entwicklung eines lebensfähigen oder gesunden Kindes zwar erhöhen, aber bei allem medizinisch Erkennbaren keineswegs garantieren kann.

Leben ist nicht durchgängig planbar. Leben lässt sich vor Leid nicht schützen. [...] Auch im Leid und beim Misslingen von Plänen und Hoffnungen ist Gott den Menschen nahe. [...]
Der Rat weist darauf hin, dass durch die Zulassung zur PID die Belastungen für andere Menschen größer werden können:
Das gilt für Menschen mit Behinderungen, wenn sie als „vermeidbar" angesehen werden.
Das gilt für Eltern, wenn ihre Entscheidung für das Leben mit einem behinderten Kind infrage gestellt wird.
Das gilt für diejenigen, die keine Untersuchungen auf Behinderungen und Krankheiten vor der Geburt in Anspruch nehmen, weil sie nicht wissen, nicht auswählen wollen oder sich überfordert fühlen – wenn ihre Haltung unter Druck gerät.

Vor dem Hintergrund dieser ethischen Überlegungen bleibt der Rat dabei, dass die PID verboten werden sollte.

Auch wenn bei der Diagnostik selbst keine Embryonen verbraucht werden, müssen für die PID mehr als die heute bereits gesetzlich erlaubten drei Embryonen hergestellt werden. Dadurch könnten Begehrlichkeiten geweckt werden, sie zu Forschungs- und anderen Zwecken zu nutzen. Wenn sich der Rat der EKD erneut dafür ausspricht, Grenzen der Verfügbarkeit über menschliches Leben anzuerkennen und die PID zu verbieten, dann geschieht das in dem Bewusstsein des Dilemmas, dass auch das Verbot der PID anderen Menschen nicht oder kaum Erträgliches zumuten kann.

Das christliche Menschenbild gründet darauf, dass der Mensch nicht sein eigener Schöpfer ist, sondern dass sich alles Leben Gott verdankt. Darin, dass jeder Mensch zum Gegenüber Gottes geschaffen ist, liegt die unableitbare, nicht verzweckbare Würde eines jeden Menschen begründet. Eine mit einer Zulassung der PID bei bestimmten Krankheitsbildern zwingend gegebene Selektion zwischen lebenswertem und nicht lebenswertem Leben ist damit nicht vereinbar. [...]

Die Zulassung der PID relativiert dieses Menschenbild, wenn sie dazu dient, auszuwählen und letztlich festzulegen, welches Leben „lebenswert" ist und welches nicht. Auch könnte ein noch so sorgfältig erarbeiteter Kriterienkatalog keine überzeugende Grenze zwischen lebensunverträglicher und zu bejahender Behinderung angeben.

Unter den Mitgliedern des Rates gibt es unterschiedliche Meinungen zur Bewertung von Konstellationen, bei denen die Anwendung der PID nicht die Funktion hätte, zwischen behinderten und nicht behinderten Embryonen zu unterscheiden, sondern die Aufgabe, lebensfähige Embryonen zu identifizieren. Die hier angesprochenen Fälle unterscheiden sich von anderen dadurch prinzipiell, dass es nicht um die Frage von Krankheit und Gesundheit, von behindert und nicht behindert, von „lebenswert" und „nicht lebenswert" geht, sondern um Lebensfähigkeit und Lebensunfähigkeit. Nur in diesen Fällen würde die IVF in Verbindung mit der PID allein dem Ziel dienen, Leben zu ermöglichen.

Es gilt deshalb zu bedenken, ob eine Zulassung der PID mit dem Ziel verantwortbar ist, lebensfähige Embryonen zu identifizieren. Liegt bei Eltern eine solche genetische Veranlagung vor, dass mit sehr hoher Wahrscheinlichkeit der Embryo schon während der Schwangerschaft lebensunfähig ist, könnte die Möglichkeit eingeräumt werden, die PID zuzulassen. Für diese Fälle müssten Verfahren gefunden werden, die eine angemessene Begleitung und Beratung der Eltern sicherstellen und einen Missbrauch des eröffneten Weges verhindern. Dieses halten einige der Mitglieder des Rates für ethisch vertretbar.

Andere machten ihre ablehnende Haltung deutlich: Sie sehen die Gefahr, dass Leben unterschiedlich bewertet wird. Auch das Leben mit einem noch nicht geborenen Kind ist ein Leben in Beziehung und insofern wertvoll. Es ist nicht an uns, zu bewerten, was dies werdenden Eltern bedeutet. Zugleich besteht die Sorge einer späteren Ausweitung der Ausnahme, wie dies bei der Pränatalen Diagnostik geschehen ist.

Gleichwohl tragen alle Mitglieder des Rates diese Erklärung in wechselseitigem Respekt für die jeweiligen Überzeugungen gemeinsam. Der Rat der EKD gibt diese Erklärung im Respekt vor der Freiheit der Gewissensentscheidung der Einzelnen ab. Er ruft dazu auf, in persönlicher Verantwortung ein eigenes ethisches Urteil zu bilden.

Stellungnahme des Rates der Evangelischen Kirche in Deutschland zur Präimplantationsdiagnostik (PID), hg. v. Pressestelle d. EKD, Hannover 2011; Text gekürzt, vgl. www.ekd.de.

M 5

„Wie sollen wir uns entscheiden?"

Frau X. ist in der 13. Schwangerschaftswoche, als der Arzt feststellt, dass ihr Kind am sogenannten Ullrich-Turner-Syndrom leidet. Er prognostiziert ihr, dass es mit einer Wahrscheinlichkeit von 98 Prozent nicht lebensfähig sein wird und bereits im Mutterleib versterben wird. Eine Möglichkeit sei deshalb, das Kind bereits vorher abtreiben zu lassen. Frau X. und ihr Mann geraten in einen großen Gewissenskonflikt. Nach intensiven Überlegungen entscheiden sie sich gegen eine Abtreibung und hoffen, dass ihr Kind zu den zwei Prozent gehört, die die Schwangerschaft überleben. Leider erfüllt sich diese Hoffnung nicht. In der 20. Schwangerschaftswoche stirbt das Kind im Mutterleib.

Nach dieser Erfahrung hatten sie große Angst, auf natürlichem Weg ein Kind zu zeugen und dann vielleicht vor die gleiche Entscheidung gestellt zu werden bzw. wieder durch den schmerzlichen Prozess des Verlustes gehen zu müssen. Frau und Herr X. denken deshalb über eine künstliche Befruchtung nach, da mithilfe der PID die Möglichkeit besteht, vorher festzustellen, ob der Embryo Träger einer Chromosomen-Anomalie ist.

In ihrer Not suchen sie Menschen, die sie bei dieser persönlichen Gewissensentscheidung beraten können. Da beide praktizierende Christen sind, empfiehlt ihnen eine Freundin, bei einer evangelischen oder katholischen Beratungsstelle bzw. bei einer Seelsorgerin oder einem Seelsorger der Evangelischen oder der Katholischen Kirche Rat zu suchen.

1. Bildet eine Gruppe von drei bis vier Personen und entscheidet gemeinsam, ob sich das Ehepaar X. an eine Ansprechpartnerin bzw. einen Ansprechpartner der Evangelischen oder der Katholischen Kirche wendet.

2. Entwerft ein mögliches Beratungsgespräch als Rollenspiel, in dem verschiedene Argumente aus christlicher Sicht in Bezug auf die PID zur Sprache kommen, und berücksichtigt dabei die Position der gewählten Konfession.

3. Spielt das inszenierte Beratungsgespräch euren Mitschülerinnen und Mitschülern vor.

„Wir waren alle einmal Embryonen!"

Warum muss jeder Embryo schon vom Zeitpunkt der Befruchtung an vor Fremdnutzung und Verzweckung geschützt werden? Genügt es nicht, diesen Schutz erst später, etwa nach erfolgter Nidation, nach dem Auftreten der Empfindungsfähigkeit oder gar erst mit der Geburt einsetzen zu lassen? Der Grund für die Schutzwürdigkeit auch der frühen Entwicklungsphasen des menschlichen Lebens zeigt sich jedem, der retrospektiv nach den eigenen Herkunftsbedingungen fragt. Wenn wir die Reihe der Bedingungen, die unsere derzeitige Existenz ermöglichten, bis zu dem Anfang zurückverfolgen, den wir als den biologischen Beginn unserer Lebensgeschichte begreifen können, gelangen wir in der Kette dieser Vorgänge und Ereignisse zu einem qualitativen Novum: dem Geschehen der Befruchtung. Wenn dieses Geschehen seinen Zielpunkt erreicht hat (nicht schon früher, aber auch nicht später) und das neue Genom durch den Austausch der mütterlichen und väterlichen Gameten entstanden ist, beginnt das Lebewesen zu existieren, das heute meinen Namen trägt und das ich selbst bin. Nur wenn wir den gesamten Entwicklungsprozess, aus dem wir hervorgingen, der Schutzgarantie der Menschenwürde unterstellen und keine Anfangs- oder Zwischenphase von ihr ausnehmen, erreichen wir tatsächlich unser gegenwärtiges Dasein. Würde auch nur ein kurzes zeitliches Übergangsfeld davon ausgenommen, wie es das Konzept eines graduellen Lebensschutzes vorsieht, wäre dies nicht mehr der Fall.

Aufgrund der körpergebundenen Existenzweise des Menschen und weil das physische Leben die unhintergehbare Vorbedingung seiner Freiheit darstellt, muss die Achtung vor seiner unantastbaren Würde auch das körperliche Substrat seiner Entwicklungsphasen umfassen, nicht schon die noch getrennte Eizelle und Samenzelle, die zwar menschliches Leben darstellen, aber noch nicht die Einheit eines neuen menschlichen Lebewesens bilden, wohl aber dieses Lebewesen selbst, sobald es mit dem Abschluss der Befruchtung zu existieren beginnt. Dass der in der Befruchtung entstandene Embryo zu seiner gedeihlichen Entwicklung auf Hilfe von außen angewiesen ist, die ihm Schutz, Nahrung, Wärme und den Austausch mit dem mütterlichen Organismus erlaubt, ist eine notwendige Bedingung, unter der er sein eigenes Entwicklungsprogramm durchlaufen kann. In der symbiotischen Lebensbeziehung zur Mutter während der Schwangerschaft zeigt sich die konstitutive Angewiesenheit jedes Menschen auf fremde Hilfe in der Form einer unvergleichbaren körperlichen Dyade, doch bleibt der Mensch auch als Geborener noch lange Zeit auf enge körperliche Nähe und Hilfe vonseiten der Mutter angewiesen. Die unselbstständige Existenzweise des Embryos kann daher nicht erklären, warum er nur über ein eingeschränktes Lebensrecht verfügen soll; wenn hier überhaupt Abstufungen möglich sind, spricht seine größere Hilfsbedürftigkeit eher dafür, ihm einen höheren Schutzanspruch einzuräumen. Auf die erstaunte Frage „Wie kann ein 8-Zeller Träger der Menschenwürde sein?" lautet die Antwort: Träger der Menschenwürde ist der Mensch nicht erst in einem bestimmten Zustand oder Stadium, nicht erst mit bestimmten Ausprägungen oder Merkmalen, sondern der Mensch als solcher, der Mensch, der heute als Embryo und morgen als geborener, heute als jugendlicher und morgen als erwachsener Mensch lebt. Weil dieser Mensch in jeder Phase seiner Lebensgeschichte Würde besitzt, kommt ihm diese auch in der Zeit zu, in der er als 8-Zeller existiert.

Man muss sich, um die Schutzwürdigkeit der embryonalen Frühphasen des Menschen zu erkennen, die verworrene Diskussionslage in der sogenannten Statusfrage nicht in allen ihren biologischen, naturphilosophischen und ethischen Aspekten bis in das letzte Für und Wider vergegenwärtigen. Es genügt, eine einfache Wahrheit unseres Menschseins nicht zu verdrängen: Wir alle waren einmal Embryonen, und nur weil wir als solche von unserer Umgebung, allen voran unseren Eltern und ihren Ärzten geachtet wurden, können wir unser gegenwärtiges Leben in Freiheit, Autonomie und Verantwortung führen. Hält man sich die unleugbare Abhängigkeit des geborenen Menschen von den embryonalen Phasen seines Lebens vor Augen, so begreift man, dass Ärzte nicht nur mit biologischem Zellmaterial oder menschlichen Gewebekulturen hantieren, wenn sie als Forscher oder Fortpflanzungsmediziner mit menschlichen Embryonen umgehen.

M 6

Weil bereits ihr Verhalten gegenüber einem 8-Zeller über die noch offene Zukunft des neuen Menschen entscheidet, der auf wunderbare Weise unter ihren Händen entstanden ist, muss es in der Haltung geschehen, die den Umgang der Menschen untereinander in einem Rechtsstaat bestimmen soll: in Achtung und Anerkennung der unantastbaren Würde, die ihnen allen gemeinsam ist.

Schockenhoff, Eberhard, Perspektive eines Moraltheologen, in: Informationen zur ethischen Bildung 1/2011. PID – Präimplantationsdiagnostik, hg. v. Ethik-ette e.V., Regensburg 2011, S. 30f.

1. Skizziere mithilfe des Textes, warum der Autor die Würde des Menschen bereits vom Embryo an für schützenswert hält.

2. Vergleiche die Aussage „Die unselbstständige Existenzweise des Embryos kann daher nicht erklären, warum er nur über ein eingeschränktes Lebensrecht verfügen soll" (Z. 30 – 32) mit den Positionen der Katholischen und Evangelischen Kirche zur PID.

3. Nimm Stellung zu der Aussage: „Ein Embryo muss schon vom Zeitpunkt der Befruchtung an vor Fremdnutzung und Verzweckung geschützt werden!"

Podiumsdiskussion: „Die Präimplantationsdiagnostik … geöffnete Türen – Leben ohne Leid?!“

Du wirst in einer der folgenden Rollen zu einer Podiumsdiskussion eingeladen:

- Moderator/-in
- Ärztin/Arzt
- Humangenetiker/-in
- Vertreter/-in eines Behindertenverbandes
- Frau mit dem Ullrich-Turner-Syndrom
- Angehörige oder Menschen mit Behinderung
- Paar, das von der Lebensunfähigkeit des Embryos betroffen ist/war
- Vertreter/-innen der Evangelischen Kirche
- Vertreter/-innen der Katholischen Kirche
- Vertreter/-innen des Judentums
- Vertreter/-innen des Islams
- Zuschauer/-in, der/die in die Diskussion mit einbezogen wird

Gegebenenfalls können noch weitere Rollen festgelegt werden.

Verteilt die Rollen und bereitet eure Position besonders im Hinblick auf folgende Punkte vor:

1. Im Falle von Lebensunfähigkeit soll die Präimplantationsdiagnostik nach Ansicht einiger Mitglieder des Rates der Evangelischen Kirche zugelassen werden (vgl. M 4, Z. 53 – 67). Diskutiert diesen Standpunkt.

2. Schaut euch die Karikatur an. „PID … geöffnete Türen“, so lautet der Untertitel der Karikatur. Nehmt Stellung zu dieser Aussage.

3. Diskutiert abschließend die Frage „Ermöglicht die Präimplantationsdiagnostik Leben ohne Leid?“.

Sabrina Steinmeier/Julia Tepe

Ein Erfahrungsbericht

Der konfessionell-kooperative Religionsunterricht bleibt auch nach dessen Einführung in einigen Bundesländern nicht unumstritten. So wird nach wie vor einerseits eine Nivellierung der konfessionellen Unterschiede befürchtet, andererseits wird gerade diesem Konzept eines gemeinsamen Lernens im Religionsunterricht eine zukunftsweisende Bedeutung für den Religionsunterricht zugesprochen.

Die Schulpraxis zeigt, dass der Religionsunterricht in weiten Teilen Deutschlands inzwischen konfessionell-kooperativ bzw. konfessionsübergreifend durchgeführt wird. Organisatorische und religionsdidaktische Leitlinien wurden bereits 1998 gemeinsam von der Evangelischen Kirche in Deutschland und der Deutschen Bischofskonferenz benannt und fanden in mehreren Bundesländern, insbesondere in Niedersachsen, Eingang in die Kerncurricula für die Fächer Katholische und Evangelische Religion. Entsprechend dieser Entwicklungen kann jetzt die Frage nach den Anforderungen an die unterrichtenden Lehrkräfte mehr in den Mittelpunkt rücken, um die Qualität des konfessionell-kooperativen Religionsunterrichts weiterzuentwickeln.

Dieses Anliegen liegt dem Unterrichtsvorhaben zum Thema Kreuzweg zugrunde (s. S. 86 ff. in diesem Band). Wir, eine evangelische und eine katholische Religionslehrerin, führten die gemeinsam geplante Lernsequenz in unseren jeweiligen konfessionell gemischten Lerngruppen (Jahrgänge 9 und 10 an der Realschule) mit dem Ziel durch, im Rahmen einer abschließenden Evaluation Aussagen darüber machen zu können, welchen Anforderungen sich einerseits die Religionslehrerinnen und Religionslehrer bei der Planung und Durchführung eines konfessionell-kooperativen Religionsunterrichts gegenübersehen und worin sie andererseits Chancen für einen zukünftigen Religionsunterricht entdecken können.

Unsere Erfahrungen während des Projektes sowie die Erkenntnisse der abschließenden Reflexion zeigten eine Vielzahl an Chancen auf, doch sie ließen alle Beteiligten auch an Grenzen stoßen. Im Folgenden werden also jene Chancen und Grenzen benannt, die sich in der praktischen Arbeit zum Thema Kreuzweg ergeben haben. Die Auflistung entspricht somit subjektiven Erfahrungen und erhebt keinen Anspruch auf Vollständigkeit.

Lernchancen (für Lehrkräfte und Schülerinnen und Schüler)	**Grenzen**
• deutliche Steigerung der Lernmöglichkeiten der Schülerinnen und Schüler	• erhebliche zeitliche Mehrbelastung und höherer Organisationsaufwand → Kooperation nur für eine begrenzte Zeit möglich
• didaktischer Mehrwehrt der Einheit durch gemeinsame Planung, Durchführung und Evaluation	• vollkommene parallele Durchführung aufgrund unterschiedlicher Lernvoraussetzungen der Schülerinnen und Schüler nicht möglich
• Know-how-Transfer zwischen den Lehrkräften (theologisch, pädagogisch, didaktisch-methodisch)	• Themenwahl hinsichtlich der Kerncurricula und stoffeigenen Verteilungspläne eingeschränkt (z. T. Ausweitung der Grenzen notwendig, um eine ‚Entdeckung von Neuland' zu ermöglichen)
• Stärkung der konfessionsübergreifenden Gemeinsamkeiten und Rückbesinnung auf gemeinsame christliche Wurzeln	
• Stärkung der eigenen konfessionellen Bindung durch die Begegnung mit der anderen Konfession	
• Förderung der Dialogfähigkeit der Lehrkräfte wie auch der Schülerinnen und Schüler	

Die konfessionelle Kooperation am Beispiel des Unterrichtsvorhabens zum Thema Kreuzweg hat zum einen gezeigt, dass die gemeinsame Planungsarbeit ein hohes Maß an Mehrarbeit mit sich bringt und zudem eine große Sensibilität gegenüber einer ‚fremden' konfessionell geprägten Sichtweise erfordert. Zum anderen ist allerdings auch deutlich geworden, dass die guten Erfahrungen mit einer bereichernden effizienten Zusammenarbeit überwiegen.

Wie erwartet sahen wir uns einer geringen konfessionellen Prägung unserer Schülerinnen und Schüler gegenüber. Unabhängig von der eigenen Konfession verfügte kaum eine Schülerin/ein Schüler über Wissen oder Erfahrungen hinsichtlich der konfessionell geprägten Tradition des Kreuzweges. Deshalb erschien es uns für die Planungsarbeit umso wesentlicher, dass wir uns selbst unseres jeweiligen, sehr unterschiedlichen konfessionellen Zugangs zu dem Inhalt bewusst werden konnten. Dabei ermöglichte ein Öffnen für ‚das andere' bzw. ‚die andere' eine Bereicherung beider Seiten. In diesem Zusammenhang ist dem folgenden Hinweis Beachtung zu schenken: „Wichtig ist jetzt eine Intensivierung des Gesprächs und des Austausches zwischen den Religionslehrkräften beider Konfessionen. Gerade bei der Umsetzung [konfessioneller Kooperation] geht es um theologisch und religionspädagogisch verantwortete Überlegungen und Entscheidungen." (Kruhöffer 1998, 99)

Ferner wurde Folgendes deutlich: Für die Planung und Durchführung eines konfessionell-kooperativen Religionsunterrichts, in dem die Schülerinnen und Schüler Gelegenheit haben, konfessionelle Gemeinsamkeiten und Unterschiede wahrzunehmen, um entweder eigene konfessionelle Orientierungen zu stärken oder um möglicherweise christliche Weltdeutung in konfessioneller Prägung neu kennenzulernen, ist eine hohe fachliche Kompetenz der Lehrkräfte notwendig. Ein kollegialer Austausch, so unsere Erfahrung, ist deshalb besonders wichtig, zumal während des Studiums kaum Gelegenheit zum interkonfessionellen Austausch im Sinne einer Vorbereitung auf den konfessionell-kooperativen Religionsunterricht gegeben war.

Die Vorbereitung und Durchführung des Unterrichtsvorhabens bot nicht nur unseren Schülerinnen und Schülern, sondern insbesondere auch uns Lehrerinnen Lernchancen auf vergleichbaren Ebenen:

Das „Gast-sein" (Schmid/Verburg 2010, 133) der einen Kollegin bei der anderen Konfession bot eine große Chance, die sich auch auf das eigene Verständnis von gutem Religionsunterricht auswirkt. Die Begegnung mit unterschiedlichen konfessionellen Prägungen und Positionen hinsichtlich der Bedeutung der Passion und des Kreuzestodes Jesu führte einerseits zur Auseinandersetzung mit der Frage nach der eigenen konfessionellen Bindung und konnte darüber hinaus auch zur Klärung des eigenen, durchaus konfessionell geprägten Verständnisses von Kreuz und Auferstehung führen. Demzufolge erhalten die in der religionsdidaktischen Diskussion um den konfessionell-kooperativen Religionsunterricht bedeutsamen Begriffe „Beheimatung" und „Begegnung" ein neues Gewicht und weisen auf Chancen hin, die sich während der Durchführung des Unterrichtsvorhabens für die Lehrkräfte eröffneten.

Die Erfahrungen im Rahmen des Unterrichtsvorhabens zeigen, dass sich die von Friedrich Schweitzer u. a. formulierten Lernmöglichkeiten der Schülerinnen und Schüler durchaus auch auf die Lehrinnen und Lehrer übertragen lassen: „Schülerinnen und Schüler sollen im Religionsunterricht Kompetenzen im Sinne konfessionellen und religiösen Orientierungswissens und einer entsprechenden Dialogfähigkeit erwerben können. Dazu gehört auch eine differenzierte Wahrnehmungsfähigkeit, wie sie in der Auseinandersetzung mit konfessionellen Profilen ausgeprägt werden kann." (Schweitzer u. a. 2006, 202)

Im Rahmen der Unterrichtseinheit konnten die Schülerinnen und Schüler zum einen eine traditionelle christliche Frömmigkeitsform neu entdecken und die heutige konfessionelle Verortung der Kreuzwegtradition verstehen lernen. Darüber hinaus wurde ihnen Raum geboten, auf dem Wege einer persönlichen Begegnung mit dem Leidensweg Jesu ihr persönliches Verständnis der Passion Jesu und der christlichen Auferstehungsbotschaft auf kreative Weise zum Ausdruck zu bringen und darüber in Austausch zu kommen. Somit konnte die Kreuzwegtradition als ‚konfessioneller Schatz' genutzt werden, primär nicht um konfessionelle Unterschiede aufzuzeigen, sondern vielmehr um den Schülerinnen und Schülern Hilfen zum Verstehen christlicher Grundaussagen zu bieten. Das ist im Rahmen der Unterrichtseinheit durchaus gelungen.

Unsere persönlichen Erfahrungen mit der praktizierten konfessionellen Kooperation belegen somit insgesamt, dass die hohen Anforderungen, die ein konfessionell-kooperativer Religionsunterricht an die Lehrkräfte stellt, durchaus erfüllbar sind und besondere Lernchancen für alle beinhalten. Die Schülerinnen und Schüler nehmen diese Form des Religionsunterrichts gerne an und brauchen sie auch. Aus all dem ergibt sich einerseits eine klare Befürwortung des konfessionell-kooperativen Religionsunterrichts, andererseits die ebenso deutliche Feststellung einer nicht geringen Anforderung an die Aus- und Weiterbildung der Religionslehrerinnen und Religionslehrer, die auf die Ermutigung und Unterstützung in Form von didaktisch-methodischen Orientierungen angewiesen sind.

Verwendete Literatur

Kruhöffer, Gerald, Evangelisch – Katholisch und die ökumenische Zusammenarbeit im Religionsunterricht, in: Loccumer Pelikan, H. 2/1998, 99–105 (aufrufbar unter: www.rpi-loccum.de/material/pelikan/pel2–98/evkath, 10.10.14).

Schmid, Hans/Verburg, Winfried (Hg.), Gastfreundschaft. Ein Modell für den konfessionellen Religionsunterricht der Zukunft, München 2010.

Schweitzer, Friedrich/Biesinger, Albert/Conrad, Jörg/Gronover, Matthias, Dialogischer Religionsunterricht. Analyse und Praxis konfessionell-kooperativen Religionsunterrichts im Jugendalter, Freiburg i. Br. 2006.

Autorenverzeichnis

Klementine Berg 86
Grundschullehrerin in Osnabrück für das Fach Katholische Religion, Fachseminarleiterin am Studienseminar Osnabrück für das Fach Katholische Religion

Jeannette Eickmann 69
Lehrerin an der Ev. JGS Wunstorf für die Fächer Evangelische Religion und Französisch, Fachseminarleiterin am Studienseminar Hannover II für das Fach Evangelische Religion

Verena Jessing 18
StR', Gymnasiallehrerin in Nordhorn für die Fächer Katholische Religion und Englisch, Leiterin der Fachgruppe Religion, Vorsitzende der VKRO an Gymnasien

Michaela Maas 119
Dipl. Theol., Referentin für Religionspädagogik in der Schulabteilung des Bistums Osnabrück

Jutta Paeßens 98
StD', Gymnasiallehrerin in Lohne für die Fächer Katholische Religion und Mathematik, Fachberaterin für Katholische Religion an Gymnasien in der Landesschulbehörde Osnabrück

Christina Püschel 36
Realschullehrerin in Lüdinghausen für die Fächer Evangelische Religionslehre und Französisch

Dorothea Reininger 60
Dr. theol., StR' i. K., wissenschaftliche Mitarbeiterin am Lehrstuhl für Religionspädagogik und Praktische Theologie in Osnabrück, Lehrerin in Osnabrück für die Fächer Katholische Religion und Mathematik

Heide Rosenow 86
Fachseminarleiterin am Studienseminar Osnabrück für das Fach Evangelische Religion, Grundschullehrerin in Osnabrück für das Fach Evangelische Religion

Matthias Soika 48
Referent für Religionspädagogik in der Schulabteilung des Bischöflich Münsterschen Offizialates in Vechta, zuvor Realschullehrer und Fachseminarleiter für Katholische Religion und Deutsch

Sabrina Steinmeier 86, 132
Grundschullehrerin in Friesoythe, zuvor Realschullehrerin in Osnabrück für die Fächer Evangelische Religion und Deutsch

Julia Tepe 86, 132
Realschullehrerin in Georgsmarienhütte für die Fächer Katholische Religion und Französisch

Rainer Timmer 36
Pfarrer, Leiter des Pädagogischen Instituts der Evangelischen Kirche von Westfalen, zuvor Schulreferent des Kirchenkreises Münster und Gymnasiallehrer für das Fach Evangelische Religionslehre

Melanie Westhues 36
Realschullehrerin in Lüdinghausen für die Fächer Katholische Religionslehre und Deutsch

Jan Woppowa 5
Dr. theol., Gymnasiallehrer für die Fächer Katholische Religion und Mathematik, Professor für Religionspädagogik/Religionsdidaktik an der Universität Paderborn